Heinrich Seidel

Erzählende Schriften

2. Band

Heinrich Seidel

Erzählende Schriften
2. Band

ISBN/EAN: 9783744616072

Hergestellt in Europa, USA, Kanada, Australien, Japan

Cover: Foto ©ninafisch / pixelio.de

Weitere Bücher finden Sie auf **www.hansebooks.com**

VOLUME 2

Return this book on or before the
Latest Date stamped below.

University of Illinois Library

L161—H41

Erzählende Schriften

von

Heinrich Seidel.

Zweiter Band.

Vorstadtgeschichten. I.

Stuttgart 1899.
J. G. Cotta'sche Buchhandlung Nachfolger
G. m. b. H.

Vorstadtgeschichten

von

Heinrich Seidel.

Erster Band.

Stuttgart 1899.
J. G. Cotta'sche Buchhandlung Nachfolger
G. m. b. H.

Alle Rechte vorbehalten.

Druck der Union Deutsche Verlagsgesellschaft in Stuttgart.

Daniel Siebenstern.

Seidel, Erzählende Schriften. II.

Es war eine echte gerechte Sonnenglut. Wer es mit oder ohne Opfer hatte möglich machen können, war aus Berlin verschwunden und lag an fernen Quellen im kühlen Schatten und pumpte sich den Staub aus Brust und Herzen, oder schluckte fremden Staub und fremde Hitze und bildete sich ein, Sommerfrische zu genießen. Auf jeden Fall aber war er fort aus Berlin — und mein Verhängnis zwang mich zum Bleiben. Man könnte überhaupt viel angenehmer leben, wenn das „Verhängnis" nicht wäre.

Eines Abends schlenderte ich aufgelösten Geistes die Belleallianceſtraße entlang, ohne Willen, ohne Vorſatz und ohne Lebensluſt, das beklagenswerte Opfer widriger Pflichten — da leuchteten mir durch das eiserne Gitter des Kirchhofes grüne Bäume und Sträucher so verlockend entgegen, daß ich kurz entschlossen eintrat, in der Hoffnung, dort ein wenig Kühlung zu finden. Dies schlug allerdings fehl, denn die allmächtige Sonne hatte auch in dem Schatten der Bäume brütende Schwüle verbreitet: allein es zog mich doch an, dieses Gräberfeld zu durchwandern; es entsprach meiner Stimmung und erleichterte meine Seele. Ge=

brochene Säulen, Kreuze und Steintafeln von allen
Arten, dunkle, trübselige Cypressen und rankender
Epheu, der alles umspinnt — wer kennt nicht den
Charakter eines solchen Ortes! Ich ging umher und
las die Inschriften. Welch eine Unsumme von Tugend
lag hier begraben! Mir gingen verschiedene ehrenwerte
Personen durch den Sinn, die auch einmal hierher=
kommen werden. Und sie, die im Leben der Haß ihrer
Nebenmenschen, die Qual ihrer Verwandten waren,
an denen nichts vollkommen war als ihre Laster, sie
werden hier ruhen als unvergeßliche Väter, als geliebte
Mütter, als musterhafte Bürger, und ein Verzeichnis
ihrer Tugenden wird vorhanden sein in Stein oder Erz
zur Bewunderung nachfolgender Geschlechter. Es ist
ein lügenhaftes Geschäft, Grabsteine zu fabrizieren.

 Die Schwüle des eingeschlossenen Raumes machte
mich noch müder, als ich schon war. Ich setzte mich
auf eine alte gebrechliche Bank in der Nähe eines mit
Epheu umsponnenen Grabhügels und versenkte meine
Blicke in dieses dunkelgrüne Kraut des Vergessens.
Auf dem Kirchhof waren wenig Menschen; in der
Ferne saßen einige schwarzgekleidete Frauenzimmer an
einem frischen Grabhügel, und die Leute des Kirchhof=
inspektors begossen geschäftsmäßig die ihrer Sorge an=
vertrauten Gräber. Das Geräusch der lebendigen
Straße drang dumpf zu mir her; in der hohen Luft
jagten sich die Turmschwalben schrillend und schreiend,
und wo die schräge Sonne das Gras noch durchglühte,
zirpte kleines emsiges Getier seinen Abendgesang. Es
mochte wohl den Anschein haben, als säße ich dort ver=

sunken in trübselige Gedanken über die Vergänglichkeit alles Irdischen; allein ich will es nur gestehen: ich dachte an einen kühlen Keller und an Rheinwein auf Eis.

In diesem Augenblicke hörte ich eine dünne, fadenscheinige Stimme hinter mir sagen: „Sie sind wohl ein Verehrer von Chamisso, mein Herr?"

Ich hatte auf die leisen Schritte, die sich mir näherten, nicht geachtet; jetzt wendete ich mich und sah einen kleinen, hageren, schwarzen Herrn hinter mir stehen, der den Blick von mir erläuternd auf das epheuberankte Grab wendete und zugleich mit der Spitze seines Stockes darauf hinzeigte. Ein merkwürdiger alter Herr mit einem gelblichen scharfen Antlitz, dem ein Paar ganz unvorbereitete, plötzliche schwarze Augen einen seltsam starren Ausdruck gaben.

„Allerdings, mein Herr," antwortete ich, „aber weshalb diese Frage?"

„Nun, das ist er ja," sagte der Alte fast unwillig, indem er mit seinem Stocke zweimal hastig auf das Grab hinstieß. Dann drückte er ihn zwischen die Kniee, zog eine goldene Dose hervor und nahm eilfertig mit zitternden Fingern eine Prise. Ich sah, daß dieser Stock als Knopf einen silbernen Totenkopf trug, und kam auf die seltsame Idee, den Mann für einen Arzt zu halten, der in seinem Garten spazieren geht. Dies sprach ich aber nicht aus, sondern begab mich an das Grab, um es näher zu betrachten. Der Alte folgte mir und schob mit seinem Stock eifrig die Epheuranken fort, die den einfachen Stein überkrochen hatten.

„Dies ist er und dies ist seine Frau," sagte er

und deutete auf die beiden Inschriften, „ich habe ihn noch gekannt; das war ein Dichter auch dem Aussehen nach. Es sind hier noch mehr aus der Zeit, zum Beispiel Hoffmann. Soll ich Ihnen Hoffmann zeigen?"

Und ohne meine Zustimmung abzuwarten, steuerte er mit der Sicherheit eines Menschen, der sich ganz zu Hause fühlt, quer über den Kirchhof auf kleinen Richtsteigen zwischen den Gräbern, und ich folgte ihm, halb verwundert, halb neugierig, wie dies wohl ablaufen würde. Endlich stand er still und deutete auf eine flache Steintafel, die aus einer ebenen, von der Sonne gedörrten Grasfläche emporragte.

„Sie haben den Hügel einsinken lassen," sagte er, „und die Tafel ist schief geworden." Dann las er mit einer gewissen Andacht die Inschrift:

E. T. W. Hoffmann
geb. Königsberg den 24. Januar 1776
gest. Berlin den 25. Juni 1822
Kammergerichtsrat.
Ausgezeichnet
im Amte,
als Dichter,
als Tonkünstler,
als Maler.
Gewidmet von seinen Freunden.

Hinter jedem Absatze des letzten Teiles machte er eine kleine Pause, um mir mit seinen schwarzen, starren Augen die Wirkung vom Gesichte zu lesen, die eine solche Vielseitigkeit auf mich ausüben mußte.

„Es ist genug für einen Menschen," sagte er dann, und sah mich wieder an, meine Bestätigung erwartend.

Nun bin ich zufällig ein Verehrer von Hoffmann und kenne seine sämtlichen Schriften ziemlich genau. Als der Alte dies aus meiner Antwort merkte, schien ich sein Herz gewonnen zu haben, denn es stellte sich heraus, daß Hoffmann sein Lieblingsschriftsteller war, und wir gerieten in ein begeistertes Gespräch, wie es wohl zu entstehen pflegt, wenn zwei fremde Menschen sich in gleichem Kultus begegnen. Merkwürdigerweise schätzte aber der alte Herr die Stücke am höchsten, in denen vom Dichter jedes erlaubte Maß überschritten war, wo er seiner Lust am Grausenhaften und Phantastischen den Zügel hat schießen lassen. Aber darin war er mit mir einig, daß von dem ganzen romantischen Zauberwald, der in jener Zeit wild und üppig emporschoß, sich außer Kleist und einigen kleinen Märchen von Tieck, Fouqué und Brentano nichts so lebenskräftig erwiesen hat, wie die Arbeiten unseres Dichters, ja daß er und Kleist als die beiden bedeutendsten Kräfte der romantischen Schule von damals zu bezeichnen sind. Denn nur das hat Wert, was Dauer hat. Die Gaukelbilder, die Tieck einst in die Lüfte zauberte, hat der Wind längst verweht und nur noch der Litterarhistoriker spürt ihren blassen Schatten nach.

Unter solchen Gesprächen wanderten wir in den Steigen des Kirchhofs und standen endlich still vor einer Grabkapelle, wie sie sich mannigfach an die Umfassungsmauer anlehnen. In unserer Unterredung war eine Pause eingetreten, und mir wurde die Absichtlichkeit auffällig, mit der der alte Herr gerade vor dieser Kapelle Halt gemacht hatte. Zwischen zwei Säulen von

dunkelrotem, poliertem Granit, die ein Giebel aus
gleichem Gestein krönte, lag der Eingang, verschlossen
von einer schweren, kunstreich mit Bronze beschlagenen
Thür. Das Ganze machte einen sehr ernsten und
feierlichen Eindruck. Der alte Herr grub einen Schlüssel
aus seiner Tasche hervor und machte sich mit einer
seltsamen hastigen Unruhe daran, diese Thür zu öffnen.
Dann, ohne ein Wort zu sagen, drängte er mich förm=
lich hinein und schloß hinter uns wieder zu. Es war
ganz dunkel und kühl, wo wir uns jetzt befanden; ein
seltsamer Schauer überlief mich. Der Alte stieß eilig
eine Thür vor uns auf, und das eigentliche Innere
der Kapelle, ein runder Kuppelraum von freundlicher
Helle und Heiterkeit, nahm uns auf. Die Beleuchtung
kam von oben durch mattgeschliffene Scheiben, und die
Wände waren aus poliertem Marmor von sanften und
zarten Farben hergestellt. Oben lief ein Fries herum
aus Glasmosaik, dessen schöne Zeichnung und anmutige
Farbengebung mich sofort anzog. Es war eine Art
Totentanz, jedoch ohne den düsteren Charakter, der
diesen Darstellungen sonst eigen zu sein pflegt.

In heiterem buntem Ranken= und Arabeskenwerk
trieb allerlei Volk sein Wesen, tanzend, trinkend,
lachend, musizierend, in das Studium alter Bücher
versenkt oder schaffend in rüstiger Thätigkeit. Alle
Beschäftigungen in Genuß und Arbeit waren vertreten,
und nur bei näherer Betrachtung sah man, daß sämt=
liche Früchte und Blumen aus zierlichen kleinen Toten=
köpfen, Stundengläsern, gekreuzten Knochen, Särgen
und ähnlichen Emblemen des Todes bestanden, daß

diese Dinge überall hinein nickten und rankten in das
blühende Leben, daß die Kinder fröhlich nach ihnen
langten und die Liebenden sie sich zärtlich darboten.
Das ganze Rankenwerk entsprang der Thür gegenüber
aus dem grinsenden Munde eines mit Rosen bekränzten
Totenschädels und kehrte dahin auch wieder zurück.

Ich schwieg eine ganze Weile, in die Betrachtung
dieses Kunstwerkes versenkt, und der Alte stand zur
Seite und beobachtete mich heimlich.

„Ein heiterer freundlicher Raum, anders als alle
dieser Art, die ich bis jetzt gesehen," sagte ich endlich.

„Nicht wahr," antwortete der Alte hastig, „ist
es nicht ein anmutiger Gedanke, hier zu ruhen auf
ewig im freundlichen Tageslicht oder im stillen Schein
des Mondes, statt in den dumpfen moderigen Löchern
oder in finsteren unterirdischen Gewölben?"

Mein Blick fiel auf eine goldene Inschrift, die
an der Wand angebracht war:

Hier ruht
Daniel Siebenstern,
geb. Berlin, den 28. Januar 1807
gest. den

Der Tag und Ort des Todes war unausgefüllt.

„Für so alt hätten Sie mich wohl kaum gehalten?"
sagte er dann, „achtundsechzig Jahre. — Das macht
das schwarze Haar; es konserviert."

Mir kam plötzlich die Erleuchtung: dies war des
Alten eigene Kapelle.

„Sie selbst...?" fragte ich verwundert.

„Dies wird einmal meine Wohnung sein, wenn

ich nicht mehr bin," antwortete er. — Lebhaft fuhr er dann fort: „Alles nach eigenen Angaben, düster von außen, freundlich nach innen. Es ist lange daran gebaut worden, und es war eine heitere Zeit für mich. Es fehlt mir etwas, seit dieses Häuschen fertig ist."

Die Dämmerung war hereingebrochen. Wir wandten uns wieder zum Gehen. Der Kirchhof war bereits verschlossen, als wir an das Thor kamen; der Alte nahm einen Schlüssel hervor und öffnete die Pforte. „Ich bin hier zu Hause," sagte er. Als wir uns trennten, meinte er: „Also über Hoffmann sind wir im allgemeinen einig? Ich habe alte Ausgaben seiner Bücher von ihm selbst illustriert, Federzeichnungen und sonstige Seltsamkeiten, auch einige Musikalien; wenn Sie mich einmal besuchen wollen, so will ich Ihnen alles gerne zeigen." Dann beschrieb er mir den Weg zu seinem am Kreuzberg gelegenen Häuschen und verabschiedete sich.

* * *

Kurze Zeit nachher führte mich ein Geschäft in die Gegend des Kreuzberges. Als ich nach dessen Beendigung noch ein wenig dort umherwanderte, fiel mir ein, daß der alte Herr hier seine Wohnung habe, und als ich meine Augen erhob, fielen sie auf eine alte eiserne Gitterthür, die ein Messingschild trug mit der Inschrift: Daniel Siebenstern. Die Pforte war in einer Mauer angebracht, die einen ziemlich verwilderten Garten umschloß, und durch das Gitter sah man hinter dichtem Gebüsch ein Haus liegen. Ich zog kurz entschlossen die Glocke. Nach einer Weile setzte sich ein rostiger alter Drahtzug kreischend in Bewegung, und die Thür sprang auf. Ich ging den grasbewachsenen Steig entlang, um das Haus zu erreichen — da trat mir der Alte auf einem Seitenwege entgegen. Er sah mich eine Weile forschend an; plötzlich erkannte er mich und streckte mir die Hand entgegen.

„Ah, mein junger Freund, Sie halten Wort," sagte er, „ich glaubte nicht, daß Sie kommen würden. Sie werden nicht viel Schönes bei mir sehen; mein Haus ist alt und verfallen — warum sollte ein alter einsamer Mann eine Wohnung kostbar schmücken, die er so bald verlassen wird? — Mein Garten ist seinem eigenen Willen überlassen, wie Sie sehen." Und er bog vorsorglich einen Zweig beiseite, der mir den Weg versperrte.

Ich meinte, es sei eine Erfrischung in Berlin, nach all den wohlgezogenen Parabebeeten und mathematischen Kugelakazien und Pyramidenbäumen einmal ein wenig Natur zu sehen.

„Gewiß," erwiderte er, „aber die Cypresse ist doch ein schöner Baum?"

Ich teilte nun allerdings diese Ansicht nicht, allein er wartete auch meine Antwort gar nicht ab, sondern sprang auf ein anderes Thema über.

Es war ein trüber Sommernachmittag; nachdem wir eine Weile in dem Garten umherspaziert waren, fing es an leise zu tröpfeln, und er lud mich ein, in sein Haus zu treten. Ein alter, häßlicher Rokokobau mit seltsam verschnörkelten Fensterkrönungen; allerlei Vasen- und Guirlandenwerk war daran angebracht.

Ueber der Eingangsthür hielten zwei sehr aufgeregte
Steinengel ein einfaches Wappenschild, das sieben
Sterne zeigte. Der Alte führte mich in sein Studier=
zimmer, einen ziemlich großen Raum mit uralten
Möbeln, deren eingelegte Arbeit durch das Dunkel der
Jahre fast verschwunden war. An den Wänden zogen
sich Bretter über Bretter hin, die mit einer unglaub=
lichen Menge von Gegenständen belastet waren. Ein
großes Harmonium, das einen hellen Fensterplatz ein=
nahm, fiel durch sein modernes Aussehen besonders
auf. Als ich Platz genommen hatte, ging Herr Sieben=
stern an einen braunen Schrank und holte eilfertig
und mit zitternden Händen eine Krystallflasche mit
spanischem Wein und zwei alte venetianische Spitz=
gläser herbei. Nachdem er eingeschenkt hatte, kehrte
er an den Schrank zurück und klapperte und kramte
darin eine Weile, immer mit der hastigen Unruhe
eines Menschen, der nicht daran gewöhnt ist, Gäste
bei sich zu sehen. Er füllte dort einen silbernen Teller
mit Smyrnafeigen, arabischen Datteln, Rosinen aus
Malaga, eingezuckerten Früchten und Nürnberger Leb=
kuchen und lud mich freundlich dazu ein. Während ich
mich mit diesen Dingen, die einen eigentümlichen Duft
der Fremde um sich verbreiteten, beschäftigte, war der
ruhelose Alte in ein Nebenzimmer geschlüpft und kam
nun mit den früher erwähnten Büchern und Zeich=
nungen von Hoffmann zurück. Aber auch dabei hatte
er nicht lange Ausdauer. Der Regen draußen hatte
nachgelassen; die Sonne glitt hinter den Wolken hervor
und ließ draußen die regenblanken Blätter in funkeln=

dem Lichte erglänzen, während sie inwendig in den dämmerigsten Ecken des großen Zimmers leuchtende Klarheit verbreitete. Dadurch wurden meine Augen auf den tausendfachen Inhalt der großen Wandbehälter gelenkt. Sie enthielten eine schöne Sammlung in Gräbern gefundener Altertümer, und Herr Siebenstern war sofort bei der Hand, auf einer kleinen Leiter so eilfertig, wie es sein Alter erlaubte, auf und nieder zu steigen und mir die besten Stücke vorzuzeigen. Diese Sammlung dehnte sich bis in sein Schlafzimmer aus. Herr Daniel Siebenstern brachte seine Nächte in Gesellschaft vieler Graburnen, mannigfacher Schädel unserer Vorfahren und einer ägyptischen Mumie zu. Am Kopfende seines Bettes stand ein sauberes, schneeweißes, menschliches Skelett; es trug ein Licht in seiner Knochenhand. Der Alte bemerkte, daß meine Blicke darauf ruhten.

„Ich lese gern des Abends im Bette," sagte er, „da ist es sehr angenehm, wenn man die Beleuchtung hinter sich hat." Und er schob den Arm, der das Licht hielt, in die richtige Stellung. Es war offenbar, daß ihm durch sein einsames Leben und die lange Gewöhnung der Gedanke, daß dies doch am Ende eine etwas schauerliche Art von Leuchter sei, ganz abhanden gekommen war. Ich machte eine derartige Bemerkung.

„Es ist merkwürdig," meinte er, „viele Menschen haben am meisten Furcht vor dem, was tot ist, während doch einzig und allein Gefahr kommen kann von denen, die leben. Was hat der Tod Erschreckendes? ‚In Bereitschaft sein ist alles,' sagt Hamlet. Sie wissen, ich bin bereit, ja mehr noch, als Sie denken. Kommen Sie!"

Er stand schon in der Thür, winkte mir, ihm zu folgen und schritt vor mir her einen langen dämmerigen Gang hinunter. An dessen Ende öffnete er eine Thür, daraus glanzvolle Helle hervorbrach, und bat mich einzutreten. Ein sonniges Blumenzimmer nahm uns auf. Die Wände waren ganz mit Epheu und rankenden Schlinggewächsen überkleidet und ringsum war der Raum erfüllt mit den seltensten und schönsten Pflanzen, die ihre Blätter und schimmernden Kelche mit Behaglichkeit dem Scheine der Sonne darboten. In der Mitte des Raumes stand ein Postament, besetzt mit den köstlichsten Blumen; darauf zeigte sich ein kostbarer Sarg, von mächtigen Wachslichtern in schön gearbeiteten Bronzeleuchtern umgeben. Der Alte nahm eine Gießkanne und begoß die Blumen. Während dieses Geschäftes sprach er in Absätzen wie für sich, kaum als wisse er, daß ich zugegen sei: „Wenn ich sterbe, ist mein Name und Geschlecht ausgelöscht — wie die Funken laufen in einem verbrannten Stück Papier: zuletzt glimmt einer noch eine Weile und dann ist alles aus. — Von meiner Art, von meinem Wesen geht nichts über auf folgende Geschlechter; mein Blut verrinnt, wie der Quell der Oase versiegt im glühenden Sande der Wüste."

Er schwieg einen Augenblick. „Es ist ein trauriges Gefühl," sagte er dann, „das Ende einer Reihe zu sein. Sie denken, ich hätte mich verheiraten können. — Sie denken, daß ich einsam stehe, weil ich es selber so gewollt habe?" — Dabei zog er eine Rose von seltener Schönheit zu sich her und versenkte sich eine Weile in deren Duft. Dann ließ er sie zurückschnellen. „Und nun ist es vorbei," sprach er wieder wie mit sich selbst, und dann lauter: „Heiraten Sie, heiraten Sie, junger Mann, sobald Sie es vermögen, damit Ihr Blut nicht hinweggelöscht wird von dieser Erde! Dann werden Sie noch leben und wirken, wenn alles, was von mir als Rest blieb mit jenem bunten Häuschen von Stein, das Sie kürzlich sahen, längst vertilgt ist und vernichtet."

Ich vermochte nichts zu antworten — was sollte ich auch sagen? Er schien auch keine Antwort zu erwarten, sondern verrichtete seine Arbeit schweigend und ohne mich anzusehen.

Wir kehrten in das Studierzimmer zurück, und nach einer kleinen Weile verabschiedete ich mich. Als ich das kleine Gartenthor geschlossen hatte, tönten aus dem Hause die eindringlichen Klänge des Harmoniums zu mir her. Ich stand noch eine Weile und lauschte der Weise des alten Chorals: „Mitten wir im Leben sind von dem Tod umfangen."

* * *

Ich habe Daniel Siebenstern nicht wieder gesehen. Bald nach dieser Zeit verließ ich Berlin, und als ich bei meiner Rückkehr den Alten wieder aufsuchen wollte, war er gestorben. Von seiner alten Haushälterin erfuhr ich die näheren Umstände seines Todes. Er war in eine schwere Fieberkrankheit gefallen, und die Alte hatte sich einen Krankenwärter zur Hilfe genommen. In der Nacht des Todes war nach einem starken Anfalle eine Ruhepause eingetreten, und der Wärter war eingeschlafen. Als er plötzlich in jähem Schrecke aufwachte, war das Bett leer und der Kranke fort. Den Mann überfiel die Angst; er suchte und fand, daß die Thür nach dem Gange zu offen war. Er blickte hinaus und sah am Ende des Ganges einen hellen Lichtschein. Da er sich fürchtete, weckte er die Wirtschafterin, und sie gingen beide in das Blumenzimmer. Dort brannten alle Lichter, und Herr Daniel Siebenstern lag in seinem Sarge und war tot.

Er hatte seiner Wirtschafterin ein Legat ausgesetzt und sein ganzes Vermögen für eine Stiftung zur Ausstattung armer Brautpaare bestimmt.

Im Winter war er gestorben; es war Frühling, als ich dies erfuhr. An einem der nächsten Tage ließ ich mir die Kapelle aufschließen und stattete dem Alten den letzten Besuch ab. Jetzt war der Tag des Todes ausgefüllt:

gest. Berlin, den 15. Januar 1876.

Er hatte genaue Bestimmungen über sein Begräbnis getroffen. Seine Leiche war einbalsamiert worden. Blumen sollten nicht auf seinen Sarg gelegt werden, weil das die Luft dumpfig macht. Ich stand eine ganze Weile in dem stillen friedlichen Raume. Es war dort nichts als das große ewige Schweigen und das Licht der freundlichen Sonne. Von draußen kamen einzelne ferne Töne von spielenden Kindern, und auf einem Baumaste, der sich über die Kuppel hinstreckte, sang unermüdlich eine kleine Grasmücke.

So wird er nun liegen, wie er es sich gewünscht hat, im Scheine der Sonne oder im Lichte des Mondes einsam und friedlich, bis der große Sturmwind kommt, der auch ihn und sein kleines Haus hinwegkehrt.

Das Atelier.

Seidel, Erzählende Schriften. II.

I. Einziehen!

Die Dachstube ist der Kopf des Hauses. Unten zu ebener Erde, wo die Kaufläden sind, wo in hastigem Getriebe Handel und Wandel aus und ein gehen, befinden sich die geschäftigen Füße. Der behagliche Rentier im ersten Stock, dessen Hauptbeschäftigung es ist, zu verdauen, und dessen größte Sorge, wie er neuen Hunger gewinne, mag für einen würdigen Repräsentanten des Bauches gelten, und nun eine Treppe höher müßte das Herz sich befinden. Stehen nicht Blumen am Fenster, tönt nicht den ganzen Tag Gesang und Klavierspiel, sieht man nicht zuweilen schöne Mädchenköpfe zwischen den Blumen lauschen? Noch eine Treppe höher und wir gelangen zu den rührigen Armen und Händen des Handwerks, und dann hinauf zum Kopf: zur Dachstube.

Hier wird am meisten gedacht und gedichtet und geträumt in der ganzen Stadt. Hier fliegen die Lieder aus, einige, gewaltig wie Adler, schwingen sich auf und schweben im Sonnenglanze über der erstaunten Welt andere, wie kleine Waldvögel, flattern singend von Zweig

zu Zweig und Liebende lauschen ihnen stillbeglückt.
Hier schimmert in stiller Nacht noch lange die Lampe
des Gelehrten wie ein einsamer Stern, hier ist das
Reich des Gedankens und der Kunst.

Man sagt, die Kunst geht nach Brot, aber sie
geht vor allem nach Licht, nach dem himmlischen und
nach dem irdischen. Und, da unten im Gewühl der
Menge des irdischen und des himmlischen Lichtes zu
wenig ist, so muß die Kunst vier Treppen steigen. Nur
den Bildhauer hält die Schwere seines erdgeborenen
Stoffes unten fest, doch wir haben es hier mit einem
Maler zu thun.

Wolfgang Turnau hatte viele Not, ehe er ein
Atelier nach seinem Wunsche fand, und wurde dadurch
umhergetrieben wie ein gefiedertes Samenkorn, das
einen Platz zum Anwurzeln sucht. Noch hatte sein
Pinsel nicht die Wirkung, die erst der Ruhm gewährt,
alles, was er berührte, in Goldeswert zu verwandeln,
und der Maler war vergnügt, wenn nur das unbedingt
notwendige Silber dabei zum Vorschein kam. Darum
verbannte er die hochfliegenden Vorstellungen von einem
mächtigen zwei Stock hohen Raum, angefüllt mit den
kostbarsten alten Möbeln, Gobelins, Decken, Rüstungen
und sonstigem Prachtgerümpel, an dem das Herz eines
Malers hängt, und versuchte seine Wünsche mit seinen
Mitteln in Einklang zu bringen. Doch auch den herab=
gestimmten Ansprüchen wollten die besichtigten Räume
sich nur selten fügen, und wenn dies geschah, so waren
es wieder die Mittel, die Einspruch erhoben. Endlich
führte ihn sein guter Stern in eine stille Straße der

Vorstadt, wo er an einem Hause einen Zettel fand: „Hier ist ein Atelier an einen ruhigen Herrn zu vermieten. Vier Treppen, bei Frau Springer." Da ruhig zu sein seine Stärke war, so stieg er mutvoll hinan, um zum einundzwanzigstenmal sein Glück zu versuchen.

Eine mittelalterliche freundliche Frau öffnete ihm und führte ihn hinein. Der Raum gefiel ihm, obgleich er durchaus seinen mitgebrachten Vorstellungen nicht entsprach. „Es geht auch so," sagte er zu sich, als er sich eine Weile umgeblickt hatte. Nachdem er mit den Augen alle seine Habseligkeiten zurechtgerückt und die Wände eilfertig anders tapeziert und dekoriert und sich selbst an der Staffelei behaglich malend vorgestellt hatte, fand er, daß dies Phantasiebild von angenehmer Wirkung sei, und, müde und matt vom langen Suchen, und innig froh, zur Ruhe zu kommen, ward er mit Frau Springer bald einig.

Die nächsten Tage gingen hin mit Einrichtung und Einräumung. Wolfgang Turnau war einer der Menschen, die das Bedürfnis haben, von vielen Gegenständen umgeben zu sein. Wäre ihm nicht durch seinen Geldbeutel oder durch wohlgemeinte Ratschläge Einhalt gethan, so hätte er sich, wie sein Freund Morbrand zu sagen pflegte, längst das letzte Loch zum Malen verstopft und wäre gezwungen gewesen, dies Geschäft außerhalb des Ateliers zu verrichten. Frau Springer geriet in unsägliches Erstaunen, als ihr Mieter mit seinem Hausrat zum Vorschein kam. Da waren Tassen, ausreichend für eine ganze Familie und von den verschiedensten Formen, alle behaftet mit irgend einem Etwas, das sie dem Auge des Malers wohlgefällig gemacht hatte, Eigenschaften, die sich allerdings oft dem hausmütterlichen Auge der Frau Springer gänzlich entzogen und nur zur Vermehrung ihres Erstaunens beitrugen. Da gab es Krüge, schlanke, gebrauchte und ringförmige, Krüge, deren Zwecke unbegreiflich waren und deren Formen ungefähr den Vorstellungen entsprachen, die man von einem Kruge haben könnte, der wahnsinnig geworden ist. „Um Gottes willen," sagte die gute Frau, „Herr Turnau, wollen Sie denn aus allen diesen Dingern trinken?" und zugleich ging ihr eine beängstigende traumhafte Vorstellung durch den Kopf von einem gewaltsamen Riesendurst, der nur durch monumentale Mittel bekämpft werden kann.

Wolfgang lachte: „Ich habe sie um mich, diese Dinge," sagte er, „ich umgebe mich mit ihnen, sie sind ein Teil meiner Behaglichkeit, Ruhepunkte für meine Augen." Frau Springer schüttelte den Kopf. Dann kamen acht riesenhafte Arbeitsleute die Treppen hinaufgeschnauft mit einem uralten braunen Holzschrank. Ein imposantes Bauwerk, das bald in breiter Behaglichkeit auf vier schwarzen Kugeln, so groß wie Schulglobusse, dastand und sich nach Inhalt umsah. Dieser ward danach aus mehreren Kisten zum Vorschein gebracht. Die verschiedensten Volkstrachten und Gewänder, alles echt und teilweise sozusagen vom Leibe des Volkes gesammelt, getragenes Zeug aller Art, das sich durch einen geheimnisvollen, dem profanen Auge durchaus verborgenen malerischen Reiz auszeichnete, und der-

gleichen mehr. Während aller dieser Vorgänge hatte
sich zuweilen ein neugieriger Mädchenkopf an der Thür
gezeigt, immer ein wenig dreister. Endlich stand ein
dreizehnjähriges Springerchen mit ein paar dunklen
Zöpfen hinter seiner Mutter und schaute mit neu=
gierig klugen Augen hervor. Wolfgang bemerkte dies,
als er zufällig aufblickte. „Dies ist meine Tochter
Helene," sagte die Frau. Das Springerchen legte seinen
Kopf auf die Schulter, versuchte vergeblich seine Hände
irgendwo passend unterzubringen und fand schließlich
in der blaubeschleiften Spitze seines Zopfes ein alle
übrigen Interessen scheinbar absorbierendes Objekt der
Betrachtung. Dieser Zustand dauerte jedoch nicht lange,
denn Wolfgang verstand es, solchen Zauber zu lösen.
Ein Scherz von ihm, ein halbes Abwenden des Mäd=
chens, dann eine kecke Antwort, scheinbar an eine ima=
ginäre Person in der anderen Stubenecke gerichtet, noch
ein kleines Wortgeplänkel und es dauerte nicht lange,
da stand sie schon an einer der Kisten und reichte
Wolfgang die Kleidungsstücke hin, die er in dem un=
ersättlichen Bauche des Schrankes verschwinden ließ.
Sie wich auch nicht eher, bis unter vielem Erstaunen
und mancher wunderlichen Frage der bunte und ab=
sonderliche Inhalt dieser Malerwerkstatt vollzählig ge=
worden war. Die Mutter dagegen verschloß in ver=
schwiegenem Sinn einige unliebsame Vergleiche mit
einem Trödlerladen und gestand sich ein, daß sie sich
Thatsachen gegenüber befände, für die sie keinen Maß=
stab besitze. Diese Meinung wurde im Lauf der Tage,
als die unermüdlich ordnende Hand Wolfgangs Har=

monie aus diesem Chaos geschaffen hatte, allerdings
einigermaßen erschüttert, und am Ende mußte sie ein=
gestehen, daß dieser Musik von Farben und Formen
ein eigener behaglicher Reiz innewohne, von dem sie
in ihrer nüchternen farblosen Tüllgardinen= und Ta=
petenmusterexistenz zuvor keine Ahnung gehabt hatte.

So fand Wolfgang Turnau sein Atelier und Frau
Springer ihren ersten Mieter, und beide sahen mit
heiterer Ruhe der Zukunft entgegen.

II. Zeichenstunde.

Sie aber ließ die Zöpfe fliegen,
Und lachte alle Weisheit aus!...
Th. Storm.

Die gute Frau gewöhnte sich bald an ihren Mieter,
und es entstand ein ganz behagliches Verhältnis gegen=
seitiger Wertschätzung. Sie übernahm die Sorge für
die Wäsche und Garderobe ihres Einwohners und dieser
sonnte sich seit langem zum erstenmal wieder in dem
wohlthuenden Sicherheitsgefühl, das vollzählige Knöpfe,
undurchlöcherte Strümpfe und Röcke mit Henkeln ge=
währen. Außerdem besaß diese Frau die seltene Gabe,
fremde Ordnungssysteme zu achten und deren Idee auf=
zufassen; jener brutale rechtwinkelige Aufräumefanatis=
mus, eine der traurigsten Verirrungen des menschlichen
Geistes, war ihr fremd. Wolfgang empfand das Be=
dürfnis einer Gegenleistung für so viel seltene und
unschätzbare Wohlthat und erbot sich eines Tages dazu,

die kleine Helene im Zeichnen zu unterrichten. Dieser Vorschlag ward von der Mutter mit großem Dank, von der Tochter mit sehr zweifelhaften Gefühlen entgegengenommen, denn sie witterte hierin mit Recht neue Stunden ärgerlichen Stillsitzens, von denen ihr das Schicksal nach ihrer Meinung schon mehr als zu viel verliehen hatte. Doch alles Sträuben half nichts, die Sache nahm ihren Anfang und fraß in die schönen schulfreien Oasen der Mittwoch- und Sonnabendnachmittage eine garstige kleine Oede hinein. Eines Tages kam sie schon am Morgen während der Schulzeit mit der Zeichenmappe in der Hand.

„Was ist das?" fragte Wolfgang, „nicht zur Schule?"

„Wir haben heute frei bekommen," war die Antwort, „der Schulofen ist geplatzt."

„Ein freudiges Ereignis auf dunklem Hintergrunde," sagte Wolfgang, „doch

,Die Elemente hassen
Das Gebild der Menschenhand.'

Du wärest nun wohl lieber in der Schule geblieben und hättest ‚aimer' gelernt?"

„Ach," sagte sie wegwerfend — „aimer! Wir haben jetzt eine Grammatik, darin ist alles französisch, das Deutsche auch — aimer — da war ich acht Jahre alt, als ich das lernte."

„Frühreife Jugend," lachte Wolfgang, „aber nun, warum so verdrießlich?"

„Ja, ich möchte heute nachmittag meine beste Freundin besuchen..."

"Allerdings ein trauriger Fall!"

"Pfui, Sie lassen mich nie ausreden ... und da meinte meine Mama, ich möchte Sie bitten, ob ich die Zeichenstunde nicht heute morgen bei Ihnen haben dürfte." Dabei schwenkte sie die Mappe ein klein wenig an den Bändern hin und her und starrte in eine Ecke mit der Miene eines Menschen, der alle seine irdischen Hoffnungen zu Grabe getragen hat.

"Gewiß, jawohl!" sagte Wolfgang belustigt, "wir können diesen Trauerfall sofort erledigen. Dort ist ein Tisch, hier ist ein Stuhl, es kann sofort beginnen." Helene seufzte ein wenig und ging dann langsam an den Tisch.

"Es ist ja gar kein Platz da," sagte sie, indem sie anfing, eine Ecke abzuräumen. Dies Geschäft ging sehr langsam von statten, jedes Ding, was ihr in den Weg kam, schien heute von einer außerordentlichen Merkwürdigkeit und wurde einer eingehenden Betrachtung wert gehalten. Endlich waren jedoch die Vorbereitungen beendigt, sie setzte sich mit einem hörbaren Ruck und einem kleinen Seufzer nieder und versank in die Betrachtung der Wolken, die an dem großen Atelierfenster weiß und sonnig vorüberzogen.

"Nun wollen wir einmal sehen, was wir unterdes gemacht haben!" sagte Wolfgang und schlug das Zeichenheft auf. "Himmel, was für Baumschlag, lauter Brezeln und Theekuchen! Und dieser würdige angelnde Greis, ganz aus Semmelteig gebacken! Mädchen, mußt bu alle deine Formen aus dem Bäckerladen nehmen?"

Es ging etwas wie Sonnenschein über Helenens Gesicht.

„Der Bäcker unten im Hause hat heute ganz frische Windbeutel," sagte sie.

„Selbst Windbeutel!" meinte Wolfgang lachend. Dann machte er sich daran, den Baumschlag zu entbrezeln und dem unglücklichen Semmelmann ein menschliches Aussehen beizubringen. Danach kehrte er an seine Staffelei zurück und die Zeichenstunde nahm ihren Fortgang. Man konnte kaum sagen Fortgang. Es gab so viele tausend Dinge in der Welt, die unendlich viel mehr Interesse barboten, als der langweilige alte Mann auf der Vorlage, der ewig auf der Brücke stand und angelte. Da war zum Beispiel eine Fliege, die von der Winterkälte schon so matt geworden war, daß sie sich ruhig von einem Finger auf den anderen setzen ließ. Diese Zahmheit war bewunderungswürdig. Das zutrauliche Haustier in eine Nußschale zu setzen und spazieren zu fahren, gab ein neues und intensives Vergnügen, das ebenfalls fünf Minuten in Anspruch nahm. Aber die Fliege nahm einen Aufschwung und flog fort gegen das Fenster. Da waren nun wieder die Wolken und zogen schimmernd vorüber. Es sieht sich so gut in die Wolken, wenn man die Ellbogen aufstützt und mit den Beinen dazu baumelt. Da war eine, die hatte ein Gesicht, wie die alte Schulmamsell mit der großen Flügelhaube und der Warze auf der Nase. Die Wolke schob und dehnte sich und nun war es ein Kamel, die Nase ward zum Höcker und die Warze zum Affen darauf. Dann war es manchmal wieder, als müsse zwischen den weißen Wolkenballen, wo das Blau hervorschimmerte, ein lichtes Antlitz hervorschauen und freundlich herniedernicken.

Ein Mahnruf von Wolfgang schreckte sie auf und trieb sie an die vernachlässigte Arbeit. Wenn ihr nur nicht der Zopf in die Quere gekommen wäre. Seine Spitze war aufgegangen und eine Beseitigung dieser Unordnung war heilige Pflicht, die allem vorging. Dabei erschien ihr die Aehnlichkeit dieser Zopfspitze mit einem Pinsel höchst bemerkenswert und einer näheren Untersuchung würdig. Ein in der Nähe befindlicher Tuschnapf und ein Blatt weißen Papiers leisteten diesem Forschungstrieb Vorschub, und das Resultat war ein schauderhaftes mit der Zopfspitze gemaltes Männerantlitz, das selbst durch die darunter angebrachte deutliche Unterschrift nicht bewogen werden konnte, die gewünschte Aehnlichkeit mit Wolfgang anzunehmen.

Daß bei allen diesen wichtigen Nebendingen die Hauptsache kläglich beeinträchtigt wurde, ist wohl nicht zu verwundern, und selbst ein durch das drohende Gewissen wachgebissener Schlußeifer vermochte um so weniger die zeichnerische Arbeit zu fördern, als sich dieser verspätete Fleiß auf ganz verwerfliche Dinge richtete, die auf der Vorlage gar nicht vorhanden waren. Es kam ihr nämlich die Eingebung, daß diese Landschaft durch die Anbringung einer Pumpe um ein Unendliches zu verschönern sei. Es ist zu bemerken, daß alle Kinder in ihren freien Zeichenübungen eine Leidenschaft für rauchende Schornsteine, Storchnester und

Pumpen haben, so daß diese drei Dinge selten auf ihren primitiven Landschaften vermißt werden.

Mitten im Wege, jeglichen Verkehr über die Brücke grausam verhindernd, ward das monströse Bauwerk aufgeführt, ein Hohn auf die Gesetze der Perspektive und ein Faustschlag in das Antlitz der Naturwahrheit.

Wolfgang ward der stille Eifer seiner Schülerin verdächtig, er trat hinter sie und sah mit Entsetzen das Entstandene. „Nun sage einmal, was ist das?" fragte er.

„Eine Pumpe," war die entschiedene Antwort.

„Ein Ungeheuer, ein Turm zu Babel, ein Leuchtturm mit einem Schwengel dran!" sagte Wolfgang, „danken wir dem Himmel, daß er den Gummibaum erschuf — weg damit!"

„Ach," meinte Helene, „darf ich sie nicht stehen lassen, es ist ja doch nur eine Zeichnung?"

Der Maler war entwaffnet. „Na, meinetwegen," sagte er, „male nur noch ein Krokodil mit sieben Jungen dazu." — „Ach ja," fügte Helene freudig ein —, „dann kannst du es als abschreckendes Beispiel in einen Goldrahmen fassen lassen, und die Fliegen werden es alsdann schon auf ihre Weise kritisieren. Aber für heute wollen wir aufhören; die Krokodile kommen das nächste Mal. So, nun kannst du mir einen Kuß geben und zur Mutter gehen." Helene sagte, das würde sie nie thun, dann that sie es doch, schlug ihn mit dem Zopf und lief zur Thür hinaus.

Wolfgang kehrte an seine Staffelei zurück, be=

trachtete sein Bild und fing an, auf der Palette einen
Ton zu mischen. Seine Gedanken schienen nicht bei
diesem Geschäfte zu sein, denn als er diesen Ton end=
lich genauer ins Auge faßte, war es ein scheußliches
Graugrün, das mit seinem Bilde in gar keinem Zu=
sammenhang stand. Er lachte vor sich hin. Dann faßte
er die Summe seiner Gedanken in das eine Wort
„Blitzkröte" zusammen und vertiefte sich wieder ernst=
haft in sein Bild.

III. Zwischenreich.

Der Winter ging und der Frühling kam ins
Land. Eine kleine Kohlmeise saß in der großen
Schwarzpappel, und bis in das Atelier hörte man
ihren hellen Ruf: „Ich bin da! Ich bin da!" Aber
die fröhliche Stimme in den Räumen des Ateliers
war verstummt; das kleine Springerchen war fort.
Im fernen Ostpreußen hatte Frau Springer „einen
Bruder zu wohnen", der Prediger war. Ein lang=
gehegter Plan, die kleine Helene zu ihrer Konfirmation
dorthin zu geben, war jetzt zur Ausführung gelangt.
Später sollte sie noch einige Jahre dort bleiben, um
in die Geheimnisse der Kochkunst, das Mysterium der
Butterbereitung und sonstige Künste der Haushaltung
eingeweiht zu werden.

Nun kam niemand mehr zu Wolfgang, der um
ihn herum schwatzte und plauderte wie ein kleiner

Vogel. Manchmal ertappte er sich über dem Gefühl, daß ihm etwas fehle und daß es unerträglich still um ihn sei. Heute war es wieder so, und als er die kleine Meise draußen hörte, ging er ans Fenster und schaute in den mächtigen Wipfel der Pappel, die fast bis zu ihm hinaufreichte. Da saß das kleine Tierchen und pinkte seine drei Töne so andächtig, als sei es das schönste Lied. Dann flog es zu einem anderen Zweig, häkelte sich von unten an und visitierte behend und zierlich Knospen und Kätzchen, und ließ zuweilen sein klares Pink ertönen, und so von Zweig zu Zweig, kopfoben, kopfunten, und spähte hier und pickte da, flink und unermüdlich. Endlich saß es wieder und sang: „Ich bin da! ich bin da!" und dann flog es fort, hinaus in den Sonnenschein.

„Adieu, Springerchen," sagte Wolfgang unwillkürlich und kehrte ganz nachdenklich an seine Staffelei zurück. Aber die Zeiten vergehen und die Stimmungen mit ihnen. Bald dachte Wolfgang kaum noch an die kleine Helene, um so mehr, als in seiner äußeren Lage eine Wendung eintrat, die seine Stimmung erheiterte und viel fröhliche Arbeit mit sich brachte. Er gehörte zu den Künstlern, die unbekümmert die eigenen Wege gehen, ohne viel zu fragen nach Beifall und Zustimmung der Menge, und er besaß die stille Zähigkeit, die ohne geniale Sprünge, aber auch ohne Unterlaß nach Vollendung strebt. So hatte er ziemlich unbeachtet weiter gearbeitet und die Keime, die die Natur ihm verliehen, still gezeitigt und gefördert, bis eines Tages der Augenblick kam, wo die Welt erstaunt stillstand vor einem ganz eigenartigen und fertigen Talent, dessen allmähliches Werden ihr ganz entgangen war. Auf einer der großen Kunstausstellungen ward er plötzlich „entdeckt", und die Kritik hatte nichts Eiligeres zu thun, als zu versichern, daß sie bereits seit längerer Zeit dem Streben dieses eigenartigen Künstlers mit Interesse gefolgt sei, ein Interesse, das sie, wie Turnau selber am besten wußte, bis jetzt jedenfalls ängstlich geheim gehalten hatte.

Seine sinnige und beschauliche Natur hatte ihn zu Darstellungen geführt, die dem Stillleben nahe verwandt erscheinen. Der Ausdruck seiner Bilder war das reine Behagen an einer künstlerisch verschönerten Häuslichkeit; seine Liebhaberei für schöne Stoffe, Waffen und andere Erzeugnisse der Kunstindustrie stand damit im engsten Zusammenhang. Eine einzelne Person in entsprechender Umgebung war gewöhnlich der Inhalt dieser Darstellungen, etwa eine Frau aus der Renaissancezeit, die in einem schön geschnitzten Schrank kostbare Geräte ordnet, oder ein Kunstliebhaber in der formen- und farbenreichen Unordnung seines Arbeitszimmers mit dem Studium eines schönen alten Kruges beschäftigt, oder eine altertümliche Trinkstube, in der ein einsamer Kenner mit wissenschaftlichem Ernste in die Geheimnisse eines besonders vorzüglichen Jahrganges zu bringen sucht, und dergleichen mehr. Diese Bilder drängten sich nicht auf, aber hatte man sie entdeckt, so kehrte man immer mit Liebe und Behagen wieder zu ihnen zurück. Es waren Darstellungen, die in hohem Maße geeignet waren, zum täglichen Verkehr mit ihnen in einem wohleingerichteten Zimmer zu hängen. Gewaltige Vorgänge, ergreifende Schilderungen gehören an besondere Orte, in die bestimmte Umgebung; im kleinen Zimmer ermüdet es bald, Affekte und Leidenschaften vor sich zu sehen, die sich niemals verändern, und man fängt bald an den Mann zu bemitleiden, der ewig mit der Gebärde des Zornes den Arm zu erheben genötigt ist, und die arme Frau, die der Maler gezwungen hat, bis an das Ende aller Dinge auf den Knieen zu liegen und um Mitleid zu flehen.

Die wohlthätigen Folgen dieser angehenden Berühmtheit blieben nicht aus, sie zeigten sich zuerst daran, daß kostbarere Stoff und schönere Geräte in das Atelier einkehrten, und der Raum zum Malen noch ein wenig knapper wurde. In einem neu erworbenen Schreibschrank von eingelegter Arbeit entdeckte Wolfgang eines Tages, als er das Innere genauer untersuchte und dabei ein verborgenes Knöpfchen berührte, ein geheimes Fach, und sein Behagen daran wurde noch dadurch vermehrt, daß er jetzt in der Lage war, diese Einrichtung mit Vorteil benutzen zu können. Einige angenehme bunte Papiere wurden sofort darin untergebracht. Es gewährte ihm ein besonderes und ungekanntes Vergnügen, nach Ablauf des ersten halben Jahres an diesen Papieren mit der Schere eine höchst angenehme Geldschneiderei vorzunehmen. Für ihn, der noch niemals im dauernden Besitz einer größeren Summe gewesen war, hatte es anfangs fast etwas Komisches, daß in jenem verborgenen Fach Dinge lagen, die ohne das geringste Zuthun von seiner Seite still und fried=

lich weiter heckten, so daß, wenn sie reif waren, man
die Thaler von ihnen abschneiden konnte, wie die
Traube vom Stock.

So lebte Wolfgang behaglich dahin, malte im
Winter emsig und liebevoll seine Bilder und verwirk=
lichte im Sommer langgehegte Reisepläne, die wohl=
gefüllte Skizzenbücher und wieder Stoff zu Bildern
für den nächsten Winter lieferten.

Jedes Künstlerleben ist ein Bienenleben und be=
steht aus Einsaugen und Honigbereiten. Einsaugen
thun sie alle den süßen Blumensaft des Lebens, der
Schmetterling, der Käfer und die fleißige Ameise, allein
nur die Biene versteht es, das klare, durchsichtige Kunst=
werk des Honigs daraus zu bilden.

So gingen die drei Jahre und einige Monate
vorüber, nach deren Ablauf Helene wieder zu ihrer
Mutter zurückkehren sollte. Drei Jahre sind im Leben
eines Kindes, das zur Jungfrau wird, eine lange Zeit,
eine Zeit, in der verborgene Keime aufgehen und un=
geahnte Knospen sich erschließen.

IV. Verwandlung.

Sie war doch sonst ein wildes Kind...
Th. Storm.

Eines Tages war Helene wieder da, allein ihre
Anwesenheit machte sich für Wolfgang weniger be=
merklich, als er eigentlich gedacht hatte. Als er ihr
zum erstenmal in Erinnerung der heiteren Vorzeit mit
einem fröhlichen Scherz entgegentreten wollte, hielt er

betroffen inne, denn er sah mit einemmal, daß solche
muntere Vertraulichkeit nicht mehr am Orte sei. In
seinem Gedächtnis war noch immer der bezopfte Wild=
fang und das vertrauliche Du, und nun sah er sich
plötzlich einem schönen Fräulein gegenüber, das nur
sehr wenig Erinnerung für die Vergangenheit zu haben
schien und unbedingt mit Sie angeredet werden mußte.
Dieser unvorhergesehene Plural verwirrte ihn, so daß
die Begrüßung unter diesen Umständen ziemlich steif
und förmlich ausfiel.

Im allgemeinen machte dies Ereignis aber wenig
Eindruck auf ihn. Er erinnerte sich, daß aus den
buntesten Raupen oft sehr ernsthaft gefärbte Schmetter=
linge hervorgehen, und daß die heitere bewegliche Kaul=
quappe sich in einen nachdenklichen kleinen Frosch ver=
wandelt. Dies burleske Gleichnis erheiterte ihn ein
wenig, und dann wurde der Künstler in ihm lebendig,
indem er sich überlegte, in welchem Zeitkostüm Helene
wohl am besten zu malen sei. Wäre sie gewesen, wie
sie in seiner Vorstellung lebte, so hätte sie einzig allein
in dem koketten Rokokokostüm dargestellt werden müssen,
in einem großblumigen Schäferanzuge mit zierlichen
Stöckelschuhen. Die dunklen lachenden Augen hätten
einen hübschen Kontrast gebildet zu dem weißen ge=
puderten Haaraufbau. Dies war nun nicht mehr mög=
lich, allein es ging ihm eine andere Vorstellung durch
den Kopf. Sollte man nicht auf die vielen blonden
Gretchen auch einmal ein dunkelbraunes folgen lassen.
Eine Abwechselung that wirklich einmal not. Er sah
ein altertümliches Zimmer vor sich mit vielem sau=

beren blanken Gerät, geblümten Taffen und Krügen. Durch die grünlichen runden Butzenscheiben des Fensters fällt ein heller Lichtstreif auf Gretchen, die im Begriff, einen alten Eichenschrank zu öffnen, in Nachdenken versunken ist und sinnend vor sich hinsieht.

„Jedenfalls werde ich ihr Porträt malen," schloß er diesen Gedankengang und kehrte an seine unterbrochene Arbeit zurück.

Dieser Plan wurde fürs erste nicht ausgeführt, indem andere Arbeiten alle Zeit verzehrten. Auch sah Wolfgang das junge Mädchen sehr selten und wurde durch nichts an ihre Gegenwart erinnert, so daß er seinen Vorsatz fast ganz aus dem Gedächtnis verlor. Die Idee zu dem Gretchenbilde gedieh zu einer Oelskizze und wurde in dieser Form beiseite gestellt.

V. Das Bild.

Als ich da nach Malerfitten
Bei den Augen nun begann,
War es wieder ganz notwendig,
Daß wir uns ins Auge sahn.
Reinick.

Der Ruhm hat seine Dornen. Die schöne Einsamkeit und die beschauliche Stille des Ateliers ward jetzt häufiger durch Besuche gestört, und besonders das Bewunderungsgeschwätz und ästhetische Gezwitscher kunstliebender Damen verwässerte und verdarb manch schöne Morgenstunde. Zuweilen waren diese Besuche allerdings angenehmer Art und manchmal gingen sogar erfreuliche Bestellungen daraus hervor. Eines Mor=

gens kam ein Kunstliebhaber aus der Provinz, dem man Wolfgangs letztes Bild, das er zu kaufen beabsichtigte, vor der Nase weggeschnappt hatte, und wünschte ein Gemälde zu bestellen, denn der verfehlte Kauf hatte ihn in Feuer versetzt. Wolfgang legte ihm verschiedene Entwürfe vor, und der alte Herr begeisterte sich so für die Gretchenskizze, daß er über deren Ausführung bald mit dem Maler einig ward. Infolgedessen ward diesem der Wunsch wieder rege, Helenens Porträt zu malen, und er teilte Frau Springer diese Absicht mit. Die gute Frau zeigte eine merkwürdige Abneigung gegen diesen Plan. Sie hatte einen intensiven Haß auf die emanzipierten jungen Damen geworfen, die zuweilen in das Atelier des Malers kamen, um ihm für seine Bilder als Modelle zu dienen. Ihr die Notwendigkeit dieser Einrichtung einleuchtend zu machen, war ganz unmöglich. Sie wies dann jedesmal auf die lebensgroße Puppe hin, die mit den nötigen Kleidern angethan zur Aushilfe diente, und ließ sich nicht begreiflich machen, daß die höchst moralischen, mit Werg ausgestopften Glieder dieses Phantoms für die Zwecke des Malers nicht ausreichen sollten. Dieser Wurm fraß schon lange an ihrem Herzen, und nun witterte sie bei dem Antrage Turnaus verbrecherische Absichten und ließ sich nur mit großer Mühe dazu bewegen, ihre Einwilligung zu geben. Daß die Sitzungen nur in ihrem Beisein stattfinden konnten, war natürlich eine selbstverständliche Sache. Es wurde eine bestimmte Tagesstunde dazu angesetzt und die Geschichte nahm ihren Anfang.

Die erste Entdeckung, die Wolfgang machte, war,

daß Helene sehr merkwürdige Augen hatte. Es geschieht einem lustigen Waldquell wohl, daß er nach ausgelassenem Tanzen und Plätschern in einer kleinen Bodensenkung sich ausbreitet und mit klarem Spiegel zum Himmel aufschaut, als wüßte er nichts mehr von all dem fröhlichen Thun. Aber kaum setzen wir den Fuß ein wenig weiter, da tanzt er wieder doppelt so lustig über die Steine davon. Wolfgang merkte bald, diese dunklen Augen konnten noch ebenso übermütig funkeln wie ehedem, aber sie schauten nicht mehr so unbefangen wie damals, und die langen Wimpern senkten sich oftmals vor seinen forschenden Blicken.

Die Vollendung des Bildes zog sich sehr in die Länge. Außerdem daß wegen sonstiger dringlicher Arbeiten nur eine kurze Zeit täglich zur Verwendung kam, konnte sich Wolfgang nicht genug thun und wendete immer mehr Fleiß und Mühe an diese Arbeit. Die Stunde, in der er an dem Porträt malte, wurde ihm mit der Zeit zu der liebsten des Tages. Mutter Springer, deren argwöhnisches Gemüt sich allmählich beruhigt hatte, saß so behaglich in einem großen Polsterstuhl aus dem siebzehnten Jahrhundert und strickte und plauderte, was der Geist ihr eingab, und zwischen Wolfgang und Helene fanden zuweilen kleine lustige Wortgeplänkel statt, die oft zu der heitersten Stimmung führten. Ein Atelier hat zwar keinen Sonnenschein, allein manchmal war es dem Maler doch, als sei in solchen Stunden ein freundliches Licht über alle Dinge gebreitet.

VI. Wetterwolken.

Als das Porträt seiner Vollendung nahe war, trat Frau Springer eines Morgens bei Wolfgang ein, um ihm nach gewohnter Weise das Frühstück zu bringen. Dieser beachtete sie nicht weiter, weil er ganz in sein Gretchenbild vertieft war und dazu mit großer Kunstfertigkeit und begeistertem Nachdruck pfiff. Aber Frau Springer hatte heute so etwas Bemerkliches an sich. Sonst bei ähnlichen Gelegenheiten kam und verschwand sie wie der dienstbare Geist im Märchen, so daß Wolfgang später beim Aufblicken in Verwunderung geriet, wo denn mit einemmal das Frühstück hergekommen sei. Aber heute fiel es ihm bald auf, daß sie da war. Sie hatte so etwas Kurzes in ihrem Schritt, und ein geflissentliches Wesen ging von ihr aus, das Wolfgang im Nachdenken störte. Die Teller klapperten so herausfordernd, als sie sie ordnete, und dann ging sie noch nicht gleich, sondern seufzte zwischen den Möbeln herum, wischte Dinge ab, auf denen kein Staub lag, und rückte Stühle zurecht, die schon so richtig standen, daß man durch siebenjähriges Nachdenken keinen besseren Platz für sie hätte ersinnen können.

Wolfgang merkte endlich, daß sie ein Gespräch herbeizuführen wünschte, schloß seine Musik mit einem wunderschönen Triller und einer überaus künstlichen Kadenz, sah hinter seinem Bilde hervor und fragte: „Na?"

Frau Springer erschrak über die plötzliche, noch nicht erwartete Anrede, denn sie rieb gerade in ihren verzehrenden Gedanken einen polierten Metallgriff, der schon so blank war, daß er Feuerfunken von sich warf: „Das Frühstück..." sagte sie verwirrt.

„Jawohl," meinte Wolfgang zerstreut, indem die Augen wieder an seinem Bilde hingen.

Die Frau faßte sich ein Herz: „Ich habe eine Frage, Herr Turnau," sagte sie.

Dieser pfiff zur Antwort eine Jagdfanfare von dem Inhalt: „Heraus damit, ich bin ganz Ohr."

„Ach bitte, Herr Turnau," sagte sie verzweifelt, „lassen Sie doch das gottlose Pfeifen, es ist mir sehr ernst."

Wolfgang blickte sie erwartungsvoll an.

„Kennen Sie Fräulein Iduna Schlunk?" fragte sie.

„Jawohl," versetzte Wolfgang, „sie frönt der Blumenmalerei!"

„Sie soll sehr schön malen," sagte Frau Springer, „Herr Registrator Schwamm hat es gesagt."

„Ja meinetwegen," brummte Wolfgang, „es gibt ja auch Tiere, die Disteln fressen."

Frau Springer hatte ein Federbüschel ergriffen und stäubte dem Apoll von Belvedere die Nase ab: „Sie war gestern bei mir," bemerkte sie, ohne Wolfgang anzusehen. „Sie sucht ein Atelier. — Sie meinte, Sie würden bald ausziehen. — Der Raum wäre für Sie zu klein, hat sie gesagt. — Sie scheint mir eine gesetzte, angenehme Dame zu sein. Zuletzt hat sie mich gefragt, ob sie das Atelier bekommen würde, wenn Sie auszögen, na, ich hätte nichts dagegen, habe ich gesagt."

„Hoho," meinte Wolfgang, „da kann sie lange warten."

„Ich hätte doch beinahe Lust, ihr das Atelier zu vermieten," sagte Frau Springer mit sanfter Entschiedenheit.

„Nur über meine Leiche geht der Weg," rief Wolfgang, „wenn diese edle Dame wiederkommt, dann sagen Sie ihr: ‚Mein verehrtes Fräulein, ich beherberge in diesen Räumen einen jungen Mann von den außerordentlichsten Talenten, einen jungen Mann, den ich achte wegen seiner Kenntnisse, den ich liebe wegen seiner Eigenschaften, den ich verehre wegen seines Charakters, — kurz, einen jungen Mann von höchst musterhafter Vorzüglichkeit, von dem ich mich niemals — niemals trennen werde.'"

„Ach, Herr Turnau, Sie scherzen noch immer," sagte die Frau, „es ist ganz gewiß mein entschiedener Ernst!"

Wolfgang sah sie verwundert an: „Dies sieht ja aus wie eine Kündigung! — und weshalb denn? Mir ist das Atelier groß genug. Und wenn es mir behagt, in einer Nußschale zu malen, so ist das doch allein meine Sache!"

„Ja, Herr Turnau," sagte sie, „dagegen kann man gar nichts haben, und ich will es nur frei heraus sagen, es ist wegen der Modelle. Diese Menschen, die zu Ihnen ins Atelier kommen — von den Männern will ich gar nichts sagen, aber die Mädchen. Neulich war da wieder so eine; sie hatte so einen kecken Hut auf und sang auf der Treppe, und den Herrn Regi=

ſtrator Schwamm, den hat ſie mit ein paar Augen angeſehen — er ſagte nachher zu mir, es wäre ein Skandal und für ihn als einen verheirateten Mann ſchicke es ſich gar nicht, ſich ſo anſehen zu laſſen! Fräulein Schlunk malt Blumen, da kommt dergleichen nicht vor, und da bin ich denn mit ihr einig geworden, daß ſie zum erſten März hier einzieht."

Wolfgang kam es noch immer nicht in den Sinn, an wirklichen Ernſt in dieſer Angelegenheit zu glauben. Frau Springer hatte allerdings eine ſehr eigentümliche und entſchiedene Art, dieſen Spaß zu betreiben, allein er hatte ſchon manche Schrulle der guten Dame hinweggeſcherzt. Sie gehörte zu den Frauen, die das Bedürfnis haben, ſich von Zeit zu Zeit begütigen zu laſſen.

„O liebe Frau Springer," erwiderte er, „ich glaube, Sie haben ſich noch gar nicht ordentlich überlegt, was Sie da ſagen. Haben Sie wohl ſchon an die Zukunft gedacht? Es iſt Ihnen wohl nicht in den Sinn gekommen, daß es eine Nemeſis gibt, und daß Sie auch einmal in die Kunſtgeſchichte kommen. Und dem gelehrten Profeſſor, der einſt mein Leben beſchreibt, dem werden ſich vor ſittlicher Entrüſtung die wenigen Haare emporſträuben, wenn er an das Kapitel ‚Frau Springer' kommt. Er wird es Ihnen niemals verzeihen, daß Sie die waren, die den berühmten Wolfgang Turnau, den göttlichen Wolfgang Turnau aus dem Hauſe geworfen hat. Die ſchaudernde Nachwelt wird Ihr Verfahren ſchon zu richten wiſſen, und wenn dann die Engländer und Engländerinnen kommen, um

sich den Ort anzusehen, wo diese grausame That
geschehen ist, da werden sie ein rotes Ausrufungs=
zeichen der Entrüstung machen in ihrem Murray und
‚shocking‘ werden sie sagen, ‚indeed shocking‘ und
Ihr Andenken, Frau Springer, wird verflucht sein bei
allen Nationen!"

Aber die gute Frau schien nicht den geringsten
Wert auf die Meinung der richtenden Nachwelt zu
legen, denn sie schüttelte diese Mahnworte wie Regen=
tropfen von sich und blieb fest. Turnau schwor, er
würde nicht ausziehen, er würde sich verbarrikadieren
und sein Leben teuer verkaufen. Er machte sie auf=
merksam auf die Menge Harnische, Armbrüste, Morgen=
sterne, Schwerter, Arkebusen, Dolche und Reiter=
pistolen, die sein Atelier beherbergte, er erinnerte sie
daran, daß selbst die scheue Gemse den Jäger in den
Abgrund rennt, wenn ihr kein anderer Ausweg bleibt,
aber Frau Springer schüttelte nur den Kopf und
blieb fest.

Dahinter steckte etwas anderes; dies ward ihm
allmählich klar. Er gab den scherzhaften Ton auf und
fragte die Frau allen Ernstes nach dem wahren Grunde
der Kündigung. Sie wollte nicht mit der Sprache
heraus und versteckte sich hinter die zu Anfang der
Unterredung erwähnten Motive. Im Laufe des Ge=
sprächs und des fortwährenden Abstäubens hatte sie
indes mehrfach den Ort gewechselt und bekam nun
mit einemmal das Gretchenbild, auf das sie zuvor
niemals einen Blick geworfen hatte, zu Gesicht. Sie
starrte eine Weile sprachlos auf die Leinwand.

„Herr Turnau, das Bild dürfen Sie nicht verkaufen!" sagte sie dann.

„Warum nicht?" fragte Turnau verwundert.

„Ich will es nicht haben," sagte sie, „ich will nicht, daß meine Tochter noch mehr ins Gerede kommt, als es schon der Fall ist. Das Mädchen auf dem Bilde sieht leiblich aus wie meine Helene, und ich will nicht, daß die Leute sagen, sie hätte Ihnen Modell gestanden. Es wird ohnehin schon dergleichen geredet."

„Hier wittere ich die Spuren von Jduna Schlunk!" rief Wolfgang schnell, „nun verstehe ich alles!"

„Ja, Fräulein Schlunk hat es mir erzählt, daß die Leute darüber munkeln, daß Sie ein Verhältnis mit meiner Tochter hätten, und daß sie Ihnen Modell stünde, und damit solches Gerede aufhört, müssen Sie ausziehen. Daran ist nichts zu ändern und es bleibt dabei." Damit, um jede fernere Erwiderung abzuschneiden, verließ sie schnell das Zimmer.

Wolfgang blickte ihr stumm nach, schüttelte den Kopf und setzte sich dann mechanisch an das bereitstehende Frühstück. Mit merkwürdiger Schnelligkeit verschwand dasselbe zwischen seinen fleißigen Zähnen. Allein sein Blick war bei dieser Arbeit fast immer auf jenen imaginären Punkt in der unendlichen Ferne gerichtet, den wir aufzusuchen pflegen, wenn das Gehirn mit verzehrender Gedankenarbeit beschäftigt ist. Und wenn er sein Leben hätte dadurch retten können, es wäre ihm eine Viertelstunde nach dem Frühstück nicht mehr möglich gewesen, zu sagen, was er gegessen hatte.

✻

VII. Benno Bach.

> Schnurrbartsbewußtsein trug und hob
> den ganzen Mann,
> Und glattgespannter Hosen Sicherheits-
> gefühl. Mörike.

Wolfgang stand am Morgen des anderen Tages in seinem Atelier und rückte das seiner Vollendung nahende Porträt ins rechte Licht. Er hatte gestern den Kampf mit Frau Springer noch einmal wieder aufgenommen, allein es wäre ihm wohl eher gelungen, den Nordpol mit einem Wachslicht aufzutauen, als das gepanzerte Herz dieser Frau zu erweichen. Sie war arm und hatte nichts als ihre Tochter und ihre Ehre. Das Gift, das Jduna Schlunk in ihr Ohr geträufelt hatte, zehrte und fraß, denn sie wußte, daß der Makel der Verleumdung haftet wie ein Brandfleck auf weißer Leinwand. In ihr ängstlich sauber und rein gehaltenes Leben hatte man mit schmutzigen Fingern hineingetastet, und obgleich sie keinen Groll auf Wolfgang hegte, der ja nur die unschuldige Ursache dieses Jammers war, so mußte er doch fort, damit der Verleumdung ihre Grundlage genommen würde. Am liebsten hätte sie ihn angefleht, daß er schon morgen ginge. Das Einzige, was dieser noch hatte von ihr erreichen können, war, daß sie die Vollendung des Porträts, wozu nur noch eine Sitzung erforderlich war, gestattete, auch hatte sie sich über das Gretchenbild beruhigt, nachdem Wolfgang ihr versprochen hatte, es in der Stadt nicht ausstellen zu wollen, und nachdem er ihr eine wunderliche Schilderung von der abgelegenen, moosbewachsenen

Provinzialstadt, die dem Besteller zum Wohnsitz diente, entworfen hatte, wo das Bild aus der Welt sei und vor den Blicken unziemlicher Neugier verborgen.

Er stand jetzt und bereitete sich für die Sitzung vor, und die Gedanken, die sein Gemüt in den letzten Stunden bewegt hatten, durchgaukelten in unruhigem Tanze sein Gehirn. Das Ereignis des vorhergehenden Tages berührte ihn tiefer, als er es für möglich ge= halten haben würde. Aus aller Ruhe und Behaglich= keit war er plötzlich herausgeschreckt, er hatte eine ähnliche Empfindung, wie sie das erste Erdbeben im Menschen erzeugt, wenn das, was man vor allen Dingen als fest und beständig anzusehen gewohnt war, die sichere wohlgegründete Erde, plötzlich in erschrecklicher Leichtfertigkeit anfängt zu tanzen. Ja, es schmerzt oft mehr, wenn die vielen kleinen Würzelchen, die aus dem Alltäglichen ihre Nahrung saugen, losgerissen werden, als wenn eine der großen Pfahlwurzeln unserer Exi= stenz durchschnitten wird.

Es gibt wohl nichts Unbequemeres, als wenn zu so unbehaglicher Stimmung noch Besuch von fatalen Menschen tritt. Auch diese Zuthat blieb Wolfgang nicht erspart, denn es klopfte, und herein trat jemand, den er unter allen Umständen lieber im Pfefferlande sah und für den, um ihn im gegenwärtigen Augen= blick fortzuwünschen, die Geographie mit vollständig ungenügenden Entfernungen ausgerüstet war. Herr Benno Bach trat ein, ein junger Mann im Anfang der dreißiger Jahre, wohlgenährt und von rosiger Ge= sichtsfarbe mit einer weißen Stirn, die sich glänzend bereits bis zum Zenith erstreckte. Den übrigen Teil des Hauptes bedeckten kurze, sehr blonde wohlgekräuselte Löckchen, in denen kein Härchen ungezählt war. Diese appetitliche Sorgfalt erstreckte sich auf den ganzen Anzug, der, von feinen Stoffen hergestellt, in sorglicher Farbenzusammenstellung und harmonischer Zierlichkeit den Körper umschloß. Trotz des winterlichen Schlackerwetters war kein irdisches Tröpfchen auf den glänzenden Stiefeln zu spüren. Er begrüßte Wolfgang in einer gewissen zerstreuten, abwesenden Art, gleichsam als zähle er im Geiste wichtige Dinge ab, und fürchte sich, einen Irrtum zu begehen.

„Ach, ich störe Sie wohl," sagte er nach der ersten Begrüßung. „Sie sind bei der Arbeit... Ich will Sie nicht lange aufhalten, ich bitte nur um eine Feder und etwas Papier, um eine Idee niederzuschreiben, einen Gedankenzug, der sich mir aufdrängte, als ich durch das Geräusch der Nebenstraße fuhr... Ich war unglücklich, ich hatte mein Notizbuch vergessen, da fielen Sie mir ein... Schreibe ich dergleichen nicht sofort auf, so ist es mir entschwunden... mein Gedächtnis ist wie ein Sieb, nur die großen Züge bewahrt es, nicht die kleinen Feinheiten..." Dabei suchte er unruhig nach dem Gewünschten, ohne es zu finden.

„Wie ein Huhn, wenn es legen will," dachte Wolfgang heimlich.

„Dort, dort," sagte er dann, indem er ihm den Ort bezeichnete. Mit Befriedigung setzte sich Bach, jedoch fing er gleich an, hastig zwischen den Schreibgegenständen zu suchen und zu wählen.

„Lauter Bleifedern," sagte er, „Faber Nummer zwei, Faber Nummer drei ... Gutknecht ... Hardt=
muth ... ach, haben Sie keine Feder?" fügte er fast kläglich hinzu, „eine Stahlfeder und Tinte?"

Wolfgang brachte beides herbei. „Genügt eine Bleifeder nicht für diesen Zweck?" fragte er.

„Ich schreibe sehr ungern mit Bleifedern, nur im alleräußersten Notfall," sagte Bach, „es sagt mir nicht zu, es ist mir" ... — er suchte eine Weile in allen Gehirnschiebladen nach einem Ausdruck und krähte schließlich sichtlich erfreut — „es ist mir nicht monu=
mental genug!" Dann ward er eine Zeit lang un=
schädlich und schrieb eifrig. Wolfgang kehrte an seine Staffelei zurück und wappnete sich im stillen mit Dul=
dung. Er haßte diesen Menschen. Benno Bach hatte davon keine Ahnung, er lebte sogar in dem Aber=
glauben, daß das Gegenteil der Fall sei. Er besuchte den Maler zuweilen und lobte seine Bilder, und wenn er ihm zu Wagen auf der Straße begegnete, ließ er den Kutscher halten, sprang auf die Straße, zog Wolf=
gang in die nächste Restauration, alle Ausflüchte nicht beachtend, und zwang ihn unter Freudenausbrüchen über das glückliche Zusammentreffen, ein Glas mit ihm zu trinken. Bei einer solchen Gelegenheit hatte er einst erklärt, er halte sehr viel von Turnau und er wisse, daß diese Neigung erwidert werde. Dieser, der mit Anstrengung aller seiner Geistesgaben eben an der Arbeit war, eine Ausflucht zu erfinden, um dem Verhaßten zu entrinnen, besaß in seiner Gutmütig=
keit den Mut nicht, eine Aufklärung herbeizuführen,

denn er mußte es sich doch sagen, daß der Edle ihm in Wirklichkeit niemals etwas gethan, sich sogar im höchsten Maße freundlich gegen ihn erwiesen hatte. Mittlerweile hatte er sich daran gewöhnt, diese einseitige Freundschaft wie ein unvermeidliches Schicksal zu tragen.

Bach hatte seine Niederschrift beendet und erhob sich: „Was ich hier eben aufschrieb," sagte er, „ist mir viel wert, es sind die Samenkörner zu einem ganzen Zyklus von Gedichten; ich fühle schon, wie sie keimen!" Dabei ließ er seine Züge einen sinnenden Ausdruck annehmen und starrte eine kleine Weile in sich hinein, gleichsam als belausche er diesen geheimnisvollen Werdeprozeß. Danach fielen seine Augen auf das Bild. „Ein Porträt," sagte er gleichmütig, „scheint ja ein hübsches ... aber wie ist das möglich," rief er dann, „das ist ja Fräulein Springer! Und zwar durchaus vorzüglich gemalt, und von der größten Aehnlichkeit! Ist sie jetzt in der Stadt? Wie kommen Sie dazu?"

Wolfgang war verwundert und unangenehm berührt. „Durch ein zufälliges Zusammentreffen," sagte er, „ich kenne das Mädchen kaum."

„Sie wohnt jetzt hier?" forschte Bach.

„Ich glaube wohl," antwortete Wolfgang; dabei fiel ihm mit Entsetzen ein, daß Helene mit ihrer Mutter jeden Augenblick zur Sitzung kommen konnte; er machte sich im Zimmer etwas zu thun und verriegelte heimlich die Thür, die zu Frau Springers Räumen führte. Er hatte das dunkle Bewußtsein, daß er von jetzt ab ungeheuer lügen werde.

Bach war ganz in den Anblick des Bildes versunken: „Vergangene Zeiten steigen herauf," sagte er dann, „in Ostpreußen habe ich sie kennen gelernt vor anderthalb Jahren, sie war noch sehr jung, allein ihr ganzes Wesen, gemischt aus kindlichem Frohsinn und jungfräulichem Ernst, hatte etwas sehr Anziehendes für mich. Es berührte mich eigentümlich neu. Die geistreichen Weiber bekommt man auch satt. Ich sah schon eine Idylle gleich der Sesenheimer herannahen. Lyrische Stimmungen verließen mich nicht mehr. Ich war im Begriff, eine ganz neue Sorte von Liebe kennen zu lernen, und Sie glauben gar nicht, wie das zum poetischen Schaffen anregt."

Turnau ballten sich die Fäuste bei diesen Worten und sein Herz schwoll plötzlich bei dem Gedanken an den unsäglichen Hochgenuß, den es ihm bereiten würde, den trefflichen Poeten in diesem Augenblick mit einem Stuhlbein zu Boden zu schlagen, oder ihn beim Kragen zu nehmen und durch die klirrende Glasthür die Treppe hinab zu werfen.

Bach fuhr nach einer Pause, da Wolfgang nichts erwiderte, unbeirrt fort: „Eines Sommerabends erinnere ich mich noch. Ich ging spazieren mit den beiden Töchtern des Pfarrers und Fräulein Springer. Als die Sonne unterging, standen wir auf einem Hügel unter einer großen Eiche. Vor uns senkte sich ein Kornfeld, dann kam eine schmale Wiese und dahinter ein See, der in der Ferne wiederum durch Wald begrenzt wurde. Hinter den Wipfeln dieses Waldes war die Sonne versunken und brannte nur noch mit einer großen goldenen Glut hervor. Ringsum war alles feierlich und still, wie in Andacht versunken. Eines meiner besten Gedichte betitelt sich: ‚Sonnenuntergang‘. Sie werden sich erinnern; es beginnt:

‚Du einsames Grab
Der versunkenen Sonne …‘

„Ich zitierte dies Gedicht mit bewegter Stimme, und als es zu Ende war, schaute ich auf Fräulein Springer, die etwas abseits stand. Sie trug einen Kornblumenkranz im Haar und schaute mit großen Augen in die Abendglut, die einen warmen leuchtenden Schein auf ihr schönes, seltsam ernstes Antlitz warf; ich glaubte eine Thräne in ihrem Auge schimmern zu sehen. Sehen Sie, lieber Turnau, das sind die Erfolge, die dem Herzen des Poeten wahrhaft wohlthun."

Turnau war von diesem selbstgefälligen Geschwätz fast zur Verzweiflung gebracht. Als er über Helene so reden hörte, hatte er eine Empfindung, wie jemand, der eine schöne, scheinbar unberührte Frucht bewundert, aus welcher plötzlich bei näherer Betrachtung ein gefräßiger Ohrwurm davoneilt, der sie heimlich benagte. Er brummte etwas Unverständliches; Benno Bach seufzte ein wenig, strich sich sorgfältig die Stellen seiner hohen Stirn, wo früher Haare wuchsen, prüfte mit vorsichtigen Fingern den künstlich gelockten Rest, der ihm noch geblieben, und fuhr fort: „Ich denke zuweilen jetzt ans Heiraten, ganz ernsthaft sogar. Dies Bild bringt mich wieder darauf, weil es mir zeigt, wie die Zeit vergeht. Seit jenem Abend habe ich sie nicht wieder gesehen, damals war sie noch ein halbes Kind, jetzt ist die Knospe voll erschlossen. Ich möchte sie wiedersehen. Sie haben wohl die Freundlichkeit, mir die Adresse mitzuteilen!"

Es stellte sich aber heraus, daß Herr Benno Bach sich in einem der größten Irrtümer befand, als er dies annahm. Wolfgang geriet in eine sehr täuschende Verwunderung darüber, daß ihm noch nie eingefallen sei, danach zu fragen. Die junge Dame käme mit einer älteren zu ihm, und so viel er sich entsinne, habe er aus einigen Andeutungen geschlossen, daß sie sehr weit entfernt wohnen müßten, vielleicht eine Stunde weit oder noch weiter. Ein Bahnhof sei in der Nähe ihrer Wohnung, ob der Stettiner oder der Ostbahnhof, sei ihm wieder entfallen. Es habe ihn bis jetzt auch gar nicht interessiert, aber wenn Bach es wünsche, so könne er ja auch einmal nach der Wohnung der Dame fragen, er hoffe, daß er es nicht vergessen werde. Bach ersuchte ihn noch besonders, dies ja nicht zu unterlassen. Das Bild habe sein Herz seltsam bewegt und er vermöge sich kaum von ihm zu trennen. Wolfgang meinte dann, dies fände er nicht recht begreiflich, aber in solchen Dingen seien die Ansichten der Menschen verschieden. Dabei horchte er fortwährend nach der Thür und seufzte hoch auf, als Benno Bach sich endlich empfahl und die Thüre hinter sich geschlossen hatte. Zu weiteren Gedanken blieb ihm keine Zeit, denn kaum hatte der Poet das Atelier verlassen, als von der anderen Seite Helene und Frau Springer eintraten und die Sitzung ihren Anfang nahm.

VIII. Die Sitzung.

Heute kam mit Helene kein Sonnenschein in das Atelier; sie erschien mit verweinten Augen wie der blasse Mond, während Frau Springer sie begleitete und einer drohenden Wolke vergleichbar war.

„Es ist gut, daß ich heute nur noch am Haar zu thun habe," sagte Wolfgang, indem er sie prüfend betrachtete. Helene seufzte, ihre Mutter sah unergründlich ernsthaft aus und strickte wie eine Maschine.

„Erlauben Sie," sagte Wolfgang dann, „daß ich das Haar ein wenig ordne." Helene neigte schweigend das Haupt, und der Maler gab mit leichten Fingern dem welligen, seidenweichen Gelock eine gefälligere und freiere Lage. Seine Hand zitterte hierbei; er hatte Helene gegenüber noch nie diese Verlegenheit empfunden. Es war, als ob von dieser Berührung eine warme elektrische Strömung ausginge, die sein Herz rascher schlagen machte und in seinem Haupte die Gedanken seltsam und lieblich durcheinander wirrte. Er konnte kaum der Versuchung widerstehen, dies schöne Köpfchen zwischen seine Hände zu nehmen und es aufzurichten, um einmal recht tief in die dunklen Augen zu sehen. Und seltsam — als er sein Werk vollendet hatte und Helene wieder aufschaute, war die Bläße ihres Gesichts verschwunden und hatte einer sanften Röte Platz gemacht.

Die Sitzung begann. Es war heute recht still in dem behaglichen Raume, man vernahm nichts als das

eifrige Klirren der Stricknadeln und von draußen das
Schwatzen der Sperlinge, die in der hohen Schwarz=
pappel Distriktsversammlung abhielten.

Wolfgang malte, als hinge das Wohl der Welt
davon ab, er wunderte sich selbst, wie ihm heute alles
gelang; der alte Künstlerspruch:

Hände, Füß' und Haar
Sind des Teufels War' —

schien heute bei ihm seine Wahrheit verloren zu haben.

Nach einer halben Stunde klingelte es draußen
und Frau Springer ward dadurch abgerufen. An
ihrer Stelle blieb nur ein eilig zusammengeballtes
Strickzeug, das mit seinen Nadeln wie ein spärlich
bewaldetes Stachelschwein in die Welt starrte und ein
seltsam beobachtendes Ansehen hatte, gleich als sei es
sich seiner Stellvertretung wohl bewußt. Außerdem
blieb auch die große Stille, nur die Sperlinge schienen
bei Beratung ihrer kommunalen Angelegenheiten auf
einen Streitpunkt gestoßen zu sein und erhoben einen
gewaltigen Lärm, bis sie plötzlich mit Gebrause alle
auf einmal davonflogen. Nun war die Stille noch
auffallender, und Wolfgang, um nur etwas zu reden,
erinnerte sich an den Besuch von vorhin und sprach:
„Es war soeben ein alter Bekannter von Ihnen hier."
Helene sah ihn fragend an.

„Erinnern Sie sich nicht mehr an den Abend in
Ostpreußen, als Sie, einen Kornblumenkranz im Haar,
in die untergehende Sonne sahen und jemand dazu
lyrisch wurde:

,Du einsames Grab
Der versunkenen Sonne..."

Helene sah ihn mit großen Augen an: „Das war Herr Bach — Sie kennen ihn?" Dann sah sie eine Weile nachdenklich vor sich hin und fuhr fort: „Von dem Gedicht habe ich nicht viel gehört, es mag wohl sehr schön gewesen sein, aber ich dachte an andere Dinge. Man hatte vorher gesagt, daß dort Berlin läge, wo die Sonne versank. Ich dachte an meine Mutter und an unser kleines Eckzimmer, wo auch die untergehende Sonne hineinscheint, und an unseren Kanarienvogel, der dann noch zum letztenmal so schön singt, und an..." Hier stockte sie eine Weile, so daß Wolfgang weiter forschte: „Und an...?" — „Und an mancherlei," fuhr sie fort. „Ich weiß das noch sehr genau, denn ich habe oft an diesen Abend gedacht. Ich hatte Heimweh. Herrn Bach habe ich seitdem nicht wieder gesehen, er besuchte damals seinen Onkel, dem das Gut gehört."

„Wie gefiel er Ihnen?" fragte Wolfgang.

„Er war stets sehr zuvorkommend gegen mich," sagte Helene, „ich lachte niemals über seine Gedichte, wie die anderen Mädchen, die sich zuweilen die Taschentücher in den Mund stopfen mußten, wenn er vorlas. Ich kann sehr ernsthaft sein, wenn es darauf ankommt."

„Hm," meinte Wolfgang, „Sie hätten nur lachen sollen."

„Herr Bach ist doch Ihr Freund?" fragte Helene fast verwundert.

"Ja, er ist mein Freund," rief Turnau heftig, "aber ich bin geneigt, diese Freundschaft, die der unerforschliche Ratschluß der Götter über mich verhängt hat, als ein ‚Schicksal' zu betrachten. Ich bin mit diesem Menschen behaftet, ich habe ihn wie eine Krankheit. Er ist mir zuerteilt worden als eine grausame Strafe für meine Sünden!"

Er bemerkte, daß ihn Helene wegen dieser plötzlichen Heftigkeit ganz erstaunt ansah, und fuhr fort: "Ich hätte mich seiner längst entlebigt, aber leider bin ich ihm Dank schuldig, und das bindet mir die Hände und kränkt mich zugleich. Er lernte mich kennen, als ich in frieblicher Dunkelheit und ziemlich unbeachtet ein Bildchen nach den anderen strich, und hat dann zuerst auf mich aufmerksam gemacht und die Presse in Bewegung gesetzt, daß ich mit einemmal bekannt wurde. Aber dies ist mehr als ausgeglichen dadurch, daß er nun überall, wo es sich machen läßt, als mein Entdecker figuriert und mich vorführt wie ein Zirkuspferd, das er persönlich dressiert hat, daß er überall meinen Namen als eine Rose im Knopfloch trägt, um den seinigen damit zu schmücken!"

Helene nahm wie alle Frauen die Partei des Angegriffenen.

"Das hat er doch am Ende nicht nötig," sagte sie, "er gilt doch für einen berühmten Dichter!"

"Machwerk! Machwerk!" rief Turnau, "ein künstlich aufgeblasener Name, der über Nacht platzen wird wie eine Seifenblase, und es wird nichts übrig bleiben als ein wenig unreines Wasser. Sie wissen nicht, wie das gemacht wird, wie sie zusammenhalten die Mittelmäßigen und in Blättern und Blättchen einander emporloben und gegenseitig ihre Namen und Nämchen ausschreien, bis das arme dumme Publikum endlich glaubt, von dem vielen Geschrei müsse doch etwas wahr sein. Sie wissen nichts von den Kunstparasiten, denen es nur zu thun ist um Geld oder Ruhm und die den wahren Künstlern wie Unkraut im Wege stehen. Die langen Ohren haben sie ins Publikum gestreckt und lauschen und horchen nach dem, was die große Menge haben will, und schneidern dann nach der Mode des Tages zusammen, was heute gefällt und übermorgen schon vergessen ist."

„Aber Herr Bach gehört doch nicht zu denen?" fragte Helene, ganz ängstlich gemacht durch eine Heftigkeit, die ihr kaum verständlich war.

„Herr Bach gehört zu denen," sagte Wolfgang, „die ich Kunstschwindler nenne, und das ist es, was ewig eine Kluft zwischen uns befestigt. Es ist ihm nicht um die Sache selbst zu thun, sondern vor allen Dingen um den Erfolg der Sache. Er sucht nicht mit unablässigem Streben nach Vervollkommnung aus sich herauszubilden, was die Natur etwa in ihn gelegt hat, nein, es ist ihm nur daran gelegen, einen Glanz und Schimmer um sich zu verbreiten, und in eitler Selbstgefälligkeit wird er nicht müde, fortwährend den Leuten sein liebes Ich wie auf dem Teller entgegen zu tragen."

Helene hörte ihm mit steigender Erregung zu; ihr erschienen diese Worte sehr übertrieben und grau=

sam, und es widerstand ihr, diese Ergüsse anhören zu
müssen.

„Sie urteilen gewiß zu hart," meinte sie, „Sie
sind eingenommen gegen Herrn Bach und thun ihm
gewiß unrecht..."

Wolfgang ließ sie kaum ausreden, er hatte sich
in Feuer gesprochen und redete sich immer tiefer in
seinen Groll hinein: „Ich bin zu milde," sagte er, „viel
zu milde! Haben Sie einmal seine Gedichte gelesen?
Das Buch erinnert mich immer an eine Eiersamm=
lung. Nichts wie ausgepustete Eier. Lauter glän=
zende Schalen ohne Inhalt! Vorhin sprach er davon,
daß er sich verheiraten möchte. Ich weiß ein Wesen,
das seiner würdig ist. Er sollte Fräulein Jduna
Schlunk heiraten; diese Künstlerin hat viel Ver=
wandtes mit ihm, und vielleicht vereinigen sich einmal
beider Talente in einem gemeinschaftlichen Sohn, der
dann später seinen menschenfeindlichen Beruf darin
finden wird, Arabesken von Kamillenblümlein und
Vergißmeinnicht um seine eigenen mauserigen Gedichte
zu malen!"

Helene kamen fast die Thränen in die Augen.
Es mißfiel ihr über die Maßen, Wolfgang so sprechen
zu hören, und sie konnte sich nicht enthalten, ihm dies
zu sagen. „Ich hätte Sie nicht für so lieblos ge=
halten!" sprach sie, indem ihr das Rot in die Wangen
stieg, mit zitternder Stimme.

Wolfgang sah sie groß an, er hatte offenbar
diesen Ton nicht erwartet und ward plötzlich stumm
und nachdenklich. Da auch in diesem Augenblick Frau

Springer zurückkam, so trat das alte Schweigen wieder ein und die Sitzung ging stumm und verdrossen zu Ende.

IX. Dämmerung.

Als Wolfgang wieder allein war, ging er eine Weile in seinem Atelier ziellos umher und stand zuweilen und starrte auf alle möglichen Dinge, ohne irgend etwas zu sehen. Ein Verdacht war in ihm aufgestiegen, den er nicht abzuweisen vermochte, und der ihm das Herz einschnürte, je mehr er seine Berechtigung einzusehen glaubte. Es schien ihm klar zu sein, daß Helene eine Zuneigung für Benno Bach hege, ja ihn vielleicht heimlich liebe. Es gibt viele unbegreifliche Dinge in der Welt, sagte er sich, und dies ist am Ende noch nicht so unerklärlich. Benno Bach war sehr reich, er hatte kein unschönes Aeußere, und vielleicht mochte ja gerade das selbstgefällige Wesen, das den Maler zurückstieß, auf Helenens Unerfahrenheit bestechend eingewirkt haben. Die harmlose Jugend verwechselt ja so leicht und gerne ein Laster mit der verwandten Tugend und umgekehrt, und nichts ist leichter, als einem so jungen Mädchen, dessen Köpfchen noch mit schönen Einbildungen erfüllt ist, Schein für Wahrheit zu verkaufen. Sollte dies Benno Bach so schwer gefallen sein, dessen ganzes Sein und Wesen Schauspielerei war, und der nichts versäumte, sein

liebes Ich auf alle Weise zu illuminieren und jeden
Schein eines Verdienstes als eine leuchtende Wahrheit
hinzustellen? Wolfgangs grübelnde Gedanken bohrten
sich in diesen Vorstellungen fest, und an der unan=
genehmen Wirkung, die er hiervon erfuhr, ward ihm
mit einemmal sonnenklar, wie es mit ihm selber in
dieser Angelegenheit stand. Er ward plötzlich rot und
dann wieder blaß, fuhr sich mit der Hand mehreremal
durch das dichte Haar und blieb dann vor Helenens
Porträt nachdenklich stehen. Dann rückte er einen
Lehnsessel davor und saß eine lange Weile, bald das
Bild betrachtend, bald in die grauen Wolken starrend,
die sich verdrossen und unablässig an dem winterlichen
Himmel durcheinanderschoben. Es wurde dämmerig
und fing an wieder zu regnen; der Wind warf die
Tropfen prickelnd gegen die Scheiben; in den Ecken
und Winkeln des Ateliers lagerten sich finstere Schatten;
nur das Porträt leuchtete noch mit sanftem Schimmer
hervor. Aber es dunkelte immer stärker, bis allmäh=
lich Helenens Bild ebenfalls in die Finsternis versank.
Draußen ward die Straßenlaterne angezündet und
warf einen stillen Schein an die Decke des dunklen
Raumes. Wolfgang erhob sich und sah auf die Straße.
Diese Laterne brachte ihn auf einen Gedanken, sie
erinnerte ihn daran, daß an demselben Abend das
allerdings etwas verspätete Weihnachtsfest der „Klapp=
rigen Laterne" gefeiert werden sollte. „Morbrand
wird dort sein," dachte Wolfgang, „er muß mir
einen Rat in dieser Angelegenheit geben. Ich muß
über diese seltsamen Erscheinungen, die sich in mir

heute abend hervorgethan haben, ins klare kommen.
Es wird sich wohl ein Augenblick finden, wo ich ihn
allein habe.

X. Die „Klapprige Laterne".

Es ging eine Sage über die Entstehung des
Namens „Klapprige Laterne". In der grauen Vor=
zeit des Vereins, da er noch namenlos war und nur
aus fünf Mitgliedern bestand, die allwöchentlich ab=
wechselnd in ihren Wohnungen zusammenkamen, hatte
es bei einer dieser Versammlungen plötzlich an die
Thüre geklopft und herein war getreten der alte Dio=
genes, der verdammt war, noch immer ruhelos mit
seiner Laterne nach Menschen zu suchen. Sie hatten
ihn freundlich aufgenommen, und Morbrand, der
Aelteste des Vereins, hatte gesagt: „Setzen Sie sich,
Professorchen, Sie werden müde sein, denn Griechen=
land ist weit, und der Jüngste sind Sie auch nicht
mehr." Der alte Diogenes hatte seine Laterne auf
den Tisch gestellt und sich in den großen braunen Lehn=
stuhl mit Ohrenklappen gesetzt und recht kümmerlich
geseufzt, daß es ganz herzzerbrechend anzuhören ge=
wesen ist. Sie haben ihm aber viel Punsch zu trinken
gegeben und allerlei anmutige Gespräche mit ihm ge=
führt, dergleichen er sich gar nicht vermutet gewesen,
so daß der alte Herr immer fröhlicher geworden ist
und bald den einen, bald den anderen fast verwundert

angesehen und sich immer häufiger und eifriger die
Hände gerieben hat vor lauter Behagen. Und als die
Stunde später geworden ist und die Geister lebendiger,
so daß in bewegtem Hin und Wieder des Gespräches
Scherz und Ernst durcheinandergeschwirrt sind wie die
Bienen und Schmetterlinge zur Sommerzeit am blu=
migen Feldrain, da ist der Alte immer helläugiger
geworden und immer aufgeregter, und zuletzt ist er
plötzlich aufgesprungen und hat seine Laterne genom=
men und sie mit einem großen Jauchzer gegen den
Ofen geschmettert und hat gerufen: „Hier sind ja
Menschen! Hurra! Hier sind ja Menschen! Ich brauche
dich nicht mehr, ich bin erlöst!" Danach hat er alle der
Reihe nach umarmt und ihnen mit großer Rührung
die Hände gedrückt, ist mit etwas schiefem Gange aus
der Thür geschossen, mit ziemlichem Lärm die Treppe
hinabgepoltert und niemals wiedergekommen.

Die Laterne hat man aber in ihrem dermaligen
Zustande sorgfältig aufbewahrt und sie mit einem
brennenden Lichte darin als ein heiliges Symbol bei
jeglicher Sitzung auf den Tisch gestellt, auch gebühren=
dermaßen den Verein feierlich nach ihr benannt. Etwa
ein Dutzend Menschen hatten sich gesellig um sie ge=
schart und versuchten das Lob zu verdienen, das einst
der alte Diogenes den Stiftern gespendet hatte. Ernst
und Scherz in zwangloser Abwechslung herrschten an
diesen Abenden. Manche Dichtung, bevor sie in die
Welt hinausging, empfing hier ihre erste Beleuchtung
— die alte Laterne konnte gar scharfe Lichter werfen —,
manch künstlerischer Plan kam hier in kritischem Wechsel=

gespräche zur Reife und Vollendung, doch auch der tollste Humor trieb hier seine schillernden Blüten, und nichts war so burlesk und paradox, daß es hier nicht begeistertes Verständnis gefunden hätte. Der Art war der Verein, den Wolfgang Turnau an diesem Abend besuchen wollte.

XI. Das Weihnachtsfest.

Um die Weihnachtszeit herum schimmern gar viele freundliche Lichtpunkte, wie heitere Sterne sich um den leuchtenden Mond scharen, unzählige Vereine feiern dann ihr Winterfest und wochenlang strahlen allabendlich die Tannenbäume bis tief in den Januar hinein. Eine freundliche Sitte, die auch den Familienlosen eine fröhliche Weihnachtsfeier ermöglicht.

Der größte Raum stand unter den Mitgliedern des Vereins dem Bildhauer Daniel in seinem geräumigen Atelier zur Verfügung, weshalb auch dort das Fest stattfand. Als Wolfgang eintrat, fand er bereits die meisten seiner Freunde in dem behaglich und anmutig mit Tannengrün und lebenden Pflanzen ausgeschmückten Raume anwesend.

Die Bildwerke, die das Atelier enthielt, waren alle an die Wände gerückt und schimmerten hell und freundlich aus dem grünen Blattwerk hervor, in der Mitte des Raumes leuchtete ein gedeckter Tisch, und den Ehrenplatz am oberen Ende desselben nahm ein

mächtiger Tannenbaum ein, der, von Künstlerhand ver=
ziert, in Gold und Farben stand und mit mancherlei
drolligem Spielwerk behängt war. Es herrschte, wie
es bei derartigen Anlässen zu sein pflegt, eine ge=
dämpfte Anfangsstimmung, die Freunde saßen behag=
lich schwatzend in kleinen Gruppen zusammen oder es
standen einige vor diesem oder jenem Bildwerk in
kritischer Beschauung.

Plötzlich klappte im Hintergrunde eine spanische
Wand auseinander und ein alter Zaubergreis mit
langem weißen Bart und spitzer Hieroglyphenmütze
ward sichtbar. Er trug eine Kelle in der Hand und
war bekleidet mit einem bunten Talar, der über und
über mit blitzenden Zauberzeichen bedeckt war. Neben
ihm befand sich ein dampfender Kessel auf einem Drei=
fuß, darunter stand eine Schale. Der Zauberer kreuzte
die Arme, verbeugte sich würdevoll und sprach dann:

„Des Nordens lange Winternacht zu kürzen,
Ward einst in alter, längst vergeßner Zeit
Von einem Mann, verloren ist sein Name,
Ein wunderbarer Zaubertrank erdacht.
Gar manche Nacht, die ruhmlos der Philister
Und thatenlos im warmen Bett verschnarcht,
Saß er an seinem Werk und mischt' und trank
Und trank und mischte, bis er hingesunken
Im Schlafe noch von der Vollendung träumte. —
Es kam die Zeit, die brünstiglich ersehnte,
Es kam die Zeit, wo ihm das Werk gelang,
Wo Kraft und Milde, Süßigkeit und Feuer,
Zusammenfloß in holder Einigkeit,
Und im Verein der widerspenst'gen Kräfte
Geboren ward der wunderbare Trank!

Heil sei dem Mann! Ihm ward kein Monument
Von Stein und Erz, jedoch im Widerschein
Viel seligroter Nasen glüht und leuchtet
Ein beßres Denkmal ihm vieltausendfach! —
Sein Name schwand, sein Werk wird ewig bleiben
Wir wollen dessen heut uns heiter freuen!
Den alten Zauber wieder froh erneuen!"

Damit wandte sich der Zauberer und schwang unter unverständlichen Sprüchen seine Kelle beschwörend in der Luft. Aus der Schale schlug eine riesige blaue Flamme auf und leckte an den Wänden des Kessels hoch empor. Dann beugte er sich nieder und goß aus mächtigen Krügen, die neben ihm standen, unendlichen Wein in das Gefäß und sprach, indem er von Zeit zu Zeit mächtig mit der Kelle in der Flüssigkeit rührte:

„Es rankt die Rebe am rauschenden Rheine,
Die Kräfte der Erde saugt sie empor!
Sie bindet den Sommer und bannt ihn in Beeren,
Sie wendet und wandelt im Wechsel der Wochen
Der Sonne Gefunkel zu flüssigem Feuer,
Der Sonne Gleißen in glänzendes Gold!
Feuer zu Feuer und Flammen zu Flammen!
Heia, nun glänze, du goldige Glut,
Fließe im Feuer, du flammende Flut!"

Danach geschahen neue Beschwörungen. Im Hintergrunde erhob sich ein diabolisches Geheul und plötzlich stand wie aus der Erde gewachsen ein schwarzer Nigger da, der in den Händen eine mächtige Schale mit Zucker trug, der unter feierlichen Zeremonien dem Tranke beigemischt wurde. Auf ähnliche Weise er=

schienen die Zitronen von einem Italiener dargebracht,
und als im Laufe der Zeit der Wein anfing zu sieden,
tauchte ein vortrefflicher Chinese mit dem nötigen
Arak auf, nach dessen Beimischung ein angenehmer
Punschgeruch sich in dem ganzen Raume verbreitete
und die Gemüter mit süßer Ahnung kommenden Ge=
nusses füllte. Nachdem somit die Grundbedingung
eines behaglichen Abends geschaffen war, verschwanden
der Zauberer und seine Gehilfen unter allgemeinem
Beifall wieder im Hintergrunde, um nach einiger Zeit
als gewöhnliche Menschen sich an ihren Plätzen wieder
einzufinden.

Als danach die Begierde der Speise — aber noch
lange nicht des Trankes — gestillt war, strahlten am
Tannenbaum die Lichter auf und eine lustige Ver=
losung der scherzhaften Dinge, die er an seinen Zweigen
trug, ward ins Werk gesetzt. Dadurch geriet allmäh=
lich die Stimmung in jene heitere Strömung, die in
lebhaft rauschendem Allgemeingespräch sich kund thut,
und nur zuweilen bildeten scherzhafte Vorführungen ein=
zelner eine Insel in diesem Strome.

Der einzige, der an diesem Abend die richtige
Stimmung nicht zu finden vermochte, war Wolf=
gang, wie wohl leicht erklärlich ist. Er hatte sich
seines Beitrages in der Rolle des Chinesen erledigt
und saß nun da, schweigend ein Glas Punsch über
das andere schlürfend, und wälzte Gedanken. Zu=
weilen stimmte er mechanisch in ein besonders lautes
Gelächter mit ein, um nicht aufzufallen, obgleich er
selten genau wußte, um was es sich handelte. Er

war fest entschlossen, sich Morbrand anzuvertrauen, allein, so lange er diesen auch beobachtete, immer wollte der geeignete Zeitpunkt nicht kommen, wo dieser allein war.

Scherzhafte Reden und burleske Aufführungen lösten einander ab. Die Stimmung ward brausender und die feurigen Geister des starken Getränkes entflammten die Köpfe. Zu dem Duft des Punsches, der ausgeblasenen Wachslichter und verbrannten Tannenzweige mischte sich der bläuliche Nebel der Zigarren, und die Gesellschaft sonderte sich, wie es in späteren Stadien solcher Zusammenkünfte zu geschehen pflegt, in einzelne lebhaft disputierende Gruppen, in buntem Gespräch das Höchste wie das Tiefste durcheinander wirbelnd. Am Klavier tauchte ein Punschenthusiast auf und gab seiner Begeisterung singend Ausdruck:

> „Und würden zu Rum die Ströme,
> Und würden die Meere zu Wein,
> Und schmölzen dann alle Berge
> Als Zuckerhüte hinein,
> Und drückt' man den Mond als Zitrone
> Hinein in die köstliche Flut,
> Und heizte die riesige Bowle
> Mit der Erde vulkanischer Glut,
> Und könnt' ich dann liegen und schlürfen
> Und trinken ohn' Aufenthalt:
> Es würde doch nimmer bestehen
> Vor meines Durstes Gewalt!"

Der Zeitpunkt war eingetreten, wo die Menschen je nach ihrer Begabung sentimental oder streitsüchtig werden, und wo man jene Offenherzigkeiten zu begehen pflegt, die am anderen Tage so unverdaulich auf der Seele liegen.

Morbrand hatte sich zurückgezogen, saß allein hinter dem Tannenbaum versteckt und knackte Nüsse, indem er behaglich in das bunte Treiben vor sich schaute. Diesen Augenblick ließ Turnau nicht ungenützt vorübergehen, und es gelang ihm, Morbrand so künstlich in seiner Ecke einzuzäunen, daß der Zutritt eines dritten unmöglich gemacht wurde. Es ist nicht mehr als natürlich, daß er sodann ein Gespräch anfing, das mit der Sache, die ihm am Herzen lag, einen möglichst geringen Zusammenhang darbot. Nachdem er über die Vorzüge der Haselnüsse einige begeisterte Worte geäußert und über Nüsse im allgemeinen vortreffliche Anschauungen dargelegt hatte, spann sich das Gespräch mühsam dahin, bis endlich eine kleine Pause eintrat. Wolfgang sah eine Weile auf seine rechte Fußspitze, mit welcher er ein weniges auf und nieder wippte, und sprach ohne besondere Betonung vor sich hin: „Es ist mir sonderbar ergangen, Morbrand."

„Hm," sagte dieser, seine Bereitschaft zum Hören ausdrückend, ohne sich jedoch in seiner Beschäftigung zu unterbrechen. Wolfgang fuhr einigemal mit der Hand durch sein dichtes Haar, rückte dann näher und sprach: „Ich möchte dir etwas anvertrauen, wofür ich deinen Rat und deine Verschwiegenheit erbitte." Morbrand legte den Nußknacker auf den Tisch und die eben ausgelöste Nuß säuberlich daneben. Dann nahm er seine Brille ab und putzte sie mit dem Taschentuch:

„Dies wird feierlich," sprach er. Nachdem er dann, wie es der Brauch ist, die Brille gegen das Licht gehalten und säuberlich wieder auf seine Nase gerückt hatte, that er einen tiefen Zug aus seinem Glase, lehnte sich in den Stuhl zurück und sagte: „Ich bin bereit."

Wolfgang stärkte seine Seele ebenfalls mit Punsch und fuhr dann fort: „Ich habe vorher noch eine Bitte: Wenn es dir irgend möglich ist, lieber Freund, so bleibe ernsthaft bei dem, was ich dir sage. Es sind manchmal Dinge für andere sehr komisch, die dem Beteiligten bittere Bedrängnis schaffen. Wenn du durchaus lachen mußt, dann laß es mich wenigstens nicht sehen, mach's innerlich ab. Und ehe ich anfange, gib mir die Hand, alter Freund."

Morbrand blickte auf die Gesellschaft. Man achtete nicht auf die beiden Abgesonderten; in solcher Zeit und Stimmung hat jeder genug mit sich selber zu thun. Er griff unter dem Tisch nach Wolfgangs Hand und drückte sie kräftig.

„Es hat mich," sagte dieser dann.

„Was, wie, wo?" fragte Morbrand.

„Hier," antwortete Wolfgang, indem er die Hand aufs Herz legte und wie ein ertappter armer Sünder aussah. Es zuckte über des Freundes Gesicht, allein er bezwang sich: „Weiter!" sagte er.

Und Wolfgang beichtete alles herunter, was ihm auf der Seele lag. Am meisten bedrückte ihn natürlich die Befürchtung, die heute in ihm aufgestiegen war. „Wenn es sich bewahrheitet," rief er aus, „daß

sie diesen Kerl liebt, dann ist es zu Ende mit meiner
Geduld, dann ist es hohe Zeit, daß er ausgerottet
wird, damit er nicht noch mehr Unheil stiftet. Ich
fordere ihn zum Zweikampf heraus und die Waffe soll
mir ganz gleichgültig sein, wenn sie nur geeignet ist,
ihn umzubringen."

Morbrand lächelte doch ein wenig. „Diese Ab=
sicht ist ja lobenswert," sagte er, „allein ich gebe dir
zu bedenken, ob du dein Herz in Bezug auf das Mäd=
chen auch genügend geprüft hast, ob dieses plötzliche
Auflodern auch wirklich Liebe bedeutet, und ob dieses
junge Fräulein auch die Eigenschaften und die Bil=
dung besitzt, die einen Mann von deinen Eigenschaften
dauernd glücklich machen können."

„Es ist kein plötzliches Auflodern, "sagte Wolf=
gang, „es ist mir nur blitzartig zum Bewußtsein ge=
kommen, was längst in mir verborgen war. Denke
dir, man hat ein altes Bild lange besessen und nie=
mals beachtet — man betrachtet es einmal genauer
und siehe da, es ist ein Rembrandt. Du kennst das
Mädchen nicht: sie ist nicht geradezu schön, aber sie
hat jenen milden Liebreiz, der das Herz jedes Mannes
mit Wärme füllt, jenen Zauber von Gesundheit und
Frische, der in heutiger Zeit so außergewöhnlich sel=
ten ist, und dazu ein heiteres, sonniges und den=
noch tiefer Empfindung fähiges Gemüt. Was ihre
Bildung anbetrifft, so spielt sie nicht Klavier, sie
malt nicht und macht keine Verse — das ist schon
bedeutend mehr, als man heutzutage billigerweise ver=
langen kann."

Morbrand lächelte wieder. „Nun gut, ich werde bir meinen Rat in dieser Angelegenheit erteilen. Ich fürchte nur, du wirst mit ihm nicht zufrieden sein, obgleich er der einzige und beste ist, der sich denken läßt: Wenn du sie liebst, da geh doch hin und sag's ihr!"

Wolfgang sah ihn fast verblüfft an und trommelte mit den Fingern. Er schwieg.

„Nun, warum nicht?" fragte Morbrand, „es ist das Sicherste. Die frische That erlöst."

Der Maler versank in Gedanken. So selbstverständlich der Rat seines Freundes war, es lag doch für ihn etwas Ueberraschendes darin, denn trotz alledem war er der Sache noch nicht so nahe getreten. „Wenn ich einer günstigen Antwort gewiß wäre," meinte er dann, „das Gegenteil wäre unerträglich."

„Ungewißheit ist das Unerträglichste," sagte Morbrand.

„Du hast recht," entgegnete Wolfgang, „ich will es thun, ich will mit ihr sprechen."

„Das genügt mir noch nicht," meinte der Freund, „wann willst du mit ihr sprechen?"

„In den nächsten Tagen, sobald sich eine passende Stunde findet."

„Dieser Plan ist schlecht," sagte Morbrand, „binde dich an eine bestimmte Zeit, zum Beispiel morgen nachmittag Punkt vier Uhr. Erhebe dies zum festen Vorsatz."

„Warum das?" fragte Wolfgang verwundert.

„Du weißt," antwortete der Freund, „ich gehöre

selber ein wenig zu den Leuten, die ihr ganzes Leben
lang ‚nächste Woche anfangen wollen'. Wie manches
habe ich nicht im Leben versäumt, weil ich heute nicht
that, was ich morgen oder übermorgen thun wollte,
wenn die passende Stunde sich fände. Darum, wenn
dir die Zeit genehm ist, so schlage ein."

„Ich verspreche auch dies," sagte nach einer Weile
der Maler und drückte dem Freunde kräftig die Hand.
Danach mischten sich beide wieder unter die übrige
Gesellschaft. Eine innere Heiterkeit war nach diesem
Entschluß über Wolfgang gekommen und fröhlich nahm
er von jetzt ab an allem teil, bis auch dieser Abend
verbrauste und verschwamm, wie jede heitere Stunde
dahingeht — Schaum, der eine Welle der Ewigkeit
krönt.

XII. Die Werbung.

Am anderen Morgen, als Wolfgang trotz der
durchschwärmten Nacht zur gewöhnlichen Zeit erwachte,
lobte er den Rat Morbrands, denn frei· von allem
Zweifel stand vor ihm, was er zu erfüllen hatte, und
jene geistige Anspannung, mit der man Dingen ent=
gegen geht, die auf keine Weise mehr zu ändern sind,
verließ ihn nicht mehr. Am Nachmittage, kurz vor der
bestimmten Zeit, als er von seinem Mittagsessen zurück=
kehrte, begegnete ihm, was sonst allerdings nicht als

ein gutes Omen betrachtet wird, Frau Springer vor der Hausthür, im Begriff auszugehen, allein ihm erschien es wie ein günstiges Vorzeichen, da er kaum zu hoffen gewagt hatte, Helene allein zu treffen.

Er stand in seinem Atelier vor seiner großen braunen Wanduhr, die ein Erbstück war, bis der Zeiger auf die volle Stunde deutete, und als das alte Mirakel mit großem Aufwand von innerem Schnurrwerk anhob, vier zu schlagen, marschierte er geradeswegs in sein Schicksal hinein. Auf dem Korridor lauschte er eine Weile, ehe er an die verhängnisvolle Thür klopfte. Er hörte nichts als den schmetternden Gesang eines Kanarienvogels. Als er hineintrat, wurde er fast geblendet, denn Helene befand sich in dem bereits erwähnten Eckzimmer und die untergehende Sonne sandte einen vollen Strom rotgoldenen Lichtes hinein. Das Mädchen erhob sich und stand mitten in dem Glanze da.

Turnau trat ein wenig zur Seite, um dem blendenden Lichte zu entgehen: „Ich wünsche Ihre Frau Mutter zu sprechen," sagte dieser heuchlerische Sünder.

„Sie ist ausgegangen, aber sie wird bald zurückkehren," war die Antwort.

„Darf ich sie hier erwarten?" fragte der Maler.

Helene schwieg verlegen, es war offenbar gegen ihre Instruktion, ja zu sagen. Aber Wolfgang nahm die Gelegenheit wahr und blieb.

„Sie zürnen mir doch nicht mehr wegen des Gespräches von gestern," sagte er, „mir fällt es wieder ein, weil der Ort mich daran erinnert. Hier ist die untergehende Sonne, die in das kleine Eckzimmer noch einmal so schön hereinscheint, hier ist der schmetternde Kanarienvogel, an alles dies haben Sie gedacht an jenem Abend, aber hier ist heute noch jemand, der bis jetzt sozusagen zum Hause gehörte — haben Sie sich damals auch an diesen erinnert, Helene?"

„Herr Turnau, Sie fragen seltsam," sagte Helene verwirrt, und zu dem Rot der Sonne, das auf ihren Wangen lag, trat eine tiefere Glut:

„O die Frage ist nicht seltsam," rief Turnau, ein freundliches Gedenken thut dem Menschenherzen wohl. Ich soll in kurzer Zeit aus diesem Hause gehen, wo ich die glücklichste Zeit meines Lebens verbrachte, da wäre es mir liebes Bewußtsein, wenn ich die Gewißheit hätte, daß meiner zuweilen gedacht wird."

Helene schwieg und sah ihn an. In der Tiefe ihrer Augen lag ein warmer Schein, ein stilles Leuchten ging von ihnen aus, das Wolfgangs Herz pochen machte und sein Blut rascher strömen ließ.

„Ich gehe sehr ungern aus diesem Hause," rief er, „und doch würde ich es mit Freuden verlassen, wenn ich eine Gewißheit hätte; darf ich sagen welche?"

Die Sonne war unterdes in schweren Wolken verschwunden, aber es war dies nicht allein, was das Antlitz Helenens töblich erblassen machte.

Der kleine Kanarienvogel hatte aufgehört zu singen und es war so still im Zimmer, daß man das leise

Kniftern des Miebers hörte, das vom Sturm des jungen Busens bewegt wurde.

„... Daß Sie mit mir gehen!" sagte Wolfgang. Er flüsterte es fast, und doch war beiden die ganze Welt in diesem Augenblicke mit dem Klange dieser Worte erfüllt. Helene sah ihn an starr wie im Traume, dann irrten ihre Augen wie Hilfe suchend umher — sie wollte entfliehen, allein Turnau trat ihr entgegen und sie sank ihm in die Arme und an die Brust, wo schon seit lange ihre Heimat war. Seine Lippen suchten die ihren und fanden sie, und die langgehegte stille Glut strömte nun süßberauschend ihm entgegen. Dann flüsterte sie an seiner Brust: „An jenem Abend dacht' ich auch an Sie. Und immer, jeden Tag, seit ich fort war, je länger es dauerte, je mehr."

„Und niemals hast du diesen vergoldeten Poeten lieb gehabt, auch nicht ein kleines bißchen?" rief er jauchzend.

Sie hob den Kopf und schüttelte ihn verwundert: „Hast du das jemals gedacht?"

„Hurra," jubelte Wolfgang, „ich war ein Thor, ein Narr, ein vollkommener Narr. Wo ist die Sonne, die Sonne soll noch einmal kommen, sie hat noch nie= mals einen so glücklichen Esel gesehen!" Und die Sonne erfüllte sein Verlangen. Groß und rot sank sie hinter der Wolke hervor und warf noch einmal, bevor sie schied, ihr verklärendes Licht auf die zwei Glücklichen. Wolfgang hielt Helene umschlungen und sah mit ihr hinaus in die Glut.

„Nun fehlt nur noch die Mutter," sagte Helene.

„Ja, die Mutter," sagte Turnau, „horch, da kommt sie schon." Und als Frau Springer noch außer Atem von den vier Treppen über den Korridor kam und die Thür zu ihrem kleinen Eckzimmer öffnete, da, im letzten Schein des Abendrotes — ja, da stand die Bescherung!

Der Rosenkönig.

※

Sonnabend den 1. April.

Dem Drängen und Treiben bin ich nun glücklich entronnen. Hier ist es fast friedlich und still, ich möchte beinahe vergessen, daß ich in einer großen Stadt wohne, tönte nicht ein fernes Rollen und Brausen zu mir her, gleichsam das Wogenrauschen des ewig fluten= den Menschenmeeres. Im Winter, da ging es schon an; zumal ich fremd in der Stadt, und mir das un= gewohnte Leben und Hasten neu war. Ich wohnte so recht mitten darin, wo Handel und Verkehr in den engen Adern winkeliger und verräucherter Straßen mächtig pulsieren. Nun aber, da der Frühling ins Land kam, zog es mich hinaus in die Stille der Vor= stadt, wo man dem Frühling ins Angesicht sehen kann, wo es noch Bäume gibt und junges Grün und blühende Gärten, wo man außer der unvermeidlichen Drehorgel auch einmal den Schlag eines Vogels vernimmt, und wo der Donner des Himmels nicht untergeht im Ge= räusch des lauten Tages.

Heute gab es das erste Gewitter, und unter Blitz und Donner hielt ich den Einzug in mein neues Reich.

Meine Fenster schauen auf einen zum Nebenhause ge=
hörigen großen Garten hinaus — und als sich das
Wetter verzogen hatte und die siegreiche Sonne milde
wieder hervortrat, öffnete ich das Fenster und ließ den
frischen Duft der erquickten Erde zu mir herein. Von
den jungen Blätterknospen rannen die blitzenden Perlen;
ein sanfter Regen vertropfte langsam, wie von der
sinkenden Sonne aufgetrunken, und ein schöner Regen=
bogen stieg aus dem leuchtenden Knospengrün auf in
das einförmige Grau des Himmels.

Ein jeder Mensch hegt nun wohl in seiner Brust
dergleichen kindliche Thorheit, und so muß ich denn
bekennen, daß mir das als eine anmutige Vorbedeu=
tung erschien, als müsse ich an diesem Orte rechten
Frieden haben und dereinst etwas Schönes erleben.

Es ist aber doch ein unbehagliches Ding um eine
neue Wohnung.

Nun sitze ich hier an einem unbekannten Schreib=
tisch in einem Zimmer, mit dem ich nicht vertraut
bin, unter lauter fremden Dingen, und ein Bett er=
wartet mich, in dem ich noch nie geruht. Es ist einem
ähnlich zu Mute wie in einer Gesellschaft unter lauter
unbekannten Menschen. In solchen Augenblicken be=
greife ich sehr wohl die Anhänglichkeit vieler Leute an
alte Möbel und Geräte, die sie schon von ihren Vor=
fahren überkommen haben, mit denen sie aufgewachsen
sind, mit deren Schnitz= und Bilderwerk ihre Kinder=
phantasie sich schon beschäftigt hat, und an deren An=
blick hundert Erinnerungen geknüpft sind, fröhliche und
traurige. Mein einziges Möbel, mein altes braves

Schreibzeug, blickt mich allein vertraulich an mit seinem Muschel= und Blätterwerk aus Gußeisen.

Draußen ist eine dunkle, wolkenverhangene Frühlingsnacht.

Das Gewitter ist weit fortgezogen und steht am fernen Horizont als ein stummes Wetterleuchten; dunkel und schweigend ruhen die schwarzen Baummassen; nur zuweilen fällt ein schwerer Tropfen von den sattgetrunkenen Knospen leise hernieder.

Sonnabend den 15. April.

Jetzt fängt schon die gute alte Dame Gewohnheit an, mich mit ihren leisen Banden zu umspinnen; ich werde heimischer in dem Raume, der mir zur Wohnung dient, und vertrauter mit den Gegenständen, die mich umgeben. Der alte Sekretär, der mir als Schreibtisch dient, trat mir zuerst näher, dadurch, daß man einen gewissen Kunstgriff anwenden muß, um seine wackelige Klappe zu schließen; es besteht auf diese Weise eine Art von Geheimnis zwischen uns beiden, und das befördert die Bekanntschaft. Meine Bücher schauen mich wohlgeordnet aus dem Glasschranke an mit ihren Titeln wie mit bekannten Gesichtern; so ein Buch ist ein lieber trauter Freund, und oft wiege ich einen dicken schweren Band wohlgefällig in der Hand und denke über das Sonderbare nach, daß solch ein unscheinbarer viereckiger Körper so eine Menge von

herrlichem Inhalt birgt, der beim Lesen gleichsam aus
ihm herauswächst wie ein prächtiger Wunderbaum mit
Blüten, Früchten und gaukelnden Schmetterlingen.
Da sehe ich denn wohl den Schreiber dessen im Geiste
vor mir im stillen Zimmer bei der einsamen Lampe, wie
er gewiß viele Abende darüber saß und dachte und dich=
tete, wie sein Auge blitzte bei der Erfassung eines Ge=
dankens oder wie er vor sich hinstarrte in stillem Sinnen.

Nun ist die Hand längst verdorrt, die dies schrieb,
und das bißchen Staub, das im Leben seinen Namen
führte, ruht unter einem schweren Leichenstein, aber
der Geist ist unsterblich — der ging hinaus ins Volk,
und viele Tausende von stillen Lesern ließen den Wun=
derbaum vor sich aufwachsen, labten sich am Dufte der
Blüten, kosteten die süßen Früchte und erfreuten sich
still an dem leichten Flatterspiel der Schmetterlinge.
Es muß etwas Herrliches sein, ein solches Buch ge=
schrieben zu haben.

Doch das schönste Buch liegt draußen vor mir
aufgeschlagen, wo ein eiliger Frühling mit mildem
Regen und Sonnenschein seine altbekannten immer
neuen Werke schreibt.

Manch schöne Stunde zieht es mich von der Arbeit
ans Fenster; es ist aber auch dort zu viel Anmutiges
zu schauen und zu hören. Ein großer wohlgepflegter
Garten mit sauberen Steigen und prächtigen Gebüsch=
gruppen breitet sich vor mir aus, und bis zu meinen
Fenstern hinauf ranken Rosen, deren Blätterknospen
sich schon gewaltig entfalten. Wenn alles grün ist,
wird mein Fenster erst hübsch werden.

Da gilt es nun den Gang des Frühlings zu verfolgen, und alle Tage entdecke ich Neues und Schönes. Herrlich gewachsene Rosenstämme und Büsche sieht man überall; über die Steige hinaus sind Laubengänge davon gezogen, an den Wänden ranken sie empor; das muß eine zauberische Pracht sein, wenn alles glüht und blüht.

Das lebende Getier will auch beobachtet sein; der Vogel, der durch die Zweige schlüpft oder im Sonnenscheine über die Wipfel fliegt, der frühe Schmetterling, der im leisen Winde dahingaukelt, und die Lerche, die sich zuweilen vom Felde aus über den Garten verirrt und wie ein jubelnder Punkt darüber steht.

Nun gar mein Nachbar, der Besitzer des schönen Gartens, ein freundlicher Mann mit dunklen schönen Augen und weißem Haar, obgleich er noch gar nicht so alt zu sein scheint, und jenem wehmütig-freundlichen Zug um den Mund, der auf ein tiefes Gemüt schließen läßt, der ist wahrlich geeignet, die Gedanken von meiner Arbeit abzulenken. Den ganzen Tag arbeitet er mit einem alten Diener im Garten, schneidend, begießend, pflanzend und hegend; es scheint, als wenn unter dem sanften Blick seines Auges, unter dem verständigen Walten seiner Hände alles mit größerer Freude emporwächst. Wenn ich mich aus dem Fenster lege, kann ich sein kleines, anmutiges, von Epheu und Rosen umsponnenes Häuschen mit einer Glasthür nach dem Garten hinaus seitwärts liegen sehen und am frühen Morgen erwarte ich ihn schon, wenn er pünkt=

lich um sechs Uhr aus der Thür tritt, um sein anmutiges Tagewerk zu beginnen.

Die Frage nach den früheren Lebensschicksalen dieses Mannes beschäftigt meine Gedanken oftmals, und ich ergehe mich dabei in den wundersamsten Vermutungen, doch keine will mir ausreichend erscheinen. Für eine Militärperson sieht er nicht steif und militärisch genug aus, für einen Geschäftsmann nicht nüchtern, für einen gewesenen Beamten nicht trocken, für einen Lehrer nicht pedantisch genug, kurz, kein Stand will mir für ihn passend erscheinen; am geneigtesten bin ich zu glauben, daß er überhaupt niemals einem angehört hat, ein kleines Vermögen besitzt, in seiner Jugend viel reiste und nun mit einem alten Diener und einer ebenso alten Dienerin unter seinen Blumen ein behagliches Junggesellenleben führt.

Bei alledem geht es mit meiner Arbeit frisch vorwärts, mein Geist kehrt nach den anmutigen Ruhepunkten, die ich ihm gönne, um so lebhafter zurück, und Frieden und Ruhe ist in mein Gemüt eingekehrt in dieser friedlichen Behausung.

Montag den 17. April.

„Das ist der Rosenkönig," sagte mein Wirt. „Rosenkönig — wieso?" fragte ich verwundert.

Mein Wirt, Herr Grund, ist ein vortrefflicher drolliger Kauz. Immer beweglich und geschäftig den ganzen Tag, so daß seine Familie und sein Haus dem

unruhigen Rentier lange nicht zur Entfaltung seiner
Thätigkeit genügen. Auf die ganze Nachbarschaft und
noch weiter, wo nur irgend ein Bekannter aufzuspüren
ist, erstreckt sich seine unermüdliche Wirksamkeit. Mit
diesem geht er aus, eine Wohnung zu mieten, jenem
vermittelt er einen Mieter. Hier besorgt er Einkäufe
und Bestellungen bei seinen täglichen Gängen in die
Stadt, dort wartet er mit den neuesten Ereignissen
des Tages auf. Alle städtischen Angelegenheiten sind
ihm geläufig. Soll irgendwo eine neue Straße an=
gelegt werden — Herr Grund ist bis ins kleinste da=
von unterrichtet; ist jemand über die neueste Steuer
in Zweifel — Herr Grund weiß darüber grünblichste
Auskunft zu geben. Alle Häuser der Nachbarschaft
mit ihren guten und schlechten Eigenschaften sind ihm
vollständig bekannt, er kennt fast jeden ihrer Ein=
wohner. Dabei in seiner gutmütig=freundlichen Manier
und dem wahrhaft freudigen Eifer, womit er alles
betreibt, wird er nie lästig, und mir ist seine prak=
tisch=prosaische Weise, in der er über alles denkt,
mit der er alles angreift, eine wahre Erquickung, ein
erfrischendes gesundes Bad bei all den poetischen Ge=
spinsten, die mein Hirn anfüllen.

Aus diesen Gründen war es mir um so über=
raschender, diesen poetischen Namen von Herrn Grund
mit einem solchen Gleichmut wie eine alltägliche Be=
zeichnung aussprechen zu hören.

„Rosenkönig — wieso?" fragte ich verwundert.

„Ja," sagte Herr Grund, „so wird er genannt
wegen seinen schönen Rosen. Das sollten Sie sehen,

wenn die blühen. — Ich sage Ihnen, in dem Garten
steckt ein Kapital, sage ich Ihnen — ein Kapital.
Na — Liebhaberei — der eine so, der andere so —
Das Haus..."

„Ein reizendes Haus!" flocht ich ein.

„Nun ja," fuhr Herr Grund fort, indem er gut=
mütig lächelte — „romantisch, höchst romantisch, aber
ich sage Ihnen, die Zimmer nach vorne heraus — gar
nicht zu heizen. Sie glauben nicht, welche Menge
Holz Herr Born im Winter gebraucht — kolossal!"

Und dabei sprach er das Wort „kolossal" mit
solchem gewichtigen Nachdruck aus, als habe jede ein=
zelne Silbe ein vierspänniges Fuder Klafterholz zu
bedeuten.

„Also Born heißt der Rosenkönig eigentlich?"
fragte ich, um Herrn Grund wieder ins Geleise zu
bringen.

„Ja, sehen Sie," sagte er in einem Tone, der
eine längere Auseinandersetzung erwarten ließ, „das
Haus gehörte früher der alten Frau Rätin Born, der
Großmutter des Rosenkönigs. Die lebte dort mit ihrer
unverheirateten Tochter. Die haben den Rosenkönig
erzogen, denn seine Eltern sind beide früh gestorben.
Nun wissen Sie ja — Weibererziehung. — Von dieser
Pimpelei machen Sie sich gar keine Vorstellung —
großartig! Mit anderen Kindern kam er gar nicht zu=
sammen, denn das litt die Alte nicht, und die Tochter
war noch schlimmer. Ich war damals ein Junge —
na, Sie wissen ja, wie Jungens sind — wir sind in
gleichem Alter, der Rosenkönig und ich — und mich

hielten die beiden Frauenzimmer nun ganz besonders für eine Ausgeburt der Hölle. Freilich band ich ihren Katzen Blasen an den Schwanz und schoß ihre Hunde mit dem Pustrohr und stahl ihnen Sommer für Sommer das beste Obst aus dem Garten, aber den Haupthaß hatten sie auf mich geworfen, weil ich den süßen Jungen neckte und quälte, wo ich nur konnte. Ich hatte ihn Pimpelfritze getauft, und wo er sich blicken ließ, riefen wir dies hinter ihm her, im Winter warfen wir ihn mit Schneebällen und im Sommer sogar mit noch schlimmeren Dingen — na, es war unrecht, aber was thut so ein Junge nicht alles. Na kurz, er wuchs so heran; in die Schule ging er nicht, er hatte Hauslehrer und Gouvernanten, alle vier Wochen eine andere, später auch dies nicht mehr, sondern er studierte allein weiter, wie man sagte. Dann weiß ich einige Zeit nichts mehr von ihm, da ich fortkam in die Kaufmannslehre. Später, als er schon majorenn war und sein bedeutendes mütterliches Vermögen angetreten hatte, lebte er noch immer bei den alten Damen, ebenso eingezogen wie früher. Dann wurde er auf einmal rappelköpfig, man weiß nicht warum, trat das erste Mal energisch auf gegen die beiden Alten, und es dauerte nicht lange, so reiste er unter Heulen und Wehklagen der beiden Frauenzimmer ab, wie man sagte, nach einer auswärtigen Universität. Dann ist er lange Zeit fort gewesen, später auf Reisen, zuweilen kam er auf einige Tage und besuchte seine Verwandten, aber nie lange, es war, als wenn es ihm keine Ruhe ließe. Mittlerweile sind dann beide gestorben und einige Jahre, nachdem die Tante begraben war, kam er ganz wieder her, ließ das verfallene Haus neu herrichten und brachte den verwilderten Garten allmählich in den jetzigen Zustand. Sehen Sie, das ist die Geschichte — doch was stehe ich hier und schwatze, es ist die höchste Zeit, daß ich gehe, ich muß zur Stadt und Möbel kaufen helfen für ein junges Ehepaar — sie ist eine entfernte Cousine meiner Frau — apropos, was rauchen Sie da für eine Zigarre — Kostenpunkt? wenn ich fragen darf."

Ich nannte den Preis.

"Hm, hm," sagte er, "es geht an; aber für den Preis will ich Ihnen weit Feineres verschaffen — ich kenne die Quellen. — Warten Sie, heute nachmittag werde ich Ihnen eine Probe mitbringen. — Exquisit — höchst exquisit! sogar noch etwas billiger. Guten Morgen!" Damit war er zur Thür hinaus.

Sonntag den 7. Mai.

Wie die Tage so sanft dahinfließen in Arbeit und Muße, in angestrengtem Denken und müßigem Sinnen und allerlei kleinen Thätigkeiten. Ich hatte von jeher eine Gabe, mich am Kleinleben der Natur, an dem Walten und Treiben um mich her zu vergnügen und dann mit erfrischten Kräften an meine Arbeit zurückzukehren. Die Fliege, die über mein Blatt spaziert, beobachte ich mit Interesse, macht sie einmal einen Punkt in meine besten Satzkonstruktionen, wo kaum ein Komma am Platze wäre; die Spinne, die am Fenster ihr Netz baut, der Schmetterling, der vorüberfliegt, die Biene, die zufällig ins Zimmer summt, der Vogel, der draußen auf dem Zweig vor meinem Fenster konzertiert, alle finden in mir einen harmlosen Bewunderer ihrer Schönheiten, Fähigkeiten und Talente. Eine Rosenranke, die vor meinem Fenster im leisen Winde zittert und schwankt und nun schon mit fast voll entwickelten Blättern prangt, war mir eine Fundgrube der Beobachtung und ist es noch in ihrer fortschreitenden Entfaltung. Den Rosenkönig aber betrachte ich als meinen Hofgärtner, sein Garten ist eigentlich auch meiner; so weit ich ihn übersehen kann, kenne ich ihn fast ebensogut als er, das heißt von außen, was für ihn damit verwachsen ist, kenne ich natürlich nicht.

Es ist nun aber auch Mai, und zwar ein rechter Mai von Gottes Gnaden. Das ist nicht der ungezogene Range, der mit Schnee und Hagel unter die duftenden Blüten wirft und wild zerzaust, was er eben erst aus schüchterner Knospe gelockt hat, das ist nicht der launige Schlingel, der verdrossen umherrumort bei grauem, langweiligem Himmel, der sich beträgt wie ein unartiger Schulknabe, daß man ihn am Ohre nehmen möchte und ausrufen: „Junge, was unterstehst du dich!" Nein, das ist der lächelnde, rosige Genius mit wallenden Locken, mit dem Gesicht wie Sonnenschein, der Zauberer, aus dessen Fußstapfen Blumen sprießen, bei dessen mildem Blick Flur, Berg und Wald ergrünen, blühen und klingen in heller Luft, im freu=

digen Gefühle des jungen Seins. Im Triumph
kommt er gezogen unter blauem Baldachin mit schim=
mernden weißen Wolken, mit seinen Dienern, Son=
nenschein und mildem Regen, mit seinen gefiederten
Hofsängern und seinen zierlichen Pagen, den Schmet=
terlingen.

Seiner Majestät des Königs Mai erste Sängerin,
Frau Nachtigall, ist nach längerem Urlaub aus Afrika
zurückgekehrt. Gestern abend war wieder große Soiree
und es dauerte fast die ganze Nacht. Der Mond und
alle Sterne waren zugegen und die großen alten
Bäume, sowie die kleinsten Büsche standen ganz stille
da, und horchten mit allen Blättern, um keine Note
zu verlieren. Selbst die großen dummen Tulpen
rührten sich nicht und standen still im Mondschein auf
ihren langen Stengeln. Es war ein Solo mit Brumm=
stimmen; diese wurden von den Maikäfern ausgeführt,
die um den blühenden Kirschbaum summten, der nahe
bei meinem Fenster steht, wo ich die Fremdenloge inne
hatte. Frau Nachtigall aber saß auf dem weißleuchten=
den Zweige, nahe vor mir, und sang und sang und
schmetterte, als wollte sie sich die kleine Seele aus der
Brust singen. Gern hätte ich der Künstlerin meinen
allerhöchsten Beifall kundgethan, allein, da ich dies
nicht auf menschliche Weise äußern konnte durch er=
hebliches Klatschen und einiges Brava=bravissima=Ge=
brülle, aus Furcht, das Zartgefühl der Sängerin zu
verletzen, so enthielt ich mich dessen, schloß später leise
das Fenster und ließ mich in Schlaf singen. Daher
kann ich über den Schluß des Konzerts nur sagen,

daß es am Morgen entweder schon wieder angefangen hatte oder noch gar nicht zu Ende war.

An diesem Morgen habe ich eine liebliche Entdeckung gemacht. Ueber den Garten des Rosenkönigs hinweg kann ich in den benachbarten sehen, der, da das Terrain nach dorthin etwas ansteigt, höher gelegen ist und durch eine nicht sehr hohe, aber dichte lebende Hecke abgeschlossen wird. Zuweilen hatte ich wohl arbeitende Leute darin bemerkt, auch eine alte Dame von freundlichem Aussehen, aber heute morgen in der Frühe, als selbst der Rosenkönig noch nicht im Garten war und ich ahnungslos hinaussah, bemerkte ich dort ein junges Mädchen. Nur der braune Lockenkopf war mir im Anfang sichtbar, da sie sich dicht hinter der Hecke befand; aber bald trat sie weiter in den Sonnenschein hinaus, und nun konnte ich die anmutige Gestalt in dem hellen Sommerkleide bewundern, wie sie mit dem Gebaren eines Menschen, der nach längerer Abwesenheit heimkehrt, in den Steigen umherging, alles mit Interesse betrachtend. Hier und dort verweilte sie und beugte sich zu einer Blume nieder, daß die Locken über das rosige Gesicht fielen, dann stand sie einmal und spähte zu einer Grasmücke empor, die ihr Morgenlied im Wipfel eines Baumes sang, bis endlich die Glasthür des Rosenkönigs klang, und sie schnell zu einer entfernteren Stelle der Hecke lief, wo diese sehr niedrig war. Dort stand sie und lachte und winkte dem Rosenkönig.

Der freundliche Mann begrüßte sie mit vergnügtem Gesicht und reichte ihr die Hand über die Hecke. Dann

standen die beiden dort längere Zeit und sprachen
miteinander; ich konnte wegen der Entfernung nichts
verstehen, nur den melodischen Klang ihrer Stimme
vernahm ich. Dann nahm sie Abschied und ging dem
Hause zu. Ich schaute der leichten Gestalt nach, so
lange ich sie erblicken konnte, dann sah ich dem Rosen=
könig nach, wie er friedlich und still durch seinen Garten
schritt; dann ging ich an meine Arbeit zurück und
betrachtete nachdenklich die Papiere und Bücher, die
auf meinem Tische ausgebreitet waren; ich betrachtete
sie mit einem gewissen Mitleiden, denn es fing in
mir an zu dämmern, daß dies neue Objekt, das in
den Kreis meiner Beobachtungen getreten war, mehr
als alle anderen geeignet sei, der Beschäftigung mit
diesen Dingen eine gefährliche Konkurrenz zu machen.

Sonntag den 21. Mai.

Trotz der angestrengtesten Beobachtungen habe ich
meine Nachbarin in diesen Tagen nur flüchtig ge=
sehen, wenn sie durch den Garten ging zu einer Laube,
deren entsetzlich dichte Zweige nicht das geringste von
ihr blicken lassen. Dort arbeitet sie gewiß, wie ich
aus Büchern und Heften schloß, die sie trug. Heute
aber, als ich von meinem Morgenspaziergange nach
Hause kam, verwünschte ich mein unzeitiges Davon=
laufen, denn gerade als ich aus dem Fenster sah, ging
sie im Garten des Rosenkönigs an dessen Seite dem

Hause zu. Sie blieben noch einmal bei einer Blume stehen, sprachen zusammen, und der Rosenkönig pflückte sie galant und überreichte sie mit einer Verbeugung. Dann gingen sie zusammen in das Haus, und ich stand da und hatte das Nachsehen. Aber an diesem Tage sollte ich doch noch Glück haben und zwar ein großes, denn es war mir vergönnt, die Bekanntschaft des Rosenkönigs zu machen. Das vermittelte die schwan= kende Rosenranke vor meinem Fenster.

Ich saß ganz vertieft bei meiner Arbeit, so daß ich sogar das Hinüberspähen zum Nachbargarten ver= gessen hatte; da ward mit einemmal ein Geräusch vor meinem Fenster, als würde eine Leiter angelegt, und es fing an, langsam und bedächtig hinaufzusteigen. Ich sah schnell hinaus und dem Rosenkönig gerade ins Gesicht, denn er stand neben meinem Fenster auf der Leiter und hatte seine Hand nach der wider= spenstigen Rosenranke ausgestreckt, die schon so lange vor meinem Fenster geschwankt hatte.

„Guten Morgen," sagte er, indem er über mein verlegenes Gesicht lächelte.

„Guten Morgen," sagte ich und wollte mich schnell wieder zurückziehen, als der Rosenkönig fortfuhr: „Ich möchte die Rosenranke anbinden."

„Bitte, lassen Sie sie frei," bat ich nun, „ich habe mich so an sie gewöhnt, daß ich sie entbehren würde ... nun bekommt sie auch schon Knospen ... es wird hübsch sein, wenn mir die blühenden Rosen ins Fenster nicken."

„Sie lieben die Rosen?" fragte er, und ließ die

Ranke fahren, die er bereits ergriffen hatte. „Vor allen Blumen," war meine Antwort.

Der Rosenkönig ließ einen Blick über seinen Garten gleiten, dann fragte er: „Möchten Sie meinen Garten wohl einmal ansehen? Es ist noch nicht seine Zeit, aber vielleicht macht es Ihnen doch Vergnügen."

„Sehr gern," war meine erfreute Antwort, und ich muß bekennen, daß in dem Augenblicke der Gedanke wie eine duftende Rose in mir aufblühte, auf diese Weise vielleicht meine schöne Nachbarin kennen zu lernen. Ich wollte mich anschicken, der Einladung sofort nachzukommen, aber der Rosenkönig rief mich zurück: „Machen Sie keine Umstände, lieber Herr ..." „Walter, Heinrich Walter," schob ich ein. „Machen Sie keine Umstände, lieber Herr Walter; mancher junge Mann ist schon auf der Leiter durchs Fenster zu einer Rose hinaufgestiegen, so können Sie auch einmal auf demselben Wege zu den Rosen hinuntersteigen."

Damit war er hinabgeklettert, hatte die Leiter umgedreht und an mein Fenster gelegt. Während ich hinabstieg, spähte ich in den Nachbargarten hinüber, allein dort ließ sich niemand sehen.

Dann gingen wir durch den sonnebeschienenen Garten, und nun erst lernte ich alle seine Schönheit kennen und schätzen. Er war ein Kunstwerk in seiner Art. Nirgends drängte sich etwas störend vor, alles erschien an seinem Platze in vollendeter Harmonie, niemals war der Natur ein Zwang angethan, sondern alles schien von selber freudig hervorgewachsen in geregelter Schönheit. —

Wir sprachen mancherlei von Blumen und Bäumen. Der Rosenkönig pflückte im Vorübergehen hier ein gelbes Blatt weg, dort nahm er eine Raupe vom Zweig oder entfernte eine verwelkte Blüte. Sein alter Diener arbeitete in einem Steige; dem flüsterte er einige Worte ins Ohr, und wir begaben uns dann an das Ende des Gartens, wo wir uns in einer grünenden Rosenlaube niederließen.

Der Diener kam bald und brachte Wein und ein einfaches Frühstück und entfernte sich wieder, indem er mich mit einem sonderbar prüfenden Blick von oben bis unten maß und dann mit leisem Kopfschütteln fortging. Er war es jedenfalls nicht gewohnt, derartige Besuche bei seinem Herrn zu sehen.

Wir hatten aber beide wohl Behagen aneinander, denn der Rosenkönig schaute mich oft mit freundlichen Blicken an, und mir gefiel der alte Herr ganz ausnehmend, ebenso wie sein vortrefflicher Wein.

„Chateau la rose," sagte ich, indem ich auf das Etikett der Flasche deutete. Er lächelte und antwortete: „Ist es nicht eine brave Rose von Duft und Farbe und blüht zu jeder Jahreszeit?"

„Möge es mir vergönnt sein," erwiderte ich, „den Duft dieser Rose dem Wohle des Beherrschers aller Rosen, dem Rosenkönig, zu weihen!" Damit trank ich mein Glas aus.

„Kennen Sie diesen Namen auch schon?" fragte er vergnügt, „gewiß Herr Grund..."

„Natürlich, Herr Grund," sagte ich schnell, „er hat mir sogar Ihre ganze Lebensgeschichte erzählt."

„So...?" sagte der Rosenkönig gedehnt, sah mich mit einem eigentümlichen Seitenblick forschend an und versank einen Augenblick in Nachdenken.

Ich glaubte etwas Unpassendes gesagt zu haben und mühte mich verzweifelt, ein anderes Gesprächsthema einzuschlagen; es wollte mir aber nicht das geringste einfallen, wie es wohl in solchen Augenblicken zu geschehen pflegt.

Der Rosenkönig riß mich aus dieser Verlegenheit, indem er, aus seinem Nachdenken wieder auftauchend, das Gespräch auf andere Dinge lenkte.

„Wie wäre es," sprach er am Schluß, „wenn wir gute Nachbarschaft miteinander hielten. — Ich habe wenig Umgang und sehne mich oft nach einem anregenden Gespräch über ernsthafte und nicht ernsthafte Dinge. Sie gefielen mir gleich und ich will wünschen, daß wir gute Freunde werden."

Ich sprach meine äußerste Zufriedenheit über seinen Vorschlag aus und erzählte ihm nun von meinen Beobachtungen und dem Interesse, das ich von vornherein für ihn gehegt hatte.

Es war ein wunderschöner Morgen. Die Sonne flimmerte durch das Blattwerk auf das weiße Tischtuch, glühte in dem roten Wein und malte rosige Schatten auf den Tisch; im Gebüsch neben uns jubelte eine Nachtigall wie berauscht vom Dufte der Frühlingsblumen. Der Rosenkönig hörte, bald lächelnd, bald ernsthaft, auf meine Ergießungen und nickte freundlich mit seinem weißen, von Sonnenlichtern umspielten Haupte.

Dann machten wir noch einen Gang durch den Garten. Als wir an die Leiter kamen, verabschiedete ich mich und stieg wieder in mein stilles Zimmer hinauf. Fast oben angelangt, hörte ich ein fröhliches Lachen; ich schaute mich schnell um, sah eben noch das helle Kleid meiner schönen Nachbarin in ihrem Garten hinter dem Gebüsch verschwinden. Vergeblich lag ich auf der Lauer, sie erschien an diesem schönen Morgen nicht wieder. Auch der Rosenkönig und sein Diener waren ins Haus gegangen, und die Nachtigall, die kleinen zwitschernden Vögel und die Schmetterlinge hatten das Reich in den blühenden Gärten.

Sonntag den 28. Mai.

Ich muß bekennen, daß in dieser Zeit die gefürchtete Konkurrenz eintritt, die die Beobachtung meiner schönen Nachbarin auf meine Arbeit ausübt. Mein Fenster ist zum Observatorium geworden, von dem aus ich die Bahnen dieses einzig leuchtenden Sternes beobachte; es ist der Festungsturm, von dessen Zinne ich über das Verhalten meiner schönen Feindin wache, und heute bemerke ich mit einigen Gewissensbissen, daß sich wirklicher sichtbarer Staub auf meinen sonst alltäglich gebrauchten Büchern gesammelt hat.

Wenn ich mich nach langem Spähen überzeugt habe, daß kein Atom ihres Kleides in der Nähe zu bemerken ist, und ich mich endlich mit kräftigem Ent=

schlusse an meinen Arbeitstisch wende, da schauen mich die Bücher und Hefte so langweilig und schweinsledern an, das Papier hat so eine nüchterne Weiße, die Tinte eine so nichtssagende Schwärze, und der Gedanke, mich mit diesen Dingen zu beschäftigen, so etwas Staubiges und Lähmendes, daß es mir Ueberwindung kostet, nur die Feder in die Hand zu nehmen. Ich versuche meine Gedanken zu sammeln, tauche die Feder ein und beginne zu schreiben. Ein paar Wörter... ein beobachtender Blick durchs Fenster... nun habe ich den Zusammenhang verloren. Ich strenge meine Gedanken an und will fortfahren zu arbeiten, da zuckt es mir in den Fingern, ihren Namen zu schreiben. Ich fange an, auf einem Blatt Papier höchst zierlich und künstlich den Namen „Marie" zu malen, denn diesen habe ich schon mit Schlauheit Herrn Grund abgelockt. Es gewährt mir eine gewisse Befriedigung, jedoch nicht lange; endlich komme ich zu dem Schluß, daß ich nicht zum Arbeiten aufgelegt sei, ergreife rasch meinen Hut und suche mein Heil in einem Spaziergange.

Doch auch hier finde ich keine Ruhe. Wo ich nur in der Ferne ein Band auf einem Mädchenhute flattern sehe — sie trägt so allerliebste braune Bänder —, pocht mir das Herz und ich muß mich überzeugen, ob sie es nicht wirklich ist; wo nur irgend ein weibliches Wesen durch Gang, Kleidung oder irgend etwas an sie erinnert, glaube ich sie zu sehen. Einmal ging eine Dame vor mir her, ganz wie sie gekleidet, es schien mir auch der Gang zu sein, und über den kurzen dunklen Locken flatterte das schmale braune Band, so daß ich meine Schritte beschleunigte, um sie einzuholen. Da blickte ich aber in ein so häßliches, ältliches, gelbliches Gesicht, daß ich für kurze Zeit von meinen Visionen geheilt war, aber nur für kurze Zeit. Einmal ist sie mir wirklich begegnet, dicht bei ihrem Hause, als ich gerade nachsinnend vor mich hin sah und an allerlei und gar nichts dachte. Aufschauend, begegnete ich flüchtig dem Blicke ihrer freundlichen braunen Augen, so daß ich vor Ueberraschung ganz rot wurde, und vorüber war sie.

Montag den 29. Mai.

Die ganze Geschichte kommt aber eigentlich davon, daß neulich Mädchengesellschaft beim Rosenkönig war, eine ordentliche richtige Mädchengesellschaft. Schon den ganzen Tag hatte ich eine eigentümliche Aufregung auf meinem Beobachtungsfelde bemerkt. Der alte Diener und seine Genossin hatten häufige Besprechungen mit dem Rosenkönig, und dieser selbst war in einer nicht gewöhnlichen Aufregung und schnitt schon am frühen Morgen mit einer Hartherzigkeit, die ich ihm gar nicht zugetraut hatte, Körbe voll seiner schönsten Blumen ab und trug sie ins Haus. Als er damit fertig schien und eben wieder geschäftig den Gartensteig an der Hecke herunterging, hörte ich plötzlich die liebliche Stimme, und meine schöne Nachbarin mit ihrer Mutter erschien im Nachbargarten. Es entstand ein Gespräch über die Hecke hinweg, über dessen Inhalt ich natürlich nicht zu berichten im stande bin. Der Rosenkönig hielt eine längere Rede, die, wie es mir schien, sehr herzlicher Natur war, indem er fortwährend die kleine Hand des jungen Mädchens in der seinigen hielt und sie sanft schüttelte. Jetzt — ich traute meinen Augen kaum — jetzt beugte sich Marie über die Hecke zum Rosenkönig, daß die braunen Locken ihr über das Gesicht fielen und sich mit seinem weißen Haar vermischten, und gab ihm einen Kuß; und ob ich es zugleich auch als eine Thorheit fühlte, so war ich doch in dem Augenblicke eifersüchtig auf den Mann, dem ein so süßes Geschenk zu teil wurde. Die alte Dame hatte freundlich lächelnd dabei gestanden und schien jetzt den Rosenkönig einzuladen, in den Garten zu kommen, denn er ging ins Haus, und bald darauf sah ich ihn zwischen den beiden Damen im Garten auf und nieder gehen.

Plötzlich klopfte es an meine Thür, und herein trat Herr Grund, aufgeräumt und lebhaft wie immer. Dergleichen Morgenbesuche pflegte er mir von Zeit zu Zeit zu machen, und ohne es zu wollen, wurde ich dann über alle städtischen und nachbarlichen Verhältnisse aufgeklärt. Die Gespräche des Herrn Grund fingen dem Inhalte nach piano an über das Wetter; dann pflegte er in einem langsamen Crescendo zu wichtigeren Sachen überzugehen, sich eine Zeit lang auf der Höhe des Forte zu halten und dann plötzlich abzuschnappen, indem ihm ein sehr wichtiges Geschäft einfiel, das nicht versäumt werden durfte.

„Vorzügliche Witterung! ganz vorzügliches Mai=
wetter! — Ich will Ihnen aber etwas sagen, Herr
Walter, — es taugt nichts! Mai kühl und naß, füllt
dem Bauer Scheuer und Faß! Altes Sprichwort —
hat aber sein Wahres. Sie sollen sehen, wir bekommen
einen kalten Sommer — gerade wie vor drei Jahren.
Da war's ebenso: Vorzüglicher Mai, und nachher war
es alle — rein alle. — Einheizen im Juni und der=
gleichen: denken Sie, was ich gesagt habe!"

„Wir wollen es nicht hoffen," fügte ich ein.

„Ja!" sagte Herr Grund mit schlauer Miene,
indem er die Achseln zuckte, als bedaure er sehr, den
Gang der Natur nicht ändern zu können, „was kommt,
das kommt!"

Unvermögend, diese unzweifelhafte, unumstößliche
Wahrheit anzutasten, bestätigte ich lächelnd, daß daran
nicht zu zweifeln sei.

„Nicht wahr, Herr Walter?" sagte Herr Grund,
„das ist mein Spruch; ich bin so eine Art Philosoph
und nehme alles, wie es kommt. Jeder muß sehen,
wie er das Leben verbaut."

Mir war eigentlich Herrn Grunds Gegenwart
höchst fatal, denn er hinderte mich an meinen Be=
obachtungen. Ich sann eben nach über einen Auftrag,
um ihn los zu werden, denn nichts konnte ihn mehr
entzücken, als wenn man ihn mit etwas beauftragte,
und dabei sich an seine größere Erfahrung und Ein=
sicht wendete. Eine solche Angelegenheit ließ ihm dann
keinen Augenblick Ruhe und brachte ihn sofort zum
Verschwinden. Ich war noch zu keinem Resultat ge=

kommen, da ward seine Aufmerksamkeit von seinen fortgesetzten Erörterungen über seine Lebensphilosophie durch ein helles, freudiges Mädchenlachen auf den Nebengarten gelenkt. Das liebliche Kind hatte dem Rosenkönig einen Kranz von roten und weißen Rosen aufgesetzt und stand vor ihm, der gutmütig lächelte und sich von der kleinen Fee hin und her drehen und bewundern ließ.

„Haha!" sagte Herr Grund, „wissen Sie wohl, daß heute dort Geburtstag ist? Marie Werner, die kleine Hexe, wie sie mit dem Alten schäkert. Der Kranz ist gewiß von ihm, denn er hat wunderschöne Rosen in seinem Glashause, das ganze Jahr hindurch."

„Die hat er mir ja gar nicht gezeigt," fuhr ich heraus.

Herrn Grunds Augen vergrößerten sich vor Erstaunen, er sah mich starr an und rief dann: „Was! Mensch!... bitte tausendmal um Entschuldigung — Herr Walter, wollte ich sagen — Sie waren beim Rosenkönig!?"

„Nun warum denn nicht? Er lud mich ein, und da bin ich auf einer Leiter in den Garten gestiegen."

„Einen Stuhl!" rief Herr Grund in komischem Entsetzen und sank in meinen Lehnstuhl. „Unerhört! — Auf einer Leiter — in den Garten gestiegen! Die Welt geht unter!"

„Kommen Sie zu sich, Herr Grund!" sagte ich lächelnd, was ist denn so Wunderbares dabei?"

„Was, nicht wunderbar?" fragte er, als sei ihm

eine perſönliche Beleidigung geſchehen, und ſetzte ſich aufrecht hin, mich anſehend und ſeine Worte mit energiſchen Schlägen auf die Stuhllehne begleitend. „Wiſſen Sie wohl, daß der Roſenkönig, ſolange er hier wohnt, gar keinen Umgang hat, außer mit den beiden Damen nebenan, einigen Kindern in der Umgegend und mit mir, der ich ihm manchmal Ratſchläge gebe in Geldangelegenheiten oder dergleichen — denn er gibt etwas auf meinen Rat" — hierbei ſah Herr Grund ſehr ſtolz aus —, „wiſſen Sie wohl, daß ich ſelber in dieſer Zeit niemals in dem Garten geweſen bin, denn er hat mich nicht aufgefordert — und ich frage Sie, ob es nicht wunderbar iſt?!" Dann ſah er mich von oben bis unten prüfend an, als wollte er das an mir entdecken, was den Roſenkönig zu dieſer unerhörten Ausnahme bewogen haben könne. Er ſchien es nicht finden zu können, denn von der Seltſamkeit dieſer Geſchichte ſcheinbar übermannt, rief er vor ſich hin: „Donnerwetter!" lehnte ſich energiſch in den Stuhl zurück, drehte die Daumen übereinander und ſchien tief nachzudenken.

„Das muß ich doch gleich meiner Frau erzählen! Guten Morgen!" rief er plötzlich und wollte hinaus. Jetzt aber war mir daran gelegen, ihn zurückzuhalten, denn meine Neugier war rege gemacht und außerdem waren auch die Nachbarn ins Haus zurückgegangen.

„Bleiben Sie doch noch, Herr Grund!" rief ich und drückte ihn auf den Stuhl zurück, „und erzählen Sie mir,, wie es kommt, daß unſer Nachbar ſich ſo von allem Umgang abſchließt!"

„Weiß ich es?" antwortete er, „er findet am Ende kein Vergnügen daran — ich hielte es nicht aus, das ist gewiß!"

„Wohnen die Damen schon lange dort?" fragte ich, um Herrn Grund in ein Lieblingsgeleise zu bringen.

„Ja, sehen Sie, Herr Walter," begann er, „der selige Medizinalrat Trautmann, der Vater von Marie Werners Mutter, wohnte schon dort, als ich geboren ward, und die Anna Trautmann ist in einem Alter mit dem Rosenkönig, vielleicht ein paar Jahre jünger. Es war einige Zeit vor der Verheiratung der Anna Trautmann mit dem Doktor Werner, als der Rosenkönig so plötzlich auf die Universität ging. Na, der Medizinalrat war damals ein alter Mann und der junge Doktor Werner setzte sich ganz warm in seine gute Praxis hinein, und da er ein tüchtiger Arzt und liebenswürdiger Mann war, so hatte er bald eben solche Beliebtheit erreicht, wie der Alte. Sie hatten lange keine Kinder, bis ihnen endlich die Marie geboren wurde. Der alte Großvater hat es noch erlebt, doch kurze Zeit darauf starb er, und als die Marie zehn Jahre alt war, starb auch der Doktor Werner. Drei Jahre später kam auch der Rosenkönig wieder und seit der Zeit, es sind jetzt sechs Jahre, habe ich niemals bemerkt, daß er mit jemand umgegangen wäre, außer mit den beiden Damen, oder mit meiner Wenigkeit, denn, wie schon gesagt, er gibt etwas auf meinen Rat!

„Ja —" sagte Herr Grund darauf gedehnt, nachdem er eine Zeit lang schweigend in den Garten geschaut hatte, „heute macht er aber eine Ausnahme, wie allemal an diesem Tage — heute ist Mädchengesellschaft bei ihm."

Die Reihe zu staunen war jetzt an mir. „Aber, Herr Grund, Mädchengesellschaft beim Rosenkönig, das ist ja unglaublich nach allem, was Sie von ihm erzählt haben!"

„Unglaublich, aber wahr!" sagte Herr Grund mit einer Miene triumphierender Ueberlegenheit. „Warum auch nicht?" fuhr er geheimnisvoll fort, „das thut er alles der kleinen Marie Werner, deren Geburtstag ist, zuliebe, die kann mit ihm machen, was sie will. Glauben Sie mir, das wird noch einmal etwas, es wird! — denken Sie später daran, wenn es so weit kommt, daß ich gesagt habe, es wird!"

„Aber, Herr Grund," rief ich lachend, „Sie sprechen in Hieroglyphen, was soll so weit kommen? Was wird?"

Herr Grund beugte sich mit geheimnisschwangerer Miene ganz zu mir herüber und mit gedämpfter Stimme, die kleinen, gutmütig schlauen Augen fest auf meine gerichtet, sprach er: „Der Rosenkönig und Marie Werner... Verstehen Sie?"

„Sie meinen doch wohl keine Heirat?" fragte ich lachend, denn Herr Grund schien mir sehr auf falscher Fährte zu sein.

„Lachen Sie nicht, junger Mann! Es sind schon ganz andere Fälle vorgekommen. Der Rosenkönig ist trotz seiner weißen Haare ein Mann in seinen besten Jahren, zwischen vierzig und fünfzig, reich ist er auch, und Marie Werner hat nicht viel — er hat sie gern — sie hat ihn gern — denken Sie daran, daß ich gesagt habe — es wird!

„Doch ich sitze hier und sitze und habe noch so außerordentlich viel zu thun, was war es denn doch — hm — für die Fräulein Thomann einen Schinken zu besorgen — Herrn Florenz Bericht zu erstatten über das Haus, das er zu kaufen beabsichtigt — die Noten für die junge Frau Florenz — ich habe keinen Augenblick Zeit. Guten Morgen, Herr Walter. — Na, was meine Frau sagen wird — durch das Fenster auf einer Leiter — unerhört! — Guten Morgen!" —

Und die Gesellschaft fand wirklich statt. Ich hatte beschlossen, nicht zu Hause zu sein, um alles ungestörter beobachten zu können. Meine Vorhänge waren halb herniedergelassen und von meinen Blumen ein Lugaus gebaut, der mich verbarg, ohne mich am Sehen zu hindern.

Da dies sonst nur geschah, wenn ich ausgegangen war, so fühlte ich mich ziemlich sicher.

Es war ein wunderbarer Abend. Die Zeit der Fliederblüte war eben angebrochen und die Gärten lagen mit ihren violetten und weißen Blütengebüschen wie in einer Atmosphäre von Duft in der milden Abendsonne. Die Blätter rührten sich nicht, und in das selige Schweigen jubelte die Nachtigall zuweilen hinein. In der friedlichen Stille klangen lieblich die Stimmen und das silberne Lachen der Mädchen, die in ihren hellen Gewändern zwischen Blumen und Grün sich gar anmutig ausnahmen. Sie waren alle vom

Rosenkönig mit Rosen geschmückt, die sie ins Haar
geflochten hatten; Marie Werner aber trug einen Kranz
von jenen blaßrosig angehauchten Rosen, die man
„errötendes Mädchen" genannt hat. Sie war doch
die schönste von allen, und wenn auch jene schlanke,
majestätische Figur mit brünettem Teint, den dunklen,
schwermütigen Augen und der gelben Rose im blau=
schwarzen Haar, oder jene niedliche, bewegliche Blonde
mit einem Angesicht wie lauter Sonnenschein und einem
herzerfrischenden, silbertönigen Lachen, ihr den Rang
streitig zu machen suchten, so hafteten doch meine
Augen nur auf der elastischen, sanft gerundeten Ge=
stalt, die kindliche Anmut und jungfräuliche Würde so
reizend in ihrem Wesen vereinigte. Den Rosenkönig
mußte man sehen zwischen der Mädchenschar, wie sie
ihm schmeichelten, und wie er sich verbeugte, mit dieser
scherzte und sich mit jener neckte, wie er dann mit der
Frau Werner behaglich im Garten auf und nieder
wandelte, während die Mädchen in geschäftiger Hast
eine lange Blumenguirlande wanden, mit der sie
ihn ganz bewickelten, daß er mit flehenden Händen
um Schonung bat. Wie er dann am Tische, der auf
einem freien Platze zwischen blühenden Gebüschen ge=
deckt war, den Vorsitz führte zwischen Frau Werner
und dem Geburtstagskinde und Reden hielt und Toaste
ausbrachte, und wie sein Gesicht vor Vergnügen strahlte.
— Doch auch dieser Abend nahm ein Ende und die
Dämmerung lagerte sich zwischen den Büschen. Die
fröhliche Gesellschaft brach auf, da es kühl ward, und
zog sich in die Zimmer zurück. Verlassen lag der buf=

tende Garten; die beiden alten Diener hantierten noch eine Weile am Tische, den sie abdeckten und hineintrugen, und dann war alles still. Der Mond stieg zwischen den Bäumen auf, und sein mildes Licht floß um die blühenden Büsche und senkte hier tiefen Schatten auf die Steige, während sie dort in hellem Licht lagen. Vom Hause des Rosenkönigs her tönte Musik und Gesang einer anmutigen Stimme.

Ich schaute auf den Steig hernieder; da lag eine weiße Rose — ich hatte gesehen, wie Marie sie verloren hatte.

Leise wie ein Dieb stieg ich aus meinem Fenster und kletterte vorsichtig an dem starken Rosenspalier hinunter. Mein Herz klopfte hörbar, wenn ich nach dem Hause herüber lauschte, ich fuhr bei jedem lauteren Geräusch, das ich verursachte, zusammen, allein ich erlangte glücklich meine Beute, die Rose, und erreichte damit unbemerkt mein sicheres Fenster.

Ich drückte meinen Schatz an die Lippen — und lange nachdem in des Rosenkönigs Haus alles still und stumm geworden war, lag ich noch im Fenster und schaute träumend hinaus in die schweigende Nacht.

Freitag den 2. Juni.

„Thorheit!" rief ich aus nach einem längeren Nachdenken, „Thorheit! Es ist ja ganz unmöglich." Es war einige Tage nach dem Geburtstage und ich dachte über die geheimnisvollen Andeutungen des Herrn Grund nach, auf die ich eigentlich wenig Wert gelegt hatte, da ich wußte, daß dergleichen gewagte Kombinationen zu den Lieblingsunterhaltungen seines flüchtigen Geistes gehörten. Wenn ich mir das Verhalten des Rosenkönigs vergegenwärtige, seine väterliche Zärtlichkeit und sein trotzdem gemessenes Wesen dem jungen Mädchen gegenüber; wenn ich den Unterschied des Alters bedenke — dies graue Haupt und dieser dunkle, schelmische Lockenkopf — nein, das kann und will ich nicht glauben.

Seit dem Geburtstage bis heute ist aber schon eine kleine Zeit verflossen, und alle die Unruhe und Pein, die ich vorhin zu schildern versuchte, ist über mich gekommen und hat sich ganz meiner bemächtigt. Und dazu dieser Frühling, diese lachenden Tage, diese singende Welt, diese strahlenden Morgen, diese sonnigen Tage, diese seligen Abende. Soll Herrn Grunds Prophezeiung des kalten Juni eintreten, so muß es bald geschehen, denn er hat bereits angefangen und seine Tage überstrahlen noch den Mai an Pracht und Schönheit.

Mit dem Rosenkönig bin ich nun bekannter geworden und ich bringe manche Stunde bei ihm in seinem Garten zu. Doch alles Spähen in den Nachbargarten ist vergebens, denn wie ein dämonisches Geschick waltet es über mir, daß Marie niemals im Garten ist, wenn ich den Rosenkönig besuche. Nur einmal, als der Rosenkönig in der Nähe des Hauses beschäftigt war und ich nachdenklich an der Hecke des Nachbargartens entlang durch den Garten wanderte, hörte ich dort ein leises Geräusch, als wenn man Blätter eines Buches umschlägt; ich spähte durch eine Lücke der Hecke und erschrak fast, denn nahe vor mir auf einer Bank saß Marie, so eifrig in einem Buche lesend, daß sie mein Nahen auf dem weichen Sande des Steiges gar nicht vernommen hatte.

Es war ein liebliches Bild; die junge, helle Mädchengestalt in grünem Rahmen, die Wangen von der Erregung des Gelesenen leicht gerötet. Mit klopfendem Herzen, aus Furcht, sie möge aufschauen und den Lauscher bemerken, stand ich dort, kein Auge verwendend. Ich hätte viel darum gegeben, hätte ich den Titel des Buches gewußt, und zitterte fast, es möchte einer jener albernen Frauenromane sein, die den Geschmack an wahrer Dichtung und wahrer Poesie bei manchem jungen Mädchen so gründlich verderben. — Da wandte sie plötzlich das Buch etwas, und ich las den Titel auf dem Einband: „Uhland." Fast hätte ich meiner Freude einen lauten Ausdruck gegeben — Uhland, mein Lieblingsdichter! Und sie saß dort mit freudig erregtem Ausdruck und las die klaren, einfältigen Verse dieses liebenswürdigsten aller deutschen Dichter. Denn Uhlands Dichtungen zeigen, wie keine anderen, eine wahre poetische Einfalt, frei von Künstelei und wucherndem Prunk, es ist die verklärte Sprache eines edlen, warmen, deutschen Herzens, und darum ist er auch ein Dichter des Volkes geworden, wie kein anderer.

Noch stand ich so im Anschauen verloren, da rief der Rosenkönig oben im Garten meinen Namen. Das junge Mädchen horchte auf, und da ich mich durch ein unwillkürliches Geräusch verriet, fielen plötzlich ihre Augen auf mich, und ich sah, wie sie erschrak und rot ward. Ich errötete ebenfalls, beschämt über meine Indiskretion, bis über die Ohren, und ohne mich zu entschuldigen, benutzte ich die Gelegenheit, einem zweiten Rufe des Rosenkönigs folgend, mich schleunigst auf den Rückzug zu begeben. In diesem Augenblick kam ich mir unaussprechlich jämmerlich vor und hatte eine so elende Empfindung, daß ich es kaum beschreiben kann. Aber dieses betrübte Gefühl ward doch zuweilen ganz wonnig durchleuchtet von Strahlen eines stillen Glückes, so daß es in meinem Gemüte aussah wie Regen und Sonnenschein.

Montag den 12. Juni.

Sonnenschein und Regen; gestern war es noch heller Sonnenschein, nur zuweilen fuhren Wolkenschatten daher, und am Abend ging die Sonne in einem majestätisch aufgetürmten Gebirge von Wolken unter. Heute rieselte der Regen eben und gleichmäßig vom Himmel; Blumen, Bäume und Sträucher hielten dankbar und still ihre Blätter hin und tranken. Am Vormittage kam der alte Diener des Rosenkönigs und brachte mir eine Einladung zum Mittagessen. Ich war froh darüber, denn ich war noch nie in seinem Hause gewesen und freute mich darauf, den mir so lieb gewordenen Mann in seiner Häuslichkeit kennen zu lernen. Da ich gebeten war, möglichst früh zu kommen, so beeilte ich mich mit meinen Arbeiten, von denen mich heute kein notwendiges Spionieren, wohl aber eine innere Unruhe abzuziehen suchte, und ging um zwölf Uhr, eine Stunde vor der gewöhnlichen Tischzeit des Rosenkönigs, zu ihm.

Ich hatte mir seine Häuslichkeit eigentlich anders vorgestellt. Ich fand ihn an seinem Schreibtische sitzend, in einem altertümlichen Zimmer mit Möbeln im Geschmack des vorigen Jahrhunderts. An den Wänden standen alte Bücherschränke und eigentlich war das Zimmer etwas überfüllt, obgleich es doch einen behaglichen Eindruck machte. In einer Ecke zwischen einem Fenster mit Vorhängen von bunten chinesischen Mustern und einem alten Sekretär mit zierlich eingelegter Arbeit leuchtete, seltsam sich abhebend von den ihn umgebenden Rokokodingen, aus grünen Pflanzen ein schöner Gipsabguß des Apoll von Belvedere hervor. Nach der ersten Begrüßung fiel ihm wohl der musternde Blick auf, mit dem ich dies alles betrachtete, denn er sprach lächelnd: „Sie sehen mich hier unter alten Dingen, die von einer vergessenen Zeit reden. Mir sind sie wert durch Erinnerungen, es sind alte Familienerbstücke; ich fühle mich wohl in dieser Gesellschaft, denn sie weiß mich in manchen Stunden schweigend zu unterhalten."

„Es liegt," antwortete ich, „auch eine eigentümliche Poesie in diesen Ueberbleibseln einer uns zeitlich noch so nahe, geistig doch schon so ungemein fern liegenden Zeit. Sie mahnen uns wie Geschichten, die die

Großmutter erzählt; diese wunderlichen, geschnitzten, schnörkelhaften und gedrehten Dinge haben in ihrer Willkürlichkeit etwas von dem geheimnisvollen Reiz des Märchens. Man sucht diesen abenteuerlichen Fratzen, diesen eingelegten bunten Blumen und Vögeln einen Sinn, eine Deutung unterzulegen, und je weniger es gelingt, je mehr wird die Phantasie angeregt. Darin liegt wohl der Hauptreiz, während schöne, sinnvolle, von antikem Geiste erfüllte Formen dem Gemüt eine heitere Ruhe geben."

„Ich muß schließen," sprach der Rosenkönig, „daß Sie sich mit solchen Dingen beschäftigen, denn Sie scheinen darüber nachgedacht zu haben. Merkwürdigerweise haben wir noch nie über dergleichen miteinander gesprochen."

„Es ist mein Studium," war meine Antwort, „und ich fühle mich glücklich dabei. Schon von Kind auf waren es Bilder und Bildwerke, die mich am meisten anzogen; es stand fest bei mir, daß auch ich ein Künstler werden wollte, der bereinst so Herrliches zu schaffen vermöge; allein in späteren Jahren stellte sich heraus, daß die Hand dem Fluge der Gedanken nicht zu folgen vermöge, daß ich wohl die Lust, aber nicht den Beruf zu einem Künstler hatte; ich erwählte daher die liebevolle Beschäftigung mit den Werken anderer zu meinem Berufe, und es ist mein höchstes Glück, das Ringen des Menschengeistes nach der Schönheit und die Art, wie er seine Ideale zu verwirklichen strebte, durch den Lauf der Zeiten zu verfolgen."

„Preisen Sie sich glücklich," sagte der Rosenkönig,

„daß es so ist, es gibt kein unglücklicheres Leben, als das in einem verfehlten Berufe; nur wenn der Mensch in seinem Berufe aufgeht und in die vollendete Erfüllung dessen sein höchstes Streben setzt, kann eine wahre Befriedigung über ihn kommen. — Doch der Regen scheint sich zu verziehen, vielleicht können wir noch den Nachmittag im Garten zubringen," setzte er hinzu, nach einem Blick durchs Fenster. „Heute nach diesem warmen Regen werden die ersten Rosen aufgebrochen sein."

Wir plauderten noch mancherlei zusammen, bis wir uns in einem anderen Zimmer mit ebenfalls alten Möbeln, geschnitzten Stühlen und einem vom Alter schwarzbraunen Büffett mit wunderlichen gedrehten Säulchen, Faunen- und Hirschköpfen, zu Tisch setzten. Dieser bot eine ganze Auswahl von alten merkwürdigen Gläsern mit eingeschliffenen Bildern und bunten Arabesken, kein Weinglas moderner Form war darauf zu erblicken.

„Ich liebe nicht das Uniforme," sagte der Rosenkönig, „und besonders, wenn ich Gäste habe, muß eine ganze Auswahl von Gläsern da stehen, damit jeder sich das aussuchen könne, aus dem es ihm am besten mundet. Denn das ist kein leerer Wahn — Wein aus Porzellantassen zu trinken, ist zum Beispiel ein greulicher Gedanke — bei keinen Dingen spielt die Einbildungskraft eine so große Rolle, als beim Essen und Trinken."

Wir aßen gut und tranken vortrefflichen Rheinwein, und der alte Diener bediente uns schweigend dabei mit der ihm eigenen Würde.

Der Rosenkönig hatte mich gebeten, den Nachmittag bei ihm zu bleiben, ihm jedoch nicht übel zu nehmen, wenn er nach Tisch sein gewohntes Schläfchen hielte. Darum überreichte er mir nach dem Essen eine Mappe mit alten Kupferstichen und Holzschnitten, die er so beiläufig gesammelt hatte, und ließ mich eine Stunde damit allein.

Unterdessen klärte es sich draußen auf, die Sonne brach hervor und sandte ihre Strahlen flimmernd über die nasse Welt. Ich saß gerade ganz vertieft in die Betrachtung eines jener merkwürdigen Callotschen Kupferstiche, auf denen die Figuren so klein sind, daß man fast einer Lupe bedarf, — da hörte ich draußen leichte Schritte, es klopfte an die Thür, und herein trat Marie ganz unerwartet. Ich, aus meinen Gedanken aufgeschreckt und mich verlegen erhebend, mag einen komischen Anblick dargeboten haben; auch sie war verwirrt, und da mir in dem Augenblicke das letzte Erlebnis einfiel, wo ich sie belauscht hatte, errötete ich noch mehr. Wir wurden alle beide feuerrot und keines fand im Augenblick Worte, um die Situation zu enden. Sie faßte sich zuerst wieder und sprach: „Herr Born — ist er nicht hier?"

„Er schläft noch, ich werde ihn rufen!" entgegnete ich schnell, froh, eine Gelegenheit zu finden, meine Verlegenheit dahinter zu verbergen.

„Ach nein," fiel sie mir schnell ins Wort, „stören Sie ihn nicht, ich wußte auch nicht, daß er Besuch hat, sonst wäre ich gar nicht gekommen — wollen Sie nur die Freundlichkeit haben und ihm sagen, ich sei hier gewesen." Damit wollte sich das schöne Mädchen wieder entfernen, und mir Unglücklichem zitterte schon das Herz, daß es geschehen möge; ich verzweifelte fast, daß ich so dumm dastand und nichts zu thun vermochte, um sie zurückzuhalten. — Da erschien, ein Retter, der Rosenkönig in der Thür, und nun war alles gut. Sie blieb, wir wurden einander vorgestellt und dann gingen wir drei in den Garten.

Von welcher Schönheit und Klarheit war dieser wunderbare Nachmittag umflossen. Wie glänzte die Sonne auf den Bäumen und funkelte in den gleitenden Tropfen, wie umleuchtete sie ihre helle Gestalt und hob den eigentümlichen Goldglanz ihres braunen Lockenhaares hervor. Ich ging verzaubert nebenher, und wir sprachen alle drei nicht viel, bis dann der Rosenkönig an einem Lieblingsrosenstrauch stillstand und uns einen Zweig mit eben aufgebrochenen Rosen entgegenneigte.

„So ein Regen thut Wunder," sprach er, „gestern waren sie noch fest geschlossen."

„Wie sie so schön aussehen in ihrer grünen Haube," meinte Marie.

„Wie kleine rosige Mädchengesichter, — wie du, wenn du deinen grünen Hut auf hast," sprach lächelnd der Rosenkönig.

Wir gingen weiter, aber bald blieb der Rosenkönig zurück, weil er sich mit den Blumen allenthalben zu schaffen machte, und wir beide gingen allein weiter. Als wir um eine Gebüschecke gebogen waren, daß der Rosenkönig uns aus dem Gesichte gekommen war, fragte Marie mich plötzlich in geheimnisvollem Tone: „Wissen Sie, wann Onkel Borns Geburtstag ist?"

„Nein," antwortete ich, „aber ist er denn Ihr Onkel?"

„Das gerade nicht," sprach sie lächelnd, „diese Bezeichnung stammt noch aus meiner Kinderzeit, wo jeder ältere Freund der Familie Onkel genannt wird — doch der Geburtstag — er fällt gerade mitten in die schönste Rosenzeit, auf den fünfundzwanzigsten Juni, und Sie müssen mit dazu helfen, daß er recht schön gefeiert wird."

„Gewiß, von Herzen gern," sagte ich freudig über das Vertrauen, „sagen Sie mir nur, was ich thun soll."

„Ja, wenn ich das wüßte!" rief sie lachend, „Sie sollen eben auch mit nachdenken helfen." Dann teilte sie mir ihre Pläne mit, ich gab meine Meinungen dazu ab, und wir kamen so in Eifer dabei, daß wir kaum noch zur rechten Zeit schwiegen, als wir wieder in die Nähe des Rosenkönigs kamen.

„Ei, ei," sagte er, „welche lebhafte Unterhaltung!"

„Geheimnisse," antwortete Marie schelmisch, „sehr wichtige Geheimnisse, wovon Onkel Born nicht das geringste wissen darf."

Er lächelte vergnügt vor sich hin, denn er schien die Natur dieser Geheimnisse zu ahnen.

„O, etwas muß ich Ihnen doch zeigen!" rief Marie plötzlich, „— ob die Tierchen auch wohl vom Regen naß geworden sind?"

Damit eilte sie voran auf ein Gebüsch zu, aus dem bei ihrer Annäherung ein Vogel herausflog.

„Das ist der Alte," rief sie, „der hat sie gewiß mit den Flügeln geschützt."

Damit bog sie leise und vorsichtig die Zweige auseinander und schaute hinein und sprach, indem sie sich freudig nach mir umsah: „Sehen Sie, wie niedlich!"

Es war da ein Hänflingsnest mit vier noch ziemlich nackten Jungen, die, als sie die Bewegung der Zweige merkten, die großen Schnäbel aufsperrten und mit leisem Zirpen die Hälse verlangend hin und her bewegten.

Wir schauten beide hinein und ihre lockigen Haare streiften meine Wange, ich war ganz erfüllt von dem Zauber ihrer Nähe.

„So ein kleines rundes Nest voll warmen Lebens," sagte sie.

„Eigentlich sind die Tierchen doch noch recht häßlich, sie sind so nackt und haben so dicke Augen," meinte ich.

„Ja," antwortete sie, „das wohl — aber sie sind doch so niedlich."

Dann ließ sie leise die Zweige sich schließen und wir traten beide zurück. Dabei trat sie mit dem Fuß auf den Rand des Rasens und glitt etwas aus, so daß ich auf einen Augenblick den sanften Druck der anmutigen Gestalt gegen meinen Arm fühlte. Infolgedessen trafen sich zufällig unsere Augen auf einen Moment, dann sahen wir beide nach der anderen

Richtung, sie pflückte im Weitergehen eine Blume und schaute angelegentlich in ihren Kelch; ich wußte eigentlich gar nicht, wie mir war, ich hatte eine unbestimmte Vorstellung von Glanz und Sonnenschein und Vogelgesang um mich her, und daß die Welt wunderschön sei, wie sie noch nie gewesen.

Sonnabend den 24. Juni.

Morgen ist des Rosenkönigs Geburtstag. Marie und ich haben noch einige Besprechungen durch die Heckenlücke gehabt; dabei habe ich auch ihre Mutter, eine noch schöne, ruhigklare Frau kennen gelernt. Heute abend sah ich von meinem Fenster aus Marie und ihre Mutter in ihrem Garten in voller Arbeit, Kränze und Guirlanden zu winden. Marie zeigte scherzend die fertigen Teile zu mir herüber und deutete pantomimisch ihren Fleiß an. Ich ließ dagegen ein Geburtstagsgedicht von drei Ellen Länge, an dem ich den ganzen Tag im Schweiße meines Angesichtes gearbeitet und es dann auf einen so langen Zettel geschrieben hatte, aus dem Fenster hängen. Als ich ihr mit gedämpfter Stimme zurief: „Verse!" schien es ihr zu imponieren, und sie lachte, schlug die Hände zusammen und rief: „Das ist schön, das ist schön!"

„Wenn die Verse es nur wären!" gab ich zur Antwort.

„Die Länge muß es thun!" rief sie zurück und lachte.

„Ich werde es ihm nach Tisch als Schlummerlied vorlesen!" meinte ich.

Ich erhielt keine Antwort, denn der Rosenkönig kam aus dem Hause und ging langsam den Garten= weg hinab. Die Damen zogen sich in die dichte Laube zurück und verhielten sich mäuschenstill — sie thaten, als ob sie gar nicht da wären.

Dienstag den 27. Juni.

Wie oft schaue ich hinaus auf die Rosenpracht des Gartens. Wenn ich den Blick von meiner Arbeit erhebe, so fällt er zuerst auf den blühenden, sich leise wiegenden Zweig vor meinem Fenster und dann in den Garten, der förmlich von Rosen glüht und wie in einer Atmosphäre von Rosenduft daliegt. Mir ist manch= mal, als schwebe dieser Duft sichtbarlich wie ein rosen= roter Nebel darüber.

In gleichem rosenroten Lichte liegt in meiner Er= innerung ein Tag, der Geburtstag des Rosenkönigs; immer wieder kehren meine Gedanken zu jenen schönen Stunden zurück, wo das Gefühl eines reinen Glückes mich so ganz erfüllte, wo mir vergönnt war, das Schöne des Lebens in seiner ungetrübten Reinheit zu kosten. Pünktlich um sechs Uhr erschien auch an diesem Tage der Rosenkönig in seinem Garten, um den ersten Rund= gang bei seinen in voller Pracht erblühten Rosen zu machen. Sobald er sich in seinem Garten befand, wurden wir, Marie, ihre Mutter und ich, von dem alten Diener in das Haus eingelassen, und nun begannen wir unser Werk, während wir den Diener als Vorposten aufstellten mit dem Auftrag, den Feind, das heißt seinen Herrn, sollte er uns mit einer Annäherung bedrohen, auf irgend eine Weise so lange hinzuhalten, bis wir die genügenden Vorbereitungen für seinen Empfang getroffen hätten. Während Marie und ich mit Eifer unter Scherzen und großer Fröhlichkeit mit Blumen und Guirlanden hantierten und große Wirkungen damit hervorbrachten, ordnete die Mutter den Geburtstagstisch mit einem wahren Ungeheuer von Baumkuchen, der von oben bis unten mit einer Guirlande von kleinen Röschen umwunden war, und einigen Kleinigkeiten, die sie und Marie dem Rosenkönig gearbeitet hatten; auch hier thaten die Blumen die Hauptwirkung.

Unsere Vorbereitungen näherten sich dem Ende, da kamen mehrere Kinder aus der Nachbarschaft, die mit dem Rosenkönig eine Gartenmauerfreundschaft unterhielten, die von seiner Seite durch häufige Spenden von Früchten des Tages befestigt und aufrecht erhalten wurde. Marie ging mit ihnen in ein Nebenzimmer, denn mit diesen Kindern hatte sie, wie sie mir unter schelmischem Lachen schon früher versichert hatte, ihre besonderen geheimnisvollen Pläne vor. Bald war alles geordnet, oder wie Herr Grund zu sagen liebte, „in der gehörigen Konfusion"; aus dem Nebenzimmer hörte man zuweilen das lustige Lachen der Kinder, da steckte der Diener den Kopf in die Thür und rief: „Er kommt! — geht es schon?"

Marie hatte es gehört und sagte, indem sie wieder eintrat: "Meinetwegen kann er nun kommen."

Wir ergriffen nun eine bereit liegende Guirlande und stellten uns, dieselbe hochhaltend, an beiden Seiten der Thür wie eine lebendige Ehrenpforte auf, während die Mutter mit vergnügtem Lächeln zur Seite auf einem Stuhle Platz nahm.

Als der Rosenkönig eintrat, ging eine freudige Verwunderung über seine Züge, wir ergriffen seine Hände, die Mutter trat auch hinzu und er stand eine Weile dankend und fröhlichen Antlitzes zwischen uns dreien. Dann eilte Marie schnell fort, öffnete den Flügel und begann den Hochzeitsmarsch aus dem "Sommernachtstraum" zu spielen. Mit einemmal öffnete sich die Thür, wo die Kinder sich befanden, und heraus traten sie in feierlicher Prozession. Voran ging der größte Knabe, das kleinste der Kinder, ein blondköpfiges dreijähriges Mädchen, vor sich auf dem Arme tragend. Dieses war ganz in einen Blumen= strauß eingebunden, dessen mittelste Blume es gleich= sam bildete; nur der blondgelockte fröhliche Kinderkopf und die kleinen runden Arme schauten aus Päonien und grünen Blättern hervor. Unten um Blumenstengel und Beinchen war ein rosenrotes Band gewunden mit einer großen Schleife, nur die Füße waren frei ge= lassen. Die anderen Kinder, an einer Guirlande gleich= sam wie Perlen aufgereiht, trugen in den freien Hän= den wie Schwerter lange spitze Blumensträuße. Sie marschierten einmal um den Tisch, umringten dann den Rosenkönig, während der älteste Knabe sein Riesen=

bouquet überreichte, und sangen unter dem Schwenken der Sträuße nach der Melodie „Wir winden dir den Jungfernkranz":

> „Wir bringen dir den Blumenstrauß —
> Das Röschen thut ihn zieren —
> Sie streckt nach dir die Arme aus
> Und will dir gratulieren! —
> Lieber, guter, lieber Onkel Born, lebe hoch, juchhe!
> Lieber, guter, lieber Onkel Born, lebe hoch!"

Der Rosenkönig lachte vergnügt: „Na, Kinder, das habt ihr gut gemacht! — Aber diese kleine Rose hier in meinem Blumenstrauß wird mir zu schwer," und damit setzte er das Kind in seiner Blumenhülle auf den Tisch.

„Nun, Röschen," sprach er dann, „muß ich euch wohl in ein Wasserglas setzen, damit ihr mir nicht vertrocknet?"

Das Kind hatte unverwandt den Kuchen angesehen, auf diese Anfrage neigte es den Kopf auf die Seite, den Rosenkönig verschämt ansehend: „Kuchen," war die lakonische Antwort.

Wir lachten alle. „Jawohl, Kuchen!" versetzte er dann vergnügt, „der ist dir auch dienlicher als kaltes Wasser."

Dann ward Röschen ausgewickelt und auf die Erde gesetzt, und dann gab es Kuchen. Es war gut, daß für diese Fälle eine Reserve bereit gehalten war, sonst hätte der festliche Baumkuchen schon am Morgen einen ansehnlichen Teil seiner majestätischen Höhe eingebüßt.

Das war der erste Teil des Festes. Nach einem solennen Kaffee zogen sich alle Festteilnehmer in ihre Behausungen zurück, um am Mittage sich teilweise wiederum am Festorte zu versammeln, da wir mit Ausnahme der Kinder zu einem festlichen Mittagessen eingeladen waren.

Es waren nur wenige Teilnehmer, nur vier, aber eine große Fröhlichkeit. Der Rosenkönig hielt eine schöne Rede, bei der man gar nicht wußte, worauf er hinaus wollte; schließlich ließ er ganz meuchlings Mariens Mutter leben. Dann hielt ich eine, die bei den alten Aegyptern anfing und alle bedeutenden Könige von der Zeit der Pharaonen bis auf die Jetztzeit aufzählte und schließlich den Rosenkönig, den Beherrscher aller Rosen, als den vortrefflichsten, hochleben ließ.

Nach Tisch, als er sich anschickte, seine gewohnte Nachmittagsruhe zu halten, überreichte ich ihm als ein schönes Schlafmittel mein langes Gedicht, das er mit komischem Entsetzen übernahm, zugleich das verwegene Versprechen gebend, es vor dem Einschlafen noch durchlesen zu wollen.

Wir waren in das Wohnzimmer zurückgekehrt; in ein kleines Zimmer nebenan, dessen Thür angelehnt war, hatte sich der Rosenkönig begeben, und Frau Werner war in ihre Wohnung gegangen; so war ich denn mit Marie allein in dem behaglichen Zimmer. Die Nachmittagssonne fiel in breiten Lichtern, in denen die Sonnenstäubchen flimmerten, durch die Blumenfenster hinein und ließ die messingenen Zieraten und die bunte eingelegte Arbeit an den alten Schränken

erglänzen; es war eine recht wohlbehagliche und fest=
liche Stille in dem blumendurchdufteten Raume.

„Kennen Sie schon Onkel Borns Blumenbuch?"
fragte Marie mich, „das müssen wir einmal zusammen
besehen." Damit holte sie eine ziemlich große, sauber
gebundene Mappe herbei und legte sie auf den mit
Zeitschriften und litterarischen Neuigkeiten bedeckten
Tisch in der Nähe des Fensters. Wir setzten uns
nebeneinander, und nun ward die Mappe aufge=
schlagen. Das Titelblatt war ganz einfach. In
großen schönen gotischen Lettern stand dort „Blumen=
buch". Durch die Buchstaben rankte ein Rosenzweig
mit vielen Blüten in verschiedenem Zustande der Ent=
wickelung. Das folgende Blatt stellte einen Blumen=
strauß von Feldblumen dar in einem altertümlichen
schönen Kelchglase.

„Das sind ja lauter Knospen," sagte ich.

„Das ist auch ganz richtig," antwortete Marie,
„denn Onkel Born sagt, dies Buch enthalte seine ganze
Lebensgeschichte. Dies hier ist, wie er ganz klein war
und noch in der Wiege lag — es kommt mir immer
so lustig vor, daß er einmal ein so ganz kleines Kind
gewesen ist, und hat nun so weiße Haare." Dabei
sah sie mich fröhlich mit ihren lachenden Augen an.
Dann zeigte sie mir alle einzelnen Blumen, und ich
fragte, ob der Rosenkönig dies alles selber gemalt
habe, denn ich bewunderte die künstlerische, saubere
Ausführung des Dargestellten.

„Ja, gewiß," antwortete sie, „ach, das glauben
Sie gar nicht, wie lange das dauert, bis so ein Blatt

fertig wird, manchmal ein halbes Jahr, so sorgfältig arbeitet er daran."

Das nächste Blatt fand schon an mir einen Erklärer: „Nun haben Sie mir den Schlüssel gegeben," sagte ich, „nun will ich dieses Blumenstück deuten. Dies sind die Knabenjahre, dort ist ein Weidenzweig mit blühenden Kätzchen, hier ein blühender Holunder — die feine weiße Blütendolde ist köstlich gemalt — hier Knallschoten; es sind alle die Sträucher, die das Knabenspielzeug liefern, und darüber die flatternden Schmetterlinge, und hier der Käfer mit den langen gebogenen Fühlhörnern und den metallisch glänzenden Flügeldecken . . ."

„Den kenne ich auch!" rief Marie, der schnirkst immer so, wenn man ihn anfaßt!"

„Aromia moschata;" sagte ich.

„Ach, sind Sie aber gelehrt! — Sie wissen wohl alles?" — Dabei machte sie aber ein so schalkhaft ernstes Gesicht, daß ich lachen mußte.

Es kamen noch einige Blätter, die das Knabenalter bezeichneten, Fichtenzweige und Ginsterstrauch; ein Dornenzweig mit einem Vogelnest darin, Feldblumen und anderes. Zuweilen schweifte mein Blick von den bemalten Blättern auf das viel schönere Mädchen, das mir zur Seite saß, so nahe, daß ich zuweilen ihre Schulter berührte und ihr lockiges Haar mein Gesicht streifte, wenn wir uns näher über die Bilder beugten, so daß ich zuweilen, ganz befangen von dem beseligenden Gefühle ihrer Nähe, weiter nichts sah als ein buntes Gemisch von Farben, neben dem ihre weiße

Hand auf dem Papiere lag. Es war eine wunderbare Hand — sie war nicht klein, aber schön, was viel seltener ist. Und wenn wir dann auf das deuteten, was uns besonders gefiel, dann streiften sich unsere Hände, und einmal blieben sie dicht nebeneinander in leiser Berührung liegen, aber nur kurze Zeit, und dann schlugen wir ein neues Blatt um. Es war nur eine sehr schöne, mit besonderer Sorgfalt gemalte rote Rose darauf. „Ich weiß nicht, was diese Rose bedeuten soll," sagte Marie, „ich habe Onkel Born schon gefragt, aber der sagt es mir nicht."

„Ich weiß es," meinte ich; „nun kommt die Zeit des Jünglingsalters, und dies ist seine erste Liebe."

„Ach," sagte sie und sah ganz verwundert auf. „Daran habe ich noch nie gedacht." Dann sah sie die Rose eine kleine Weile wie in Gedanken verloren an und sprach: „Ich glaube es auch — die ist gewiß sehr schön gewesen?"

Das nächste Blatt war uns unverständlich; es war wieder eine ähnliche rote Rose, zusammengebunden mit einem Eichenzweig, während daneben ein Büschel Lindenblüten stand. Dann kam ein sehr buntes Blatt mit einem mächtigen Blumenstrauß, der durch ein breites rotes Band zusammengehalten wurde. Da war Rittersporn und Klatschmohn und Kletterrosen, Hyazinthen, Tulpen und Narzissen, eine ganze prunkende Gesellschaft. Danach fiel das nächste Blatt um so mehr auf, auf dem ein einzelnes, sehr fein gemaltes Vergißmeinnicht zu sehen war. Dann kamen bald Rosen und nur Rosen von allen Farben und Arten, auf vielen

Blättern dargestellt, und mitten darunter ein Moos=
rosenzweig mit einer eben aufgebrochenen Knospe;
darunter stand mit zierlichen Schriftzügen: „Marie."

„Das sind Sie!" rief ich.

Sie sah das Blatt verwundert an und ein leises
Erröten ging über ihr Gesicht, so daß sie der Rose
nur noch ähnlicher ward; „das kenne ich noch gar
nicht," sagte sie leise.

Wie war sie schön, als sie so dasaß. Sie trug
ein mattgelbes Sommerkleid mit einer kleinen Krause
und einem roten Bändchen am Halse, was zu ihrem
braunen Haar einen anmutigen Gegensatz bildete.

Ihre Hand war vom Tische niedergeglitten und
ruhte auf dem Stuhl dicht neben der meinen. Und
ich weiß nicht, wie es so kam, daß die beiden Hände,
die schon den ganzen Nachmittag viel Zuneigung zu
einander gehabt hatten, sich ganz leise berührten. Und
wir besahen die Rosenbilder und sprachen von allerlei
Dingen, und die Sonne schien so frieblich in das
Zimmer, die Fliegen summten umher und leise tickte
die alte Uhr über dem Kamin; es war so still und
nachmittäglich, wie es eben nur an einem Sommer=
nachmittage sein kann. Und unsere Hände fügten sich
immer näher ineinander, ihre schlanken Finger lagen
in den meinen und ich fühlte ihre Schulter leicht an
der meinen ruhen, so daß ich ihre sanften Atemzüge
spürte. Aber wir sahen uns nicht an, wir sahen nur
auf die Blätter vor uns und sprachen von gleichgültigen
Dingen und saßen doch da Hand in Hand, — aber
wir thaten, als merkten wir es nicht.

Dann hörten wir den Rosenkönig im Nebenzimmer gehen, unsere Hände lösten sich leise auseinander und wir schlugen ein neues Blatt um. Der Rosenkönig trat in die Thür: „Nun, Kinder, ist euch die Zeit auch lang geworden?" sprach er, „ich habe heute etwas länger geschlafen."

„Das macht wohl das Gedicht?" meinte ich.

„O nein," sagte er, „wenn man so zum erstenmal in seinem Leben angesungen wird, wie es mir heute geschehen ist, so bringt es nur angenehme Wirkungen hervor."

Dann sprachen wir von den Bildern.

Mittwoch den 28. Juni.

Nach einiger Zeit kam Frau Werner ebenfalls aus ihrer Wohnung zurück, und wir gingen auf die rosenumrankte Veranda vor der Gartenthür, um Kaffee zu trinken. Als wir dort so behaglich im Schatten saßen und der leise Sommerwind den Blumenduft aus dem sonnigen Garten herwehte, wo die Schmetterlinge, wie berauscht, um die Rosen flatterten, und es so still war, daß man fast das Schlagen ihrer Flügel hören konnte, sprach der Rosenkönig: „Es liegt ein eigener Zauber darin, an so einem sonnigen Nachmittage im behaglichen Schatten zu sitzen, von lieben Menschen umgeben; aber vollständig wird der Genuß erst, wenn Musik dabei ist; Marie willst du uns nicht ein Lied singen?"

Das Klavier stand nahe an den geöffneten Flügelthüren, ich saß gerade so, daß ich es sehen konnte.

Ich hatte Marie noch nie singen hören und war überrascht durch den anmutigen Klang ihrer Stimme, als sie begann:

> "Vom Berg zum Thal das Waldhorn klang,
> Im blühenden Thal das Mägblein sang:
> Von der Rose, der Rose im Thal!
>
> Der Jäger hörte des Mägbleins Sang,
> Sein Waldhorn bei dem Lied verklang:
> Von der Rose, der Rose im Thal!
>
> Der Jäger dort oben lauschte so bang,
> Als leise das Lied im Thal verklang:
> Von der Rose, der Rose im Thal!
>
> Er zog gar stille die Berge entlang,
> Und immer im Ohr das Lied ihm klang:
> Von der Rose, der Rose im Thal!"

Der Jäger bin ich, seit ich dies Lied gehört habe, denn immer und immer summt mir seit der Zeit der Kehrreim durch den Sinn: „Von der Rose, der Rose im Thal," und ihre leichte Gestalt in dem hellen Sommerkleide steht mir vor Augen. Sie hatte keine sehr schöne Stimme, sie war etwas verschleiert, aber anmutig und lieblich und wie geschaffen zum Vortrag von einfachen Liedern.

„Nun singe mir mein Lieblingslied: Aennchen von Tharau," sagte der Rosenkönig, und dabei schaute er lächelnd Frau Werner an, die ebenfalls lächelte und ein klein wenig errötete, was ihrem noch immer anmutigen Gesichte einen eigentümlichen Reiz verlieh.

Und Marie begann: „Aennchen von Tharau ist's, die mir gefällt!"

„Wo ist doch diese Melodie hergekommen?" sagte der Rosenkönig, als sie geendet hatte, „es ist doch gar nicht denkbar, daß dies Lied eine andere Weise haben könne, so verwachsen ist beides miteinander. Aber das ist das Zeichen eines echten Volksliedes. Und ein Volkslied kann man dies wohl nennen, wenn der Name des Dichters uns auch noch bekannt ist. Wer kennt aber jetzt noch andere der weltlichen Lieder von Simon Dach außer diesem. Sie sind alle vergessen. Aber wo das Volk sein Eigenstes ausgesprochen findet, da nimmt es Besitz davon, wie man sein Eigentum zurücknimmt, und läßt nicht wieder davon. Das Volkslied ist — um doch einmal bei meinem Fach zu bleiben," fügte er lächelnd ein — „wie die wilde Rose. Unter allen den prangenden künstlich erzeugten Schwestern, den üppig dunklen mit betäubendem Duft, den vornehmen gelben, den sentimental blaßroten, den weißen mit schüchtern rosig angehauchten Blättern, steht sie da, kräftig und einfach — frisch, anmutig und gesund, und wo die anderen ohne künstliche Pflege vergehen und ausarten, rankt und blüht sie, ein Kind der Natur, immer noch fort in ursprünglicher Schönheit."

„Es muß ein eigenes beglückendes Gefühl für den Dichter sein," meinte ich, „auch nur ein Lied geschaffen zu haben, das ihn gleichsam zu dem Munde vieler macht, da es ihm gelang, das herauszusingen, was in Millionen Herzen unausgesprochen lag."

Marie war hinzugetreten, sie stand in der Thür und ihre helle Gestalt hob sich schön von dem dunklen Hintergrunde des Zimmers ab.

„Ich kann mir gar nicht denken, daß solche Lieder gemacht werden," sprach sie, „ich meine, sie müßten so entstehen, wie eine Blume sich aufthut, ganz von selber."

„Es ist auch nicht viel anders," sagte der Rosenkönig, „der Sonnenschein der Freude oder der Regen des Schmerzes treffen des Menschen Herz, und wenn er ein Dichter ist, dann thut die Blume sich auf und das Lied ist fertig."

Später, als schon die Sonne anfing hinter die hohen Baumwipfel am Ende des Gartens zu sinken und die Zweige und Blätter im grünen Golde erglänzten, machten wir einen Gang zu den Rosen. Diese hingen zu unseren Häuptern und standen zu beiden Seiten, wo wir nur gingen; zuweilen fiel ein Sonnenlicht durch eine Baumlücke und ließ eine Rosengruppe in wärmerem Lichte erglühen. Im Hintergrunde des Gartens ward noch eine Nachtigall laut und warf ihre Jubeltöne in den sonnigen Abend. Wir gingen dem Klange nach: „Sie hat in diesem Jahr in der wilden Ecke ihr Nest," sagte der Rosenkönig. Es war in dem weniger betretenen Teile des Gartens, wo die Rosenschule war. Wir kamen an eine mit Gebüsch gefüllte Gartenecke; es waren dort nur wilde Rosensträuche, die sich in üppiger Pracht bis auf die Mauer hinaufgezogen hatten und nun wie besäet mit zarten blaßroten Blüten ihren würzigen Duft aushauchten.

„Da sieht das Volkslied!" sagte ich.

„Dies ist die unfruchtbarste Ecke meines Gartens," sprach der Rosenkönig, „ich habe sie darum mit wilden Rosen bepflanzt, weil ich mir auf diese Weise wilde Stämme ziehe, um meine zahmen Rosen darauf zu pfropfen; unsere großen Dichter haben es ja auch so gemacht mit dem Volksliede," schloß er lächelnd.

Marie hatte unterdes die Nachtigall gefunden, die in einem der großen Bäume hinter der Gartenmauer auf schwankem Zweige saß. Wir bewunderten den kleinen rostbraunen Vogel und gingen dann zu einer Rosenlaube, wo zum Abend der Tisch gedeckt war.

Nach Tisch war es dämmerig geworden; der Mond, der schon bei Tage als blasse Halbscheibe am Himmel gestanden hatte, gewann an Glanz, und der rote Schein, der noch in den Wipfeln der hohen Bäume träumte, verblaßte allmählich. Wir saßen in traulichem Geplauder, während die Dämmerung sich mehrte und die Schatten sich zwischen den Gebüschen lagerten.

Doch der Mond gewann noch mehr Macht und beleuchtete mit seinem Schimmer Mariens Angesicht, die mir gegenüber saß, und ließ den Schatten ihres lockigen Haares über ihre Züge fallen. Zuweilen trafen sich unsere Augen wie zufällig und sie schaute dann in den Mond, als sei es wirklich Zufall gewesen, und ich that eine sehr unbefangene Frage an den Rosenkönig oder an ihre Mutter. Manchmal verstummte das Gespräch und es war dann nur die Dämmerung zwischen uns, und ringsum das leise Weben der Sommernacht, und das Surren der Nachtschmetterlinge um die blühenden

Rosen. Diese leuchteten gruppenweise vom Mond be=
schienen zu uns herüber, sie standen ganz still und
tranken Mondschein, kein Blatt mochte sich rühren.

Dann brachen wir auf; der Rosenkönig ging mit
Mariens Mutter voran, wir folgten. Wir sprachen
nicht mehr an diesem Abend, nur gute Nacht wünschten
wir uns, und ihre schlanken Finger fügten sich beim
Abschied mit sanftem Druck in die meinen.

Wie ein Träumender schaute ich noch lang aus
meinem Fenster in die Mondnacht. In stillem Frieden
lagen die Gärten, fern ragten Baumwipfel in die
Nacht und dunkle Häuser mit mondbeglänzten Dächern,
und wie ein leises Murren klang das Rauschen des
Stadtgewühls zu mir herüber. Ich sah zwischen den
Bäumen, wo ihr Haus lag, einen Lichtschimmer ent=
stehen; ich schaute nach ihm, bis er erlosch.

In fernen Häusern verschwand ein Licht nach dem
anderen; Sterne tauchten dafür an dem dunkler wer=
denden Himmel auf.

Donnerstag den 6. Juli.

Seit ich vor acht Tagen, durchnäßt von dem
strömenden Regen, nach Hause kam, fühle ich ein
körperliches Unbehagen in mir, das von Tag zu Tage
zunimmt. Ich kann nicht sagen, was es ist, aber es
liegt auf mir wie ein Druck und umgibt mich wie ein
dünner Nebel, ich kann nicht arbeiten und habe an
nichts Freude. Selbst der Aufenthalt bei meinem lieben

Rosenkönig ist mir drückend; er ist so einsilbig und scheint viel nachzudenken, und zuweilen sieht er mich mit eigentümlichen Blicken an. Neulich fragte er mich, ob mir etwas fehle; ich sagte: „Nein," und dann sah er mich wieder forschend von der Seite an und lächelte so sonderbar.

Ich war so selig, so glücklich; die Tage waren mir voll Sonnenschein, ich lebte im Glücke des Tages und dachte nicht an das, was kommen wird. Aber es ist oft gleichsam, als wolle uns das Schicksal seine rosigste Seite zeigen, sein holdestes Lächeln gönnen, damit uns das Dunkle, das es schon in Bereitschaft hält, um so schwärzer und hoffnungsloser erscheinen möge.

Und was ist es denn eigentlich, was mich quält, der ich vor acht Tagen noch so unendlich glücklich war?

Muß denn Marie nicht zurückhaltend gegen mich sein, wie sie es jetzt ist, da sie jede Begegnung mit mir fast ängstlich vermeidet? — Ist es nicht an mir zu sprechen, da es so weit gekommen ist; müßte ich nicht jetzt offen hintreten und sagen: „Willst du mein Weib sein?"

Aber als mir dieser Gedanke erwachte, machte er mich zaghaft und füllte mein Herz mit Bangen. In schlaflosen Nächten habe ich erwogen und gedacht; doch ich kam nur zu dem Einen: Wie darfst du vor ihre Mutter hintreten oder vor den Rosenkönig, der gleichsam ihr Vater ist, und zu ihnen sprechen: „Gebt mir diese Blume, diese Rose, die eure beste Kostbarkeit ist;" wie darfst du das thun, der du ein Gelehrter ohne Namen und ohne Vermögen bist, der nichts hat, als seine Feder und seinen guten Willen. Ich kann es nicht erfinden und ausdenken, wie es werden soll.

O welch ein grauer Tag ist heute. Es hat einige Zeit geregnet und am Himmel schieben sich faul und verdrossen die Wolken durcheinander; zuweilen geht ein Sprühregen, den der stoßweise Wind gegen mein Fenster prickeln läßt. Verregnet und zerzaust stehen die Rosen und die Steige sind mit ihren verwehten Blättern bedeckt. Die Rosenranke vor meinem Fenster ist verblüht, nur eine halb entblätterte Blüte schlägt bei jedem Windstoß pochend an die Scheiben.

Sonnabend den 15. Juli.

Herr Grund war vor einigen Tagen bei mir, er fand mich verändert und blaß und fragte nach meinem Befinden.

„Es ist nichts," sagte ich, und dann lenkte er das Gespräch auf den Rosenkönig.

„Na, Sie sind ja jetzt wie ein Kind im Hause dort," sagte er, es ist ein prächtiger Mann, der Rosenkönig, aber er schließt sich zu sehr ab, — das sollte ich nur sein, — so ein Mann wie der, wohlhabend und angesehen; wenn er sich darum bekümmern wollte, der könnte alle Tage Stadtverordneter werden. Aber der kennt nur seine Rosen — sind aber auch schön, — dieses Jahr besonders — na, die eigentliche

Blütezeit ist ja nun vorbei — aber er hat immer noch bis in den späten Herbst welche."

Herr Grund war im Zuge und da mußte man ihn ruhig gewähren lassen; es störte ihn nur, wenn man ihm antwortete. So redete er denn von vielerlei, von der großen Hitze, von der schlechten Ausdünstung der Kanäle im Tiergarten, von einem neuen Eisenbahnprojekt, dann kam er aufs Häuserbauen und mit einemmal fragte er: „Sie wissen doch, daß der Rosenkönig auch bauen will?"

„Er hat mir nichts davon gesagt," meinte ich etwas verwundert.

„Nicht?" meinte Herr Grund, „das ist doch merkwürdig, da glaube ich doch ganz gewiß, daß etwas dahinter steckt. Bauen kann man es nun am Ende wohl gerade nicht nennen, es ist wohl kaum ein Umbau. Sehen Sie, er hat mich um Rat gefragt, weil er die obere Etage seines Hauses, die seit dem Tode seiner Tante unbewohnt ist, wieder einrichten will. Da ist nun mancherlei zu machen. Neue Tapeten, neue Fußböden, denn die sind auch schon morsch und wackelig in dem alten Kasten; eine Wand soll herausgenommen werden, um aus zwei kleinen Zimmern eins zu machen; und da hat er noch so eine phantastische Idee, er will nämlich oben einen Balkon anbringen mit einer Treppe nach dem Garten hinunter — na meinetwegen, er ist nun einmal so."

Ich hatte ganz verwundert zugehört: „Er hat ja aber unten Platz genug," sagte ich, „was will er denn mit allen den Zimmern noch?"

Herr Grund sah außerordentlich schlau aus in diesem Augenblicke; seine Augenbrauen zogen sich hoch und sein gutmütiges rotes Gesicht glänzte vor Vergnügen über seine eigene Pfiffigkeit.

„Erinnern Sie sich wohl noch, liebster Herr Walter, was ich früher einmal zu Ihnen sagte? Marie Werner und der Rosenkönig! Jetzt kommt es zum Vorschein, was ich immer vorausgesehen habe. Wissen Sie wohl noch, daß ich zu Ihnen sagte: Es wird! Sehen Sie, jetzt wird es! Weil er sich verheiraten will, darum baut er." Und Herr Grund sank voll hoher Genugthuung in seine Sofaecke zurück.

So sehr ich auch immer diesen Gedanken von mir gewiesen hatte, so wenig er mir auch früher in den Sinn gekommen war, so hatte ich mich in der letzten Zeit in meiner krankhaften Aufregung schon selber damit gequält, und darum erschrak ich, von einem dritten ihn so fest und bestimmt und mit einer gewissen Begründung ausgesprochen zu hören. Ich versank in grübelnde Gedanken, und Herr Grund, der meine Zerstreuung bemerkte, erhob sich, nachdem er noch Verschiedenes gesprochen, was ich kaum gehört hatte, meinte, er wolle nicht länger stören, und ging.

Wie haben mich meine Gedanken seit der Zeit gequält, bei Tage und in schlaflosen Nächten. Ich erinnerte mich an jeden Blick, an jedes Wort des Rosenkönigs, an seinen ganzen Verkehr mit Marie, an sein eigentümliches Wesen mir gegenüber, an die Aengstlichkeit, mit der jene vermied, mit mir allein zu sein. Wenn ich mit ihnen zusammen war, be=

obachtete ich beide heimlich, jedes Lächeln, das sie ihm schenkte, gab mir einen Stich durchs Herz, und als sie einmal stand und ihn freundlich anschaute und er ihr das lockige Haar streichelte, wollte es mir die Brust zusammenschnüren. Ich sprach zu mir selber: „Dein Thun und Denken ist thöricht," und erinnerte mich jener sonnigen Tage, die vergangen waren, aber es gab mir nur Grund zu neuen Quälereien; denn wenn es Wahrheit war, was ich fürchtete, fiel dann nicht ein Schatten auf Mariens Reinheit, hatte sie nicht dann ihr Spiel mit mir getrieben?

Und dazu das körperliche Unbehagen; es liegt auf mir wie die drückende Schwüle, die draußen in der glühenden Julisonne brütet. Weiße lautlose Wolken schieben sich am Himmel durcheinander und verdecken zuweilen die Sonne, ohne daß die Glut sich mildert. Am Horizont haben sie sich zu grauweißen Gebirgen gelagert, die glänzenden Gipfel schauen über den Bäumen hervor.

Die Ungewißheit wird mir unerträglich, ich glaube, ich werde krank, wenn es noch länger dauert. Ich fühle es, diese Angelegenheit muß zu Ende kommen, je eher je besser.

Je eher je besser — und warum kann es nicht heute sein? Ich will hingehen und sprechen zum Rosenkönig, wie mir ums Herz ist, da wird sich alles entscheiden. Ich will um ihre Hand bei ihm bitten, ich will meinem Schicksal ins Auge sehen. Nun mag es sich entscheiden, für mich oder wider mich. Für mich — o, ich mag das Glück nicht ausdenken! — und wider mich? — Die schönste Hoffnung meines Lebens müßte ich zu Grabe tragen!

Dienstag den 12. September.

Eine lange Zeit ist verflossen, seit ich die letzten Worte schrieb, eine lange Zeit, von der ich wenig weiß, die nebelhaft verschwommen hinter mir liegt, wie ein wilder Traum, dessen man sich beim Aufwachen vergebens zu erinnern versucht.

Eines Tages war mir, als erwache ich aus langem unruhigen Schlaf, in dem mich gaukelnde Schreckgestalten geängstigt, ich fühlte mich von einer unbeschreiblichen Mattigkeit durchdrungen, und selbst die Hand zu erheben, die auf der bunten geblümten Bettdecke lag, deuchte mir eine Anstrengung. Ich verspürte wenig Verwunderung darüber, daß ich in einem hohen Himmelbette mit bunten Vorhängen von chinesischem Muster lag, und daß ich durch eine Ritze in diesen nach mühsamer Wendung des Kopfes in ein mir ganz unbekanntes Zimmer schaute. Vielleicht waren meine Geisteskräfte noch zu schwach, um sich zu verwundern. Als ich nun so dalag und die bunten Chinesen anschaute, die auf dem Vorhange Thee tranken oder mit Sonnenschirmen und Fächern in wunderlichen Gärten zwischen niedlichen Felsen und sonderbaren Pflanzen lustwandelten, hörte ich ein leises Geräusch im Zimmer, wie wenn man die Blätter eines Buches um=

wendet, dann ein Räuspern, das mir bekannt vorkam und eine grübelnde Bewegung in meinen geschwächten Denkkräften hervorrief. Dabei mochte ich mich unwillkürlich gerührt haben, denn ich hörte jemand aufstehen, leise Schritte nahten sich meinem Bette, der Vorhang ward sanft und vorsichtig zurückgeschlagen und herein schaute das freundliche, besorgte Gesicht des Rosenkönigs.

„Sie wachen!" rief er, „Sie sind bei Besinnung; o, der Doktor hat recht gehabt, nun ist alles gut!"

„Ich war wohl sehr krank?" wollte ich sagen, allein ich war so schwach, daß ich nur die Lippen bewegen konnte und keinen Laut hervorbrachte.

„Versuchen Sie nicht zu sprechen, seien Sie ganz ruhig, sie dürfen nur schlafen und stillliegen," sprach der Rosenkönig.

Mir kam, während er sprach, eine dunkle Erinnerung an das, was vor meiner Krankheit war; ich fühlte es wie einen leisen Schmerz in der Gegend des Herzens.

Der Rosenkönig schien das in meinem Gesichte zu lesen, er sprach gleich darauf: Seien Sie ganz ruhig und denken Sie nicht; es ist alles gut, alles," und dabei lächelte er mir beruhigend zu; ich mußte auch lächeln, denn es kam über mich eine unendliche Beruhigung, und indem verschwamm der Rosenkönig vor meinen Augen, die bunten Vorhänge erschienen wie ein wogendes Farbenmeer, und ich verlor wieder die Besinnung.

Gegen Abend, es mußte so in der Dämmerung

sein, erwachte ich noch einmal zu einem Halbtraum, in dem es mir war, als hörte ich flüsternde Stimmen im Zimmer und darunter eine, deren Klang mich mit stiller Beseligung erfüllte, ohne daß ich recht zum Bewußtsein gelangte, weshalb; dann klangen die Stimmen ferner und ferner und verschwammen schließlich, als sich der Schlaf gänzlich meiner bemächtigte.

Mittwoch den 13. September.

Als ich an jenem Tage entschlossenen Mutes zum Rosenkönig ging, um die Entscheidung meines Schicksals aus seinem Munde zu hören, ward ich wieder ganz mutlos, als ich in sein Haus eintrat. Ich traf Herrn Grund bei ihm und war eigentlich froh, dadurch noch einige Frist zu gewinnen. Sie sprachen über den beabsichtigten Umbau. Es fiel mir schwer aufs Herz, ich hörte mit peinlicher Aufmerksamkeit zu, immer hoffend, einen Beweis für das Gegenteil meiner Befürchtungen zu hören. Herrn Grund prickelte die Neugier ganz außerordentlich, das hörte ich aus allen Bemerkungen und Andeutungen. Zuletzt vermochte er sich wohl nicht mehr zu bemeistern, denn er fragte: „Man darf wohl schließen, Herr Born, daß noch Veränderungen anderer Art in Aussicht sind, die mit diesem Bau im Zusammenhange stehen — entschuldigen Sie meine Frage —, allein das Interesse..."

„O ja, ich denke, daß noch Veränderungen anderer Art in Aussicht sind," antwortete der Rosenkönig, und dabei traf mich wieder ein merkwürdiger Seitenblick, so daß ich dachte, er wolle nur nicht mehr sagen in meiner Gegenwart. Ich stand auf und ging wie zufällig in das Nebenzimmer. Dort lag eine angefangene Malerei auf dem Arbeitstische; es war wieder ein Moosrosenzweig und daneben war in Umrissen ein zweiter Blütenzweig angedeutet, den ich noch nicht erkennen konnte. Es überkam mich eine Art von Verzweiflung; ich fühlte plötzlich so scharf und drückend das Elende meiner Lage, daß ich alle meine Vorsätze vergaß, durch eine andere Thür das Haus verließ und mit eiligen Schritten ins Freie eilte. Es war eine drückende schwüle Luft dort, die Sonne war hinter dem Geschiebe und Gebraue der Wolken verschwunden und die unheimliche brütende Stille unterbrach nur zuweilen ein Windstoß, der den Staub aufwirbelte und die aus dem Tiergarten heimkehrenden Spaziergänger zu größerer Eile anspornte.

Ich gelangte ins Freie, wo sich rechts der Weg an den letzten Häusern entlang zum Tiergarten hinzieht; ich verfolgte ihn mechanisch, mir war es gleich, wohin er mich führte, wenn es nur einsam war.

Hoch in der Luft jubelte unter dem dräuenden Himmel eine Lerche; es war in dem lauernden Schweigen fast unheimlich anzuhören. Selbst unter die schattigen Kronen des Laubbaches, wo die Dämmerung schon sich lagerte, war die Schwüle geschlichen und hielt alles umfangen wie mit einem Zauberbann, wie der giftige Hauch einer Schlange, die jeden Augenblick bereit ist loszuspringen.

Zuweilen ging wie banges Ahnen ein Schauern durch die Wipfel; dann murrte und grollte es näher und näher. Plötzlich machte der Wind sich brausend auf, daß die Wipfel der uralten Bäume ächzten und die Aeste sich knirschend aneinander rieben, und nun war es da, nun stürzte der Regen, nun zuckte es leuchtend durch die grüne Finsternis und am Himmel rollte es aufpolternd und dann mit leisem Grollen verhallend dahin.

Die Spannung, der unerträgliche Zustand, in dem ich mich so lange befunden hatte, fing an sich zu lindern, und als ob die entfesselte Natur endlich den lange brütenden Sturm in meiner Brust gelöst hätte, brach ich plötzlich in einen unerbittlichen Strom von Thränen aus. Dann überkam mich, wie ich so in dem strömenden Regen dahineilte und rings um mich die gewaltige brausende Natur war, eine wilde Lustigkeit; ich jubelte in das Krachen des Donners hinein, ich riß meine Kleider auf und bot meine Brust dem Sturm und Regen dar; mir war zu Mute, als müsse das brausende All mich jubelnd in sich aufnehmen und ich im Sturm der aufgeregten Elemente verschwinden und vergehen.

Es war schon ganz dunkel geworden, und das blaue Leuchten der Blitze in den Wasserlachen des Weges und das plötzliche Auftauchen der Bäume mit ihren Stämmen und sein gegliederten Zweigen aus dem Dunkel ist die letzte Erinnerung, die ich an diesen Abend bewahrt habe. Wie man mich am Morgen in durchnäßten Kleidern im heftigsten Fieber auf meinem

Sofa fand und der Rosenkönig mich sofort, als er es erfuhr, in seine Wohnung bringen ließ, das hat er mir dann selber erzählt.

Donnerstag den 14. September.

Ich bin noch etwas schwach; der Doktor hat mir verboten, so viel auf einmal zu schreiben, und gestern, als ich eben das letzte Wort schrieb, legte sich eine schöne Hand auf die meine, nahm mir sanft die Feder aus der Hand und trug sie fort, — ich litt es so gern.

Wie soll ich die Zeit schildern, die hinter mir liegt. Wie ich langsam, ganz langsam, immer kräftiger und munterer ward, wie dann die deutliche Erinnerung des Vergangenen kam und ich den Rosenkönig so unruhig ansah, daß er endlich vom Doktor die Erlaubnis auswirkte, mir alles zu sagen.

Ich erfuhr, daß ich in meinem Fiebertraume alles verraten habe, was schon längst kein Geheimnis mehr war; aber auch von meinem ganzen Mißverständnis war der Rosenkönig unterrichtet worden. Ich mußte lachen, als er von meinen sonderbaren Fieberphantasien erzählte. Herr Grund spielte darin eine große Rolle, er hatte nach meiner Ansicht eine Klappe in der Wand neben meinem Bette, aus der er, wenn es ihm beliebte, hervorschaute und mich ängstigte. Ich hatte oft gerufen: „Macht doch die Klappe zu! Nehmt

den grinsenden Philister weg, er zerpflückt mir alle
Rosen!" Und dann hatte ich viel von Moosrosen mit
grünen Hüten und braunen Bändern gesprochen und
dergleichen mehr.

„Nun ist ja aber alles gut," schloß der Rosen=
könig, „und wenn der Doktor es erlaubt, sollst du sie
auch bald sehen."

Und nun trat eines Tages Marie mit ihrer Mutter
in die Thür. Das schöne Mädchen ging sanft errötend
an mein Bett und reichte mir ihre Hand. Sie setzte
sich neben mich; ich hielt ihre Hand in meinen beiden,
und wir konnten beide zuerst nicht sprechen und sahen
uns nur in die Augen. Dann saßen sie alle drei um
mich her, und wir sprachen von allerlei Dingen, und
der Rosenkönig und Frau Werner sahen uns mit zu=
friedenen glücklichen Augen an. Dann kamen die letzten
Strahlen der Abendsonne durch das Fenster und be=
leuchteten rosig Mariens Antlitz, und ließen die bunten
Chinesen des Vorhanges durchsichtig erglühen. Unser
Gespräch war wie die Abenddämmerung, die nun
hereinbrach, so leise dämmerte es hin und verstummte
allmählich. Ich hielt noch immer ihre Hand in der
meinen und streichelte sie sanft. Die beiden Alten
standen auf und gingen an das Fenster, wo ich sie
leise miteinander sprechen hörte; ich aber drückte die
weiche schöne Hand sanft und fragte fast unhörbar,
aber Marie verstand es doch: „Du weißt nun alles,
liebe Marie, willst du mein eigen sein? Ich habe dich
so lieb, wie nichts in der Welt."

Sie antwortete nicht, sie zögerte einen Augenblick,

dann beugte sie sich sanft über mich, die weichen Locken wallten um mein Antlitz und ich fühlte zum erstenmal den jungen unschuldigen Mund auf dem meinen. Dann richtete sie sich wieder auf und wir verharrten einen Augenblick in seligem Schweigen.

Der Rosenkönig trat mit lächelndem Gesicht zu uns und sprach: „So, Kinder, laßt es genug sein für heute; die Zeit, die der Doktor gestattet hat, ist abgelaufen, der Patient muß seine Ruhe haben."

Sonntag den 17. September.

Es war eine wunderbare Zeit, die Zeit meiner Genesung. Wie sie alle so liebevoll um mich sorgten, mit leisem Schritte durchs Zimmer gingen und flüsternd miteinander sprachen, wenn sie dachten, ich schliefe, — wie sie darauf bedacht waren, mir Freude zu bereiten. Ich denke noch immer daran, wie Marie mir zum erstenmal Blumen aus dem Garten brachte. Was ist eine Blume doch für ein köstliches Ding, zumal eine Rose. Die zarten rötlichen Blätter, am Ende ein wenig umgebogen, in dichter Fülle sich zu einem Rund schließend und köstlichen Duft aushauchend. Wie zierlich schließt sich dann der in zarte Spitzen auslaufende grüne Kelch daran, und dann der mit feinen rötlichen Härchen besetzte Stengel und die runden, sägeförmig gezahnten Blätter, die wieder einen anderen strengeren Duft haben, — wie ist es alles schön! Ich glaube, das vermag nur ein Genesender zu empfinden, dessen Sinne erst wieder zu neuem Leben erwachen. Und Marie, meine kleine Rose, war sie nicht noch viel schöner. Der Doktor behauptete, ich würde mit einer ganz unerlaubten Geschwindigkeit gesund, er erklärte mich für einen seltenen Fall in zwei Hinsichten: erstens, weil ich überhaupt am Leben geblieben sei, und zweitens, weil ich so schnell mich kräftige. Aber warum sollte ich auch nicht, es war ja lauter Sonnenschein um mich. Marie war so schön, wenn sie in ihrem hellen Kleide durchs Zimmer ging, um mir etwas zu holen, und sich mit freundlichem Lächeln nach mir umsah, oder wenn sie neben mir saß und mir vorlas, und ich dann manchmal gar nicht zuhörte, sondern sie ansah und mit schönen hellen Farben an dem Bilde unserer Zukunft malte. Oder wenn sie des Morgens kam, frisch wie ein Frühlingsmorgen, oder wenn sie des Abends ging und mir mit einem Kuß gute Nacht wünschte.

Aber viele Stunden war ich auch allein, denn so wollte es der Doktor, da ich noch nicht viel sprechen durfte. Da lag ich denn in dem stillen Zimmer, in dem die Sonnenstäubchen webten, und horchte auf allerlei Töne von außen, oder ich studierte an meinen bunten Vorhängen, wo sich die Bilder immer wiederholten. Ich verglich die gleichen Bilder miteinander und freute mich wie ein Kind, wenn ich entdeckte, daß auf dem einen Bilde der Zopf des würdigen Chinesen etwas länger war als auf dem anderen; oder ich versuchte mathematische Figuren herzustellen, indem ich

mir besonders auffallende Punkte durch gerade Linien
verbunden dachte; oder ich sann nach, wie wohl die
dargestellten Leute heißen möchten, und machte mir
wunderliche Namen zurecht, die sehr chinesisch klangen;
oder ich dachte mir ganze Gespräche aus, die die guten
Leute miteinander führten, und was so Genesungs=
beschäftigungen mehr sind.

Eines Tages erzählte mir auch der Rosenkönig
seine Geschichte. Sie war sehr einfach und mir in
anderer Auffassung allerdings durch Herrn Grund schon
ziemlich bekannt. Seine Großmutter und seine Tante
hatten ihn sehr geliebt, aber auch sehr verzogen und
durch diese verkehrte Erziehung einen menschenscheuen
Träumer aus ihm gemacht, der vor jeder Berührung
mit der Außenwelt eine bange Scheu besaß. Sein
einziger Umgang war die Nachbarstochter, jetzt Mariens
Mutter, die einige Jahre jünger war als er. Zu
dieser faßte er, als er erwachsen war und sie nicht
mehr so viel zusammenkamen, eine stille, aber innige
Liebe, die jedoch von ihr nicht erwidert, ja wohl kaum
geahnt wurde. Das junge lebensfreudige Mädchen war
es, das ihn eines Tages, als sie allein miteinander
waren, im Laufe des Gespräches aufklärte über die
eines jungen Mannes unwürdige Stellung, die er ein=
nahm. Die Augen des schönen Mädchens leuchteten,
wie sie ihm das Leben und Streben eines jungen
Mannes schilderte, wie sie es sich dachte, in freudiger
Arbeit und in beharrlichem Streben nach hohen und
edlen Zielen.

Alles, was in seiner Seele schon in dunkler

Ahnung gelegen hatte, erwuchs durch diese Unterredung zur Klarheit, und er fühlte schmerzlich, wie unwürdig er dieses Mädchens sei, und wie er danach mit allen Kräften zu streben habe, ihrer würdig zu werden. Daher der plötzliche Entschluß, in die Welt zu gehen, und alles andere, was mir durch Herrn Grund schon bekannt war.

Nachher, als sie den Doktor Werner heiratete, hatte es ihn nicht in ihrer Nähe gelitten, und erst nach dessen Tode war er zurückgekehrt. Nun lebten beide in einem schönen Freundschaftsverhältnis miteinander.

Dienstag den 26. September.

Wie thöricht komme ich mir vor, wenn ich an jene Zeit vor meiner Krankheit zurückdenke, wie unbegreiflich scheint mir meine damalige Verblendung. Jetzt, da mir alles klar ist, was hinter mir war, da mein froher Blick in die Zukunft sieht wie in eine schöne, sonnig klare Herbstlandschaft, wo alles in gedämpftem Golde schwimmt, wo das Nahe so schön ist und das Ferne fast noch schöner, da fasse ich kaum, wie mein Kopf ein solcher Tummelplatz von Nebelwolken und schreckhaften Einbildungen sein konnte.

Ich wohne seit einiger Zeit schon wieder in meiner Wohnung, weil der Bau in des Rosenkönigs Hause nun wirklich begonnen hat. Das ist dort ein Rumoren und Wirtschaften im oberen Stockwerk, ein Messen,

Sägen, Hobeln, Kleben und Streichen, daß es eine Art hat, denn alles soll vor dem Winter noch fertig werden. Der Rosenkönig und Mariens Mutter hatten damals längst bemerkt, wie es zwischen mir und Marie stand, und da wollte der Rosenkönig ganz stille uns eine Wohnung herrichten, und dann sollten wir dort wie eine einzige Familie wohnen; so war sein Plan. Sie erwarteten immer, daß ich mich aussprechen sollte, und daher kam alles, was ich so schief aufgefaßt hatte.

Ich kann mein Glück zuweilen noch gar nicht fassen; auf einem einsamen Spaziergange im Tiergarten warf ich gestern mit einemmal meinen Hut in die Luft und fing laut an zu jauchzen, so daß ein würdiges, in einiger Entfernung lustwandelndes Ehepaar sich entsetzt um= sah und mich mit verwunderten Augen betrachtete.

Freitag den 20. Oktober.

Vorgestern waren wir alle vier hinausgewandert ins Freie. Es war ein wunderschöner sonniger Spät= herbsttag und wir saßen auf der Anhöhe im Tier= garten, wo man hinausschaut in die weite Ebene. Aus dem bräunlichen Grün der Bäume blinkten zierliche weiße Villen und ringsum lag der freundliche Sonnen= schein. Neben mir saß Marie und lehnte ihren Kopf an meine Schulter, und wir schauten nach den weißen glänzenden Sommerfäden, die im leisen Luftzug dahin= schwammen.

Und als ich am Abend nach Hause kam, saß ich in stillem Sinnen noch lange und dachte meinem Glücke nach.

Denn das Herrlichste, was der Mann auf dieser Welt erlangen kann, das ist ein liebes, schönes und getreues Weib; denn die wahre Liebe ist das Bleibende, Bestehende, der stille schöne Stern, an dessen ruhigem, mildem Schein wir uns kräftigen und trösten, wenn alles sich uns entgegenkehrt. Wohl dem, der sie gefunden. Ich aber weiß nicht, wie ich dessen würdig bin und wie ich es verdienen soll. Ich habe nie gestrebt nach dem strahlenden Sonnenglanze des Ruhmes, ich habe mir nie gewünscht, auf der blendenden Höhe des Lebens zu wandeln. Aber was ich mir wünschte, ein stilles, zufriedenes, erwärmendes Los, ich habe es gefunden — und gebe es Gott allen, die sich danach sehnen.

Die Schleppe.

※

Reichtum ist keine Schande…

Eduard Holding war soeben als ein neuer Mensch aus der Hand seines Schneiders hervorgegangen. Nun sind wohl wenige über alle menschliche Eitelkeit so erhaben, daß die Gewißheit, ein wohlgekleidetes Mitglied der menschlichen Gesellschaft zu sein, nicht eine angenehme Wärme in ihrem Inneren verbreitete, und so fühlte auch Holding eine Art sonniger Behaglichkeit von diesem Bewußtsein ausgehen. Zudem hatte er bei Hiller ausgezeichnet zu Mittag gegessen und vorzüglichen Wein dazu getrunken und saß nun im Kaiserhof in einer abgeschlossenen Ecke des Cafés, von dem aufmerksamen Kellner, der seine Gewohnheiten kannte, bereits mit seinen Lieblingsjournalen versorgt, vor einer Tasse „Schwarzen", blies den Rauch einer vortrefflichen Havanna vor sich hin und schaute, ehe er sich in die Zeitungen vertiefte, noch ein Weilchen in die Luft und dachte an nichts. Es gibt Momente rein körperlichen Behagens, wo Sorgen und Wünsche schlafen und der Mensch das Dasein einer Pflanze führt, die in der Stille der Luft mit allen Blättern den warmen Sonnenschein trinkt.

In dem Moment, als er die Augen wieder senkte und im Begriff war, eine Zeitung zu ergreifen, fiel sein Blick auf einen jungen Mann, der soeben gekommen war und ihn eine kurze Weile stillschweigend beobachtet hatte.

„Sieh da, Siebold," sagte Holding erfreut, indem er mit aufforbernder Handbewegung einen Stuhl zurechtrückte. Der andere setzte sich ohne weiteres, kreuzte die Beine, gab dem Kellner seinen Auftrag, fuhr sich durch das Haar, trommelte mit den Fingern auf dem Tisch, wippte mit dem Fuß auf und ab, alles mit einer unruhigen, nervösen Geschwindigkeit und fragte dann plötzlich: „Woran dachtest du eben, Teuerster?"

Holding that einen tiefen Zug aus seiner Zigarre, und indem er behaglich in den ausgeblasenen Rauch sah, antwortete er: „Ich dachte an gar nichts, mein Lieber."

Siebold hatte eine silberne Bleistifthülse aus der Tasche geholt und wirbelte sie zwischen seinen Fingern. „Glückspilz," sagte er, „wenn ich das nur einmal könnte! Ich grolle mit dem Schicksal über die ungerechte Verteilung der irdischen Güter." Er machte eine Pause und rührte heftig in seinem Kaffee, der eben gekommen war. Dann fuhr er fort: „Ist das nicht ungerecht: mir ist ein unwiderstehlicher Hang zum Luxus angeboren und die Natur hat mich arm auf die Welt gesetzt; dir gab sie reichliche Güter in die Wiege und du hast keinen Bedarf, der über das Mittelmäßige hinausgeht. Ich hege den Verdacht, daß du jährlich von deinen Einkünften eine größere Summe zurücklegst. Gestehe!"

Holding lächelte. „Ich kann allerdings nicht alles bewältigen," sagte er.

„Du hast vielleicht keine Ahnung," rief Siebold, „daß dies ein großes Unrecht ist! Wer durch das Schicksal der Geburt so gestellt ist wie du, der hat auch Pflichten zu erfüllen, und eine der ersten ist, daß er seine Einnahmen in würdiger Weise wieder unter die Leute bringt. Das nenne ich zur Vermehrung des Nationalwohlstandes beitragen. Und wenn er auch nur seine Mittel verwendet, um die Hundezucht zu fördern, so will ich ihn schon verehren. Meine Neigung würde dies allerdings nicht sein. Ich würde mir vor allen Dingen ein Haus bauen, ein Haus, so behaglich, wohnlich und schön, wie es nur irgend zu erreichen ist. Die Pläne sind fast fertig, Sonntag nachmittags arbeite ich an diesem Traumbild. Dies Haus würde die schönsten Geräte enthalten, die zu finden sind, und die Zimmer würde ich ausschmücken, ein jegliches nach seinem Charakter, aber alle so, daß die Harmonie der Farben und Formen wie eine sanfte Musik in ihnen ist. Ich würde Künstler beschäftigen, die mir schöne Geräte arbeiten und herrliche Bilder malen sollten, und würde kein Mittel scheuen, das in ihnen zu fördern und anzuregen, was ich als das Gute und Edle erkenne. Ich würde eine offene Hand haben für die Unterstützung aller Bestrebungen, die dahin gerichtet sind, das Schöne und Zweckvolle zu fördern und zu beschützen, damit es zur Vernichtung des Häßlichen und Unverständigen beitrage, damit in unserem Lande die alte Kunstfertigkeit wieder erwache, die vor dem Dreißigjährigen Kriege so verbreitet war, daß selbst in den kleinen Städten Goldschmiedemeister saßen, deren Kunstfertigkeit von unseren ersten Künstlern noch nicht wieder erreicht, geschweige denn übertroffen worden ist. Dies würde ich thun — allein wenn du dich mit allem Eifer auf die künstliche Fischzucht werfen willst oder deine Mittel auf die Kultivierung eines wüsten Landstriches, meinetwegen in der Lüneburger Heide, verwenden willst, so habe ich gar nichts dagegen. Aber, verzeihe mir, dies behagliche In-den-Tag-hinein-schlendern, das ist eine Vergeudung von Mitteln und Kräften, die der Welt zu gute kommen sollten."

Holding schien nicht viel von dieser Moralpredigt berührt zu werden; er schaukelte sich ein wenig auf den hinteren Beinen seines Stuhles und blies von Zeit zu Zeit einen vollendet schönen Rauchring in die Luft. Dann holte er eine Zigarrenspitze hervor, die aus einem mächtigen Stück hellgelben, gewölkten Bernsteins gearbeitet war, und widmete sich weiter dem Rest seiner Zigarre. Als Siebold schwieg, sagte er: „Vor drei Jahren habe ich einmal sechs Monate hindurch mir eine Zigarrenspitzensammlung angelegt, wie wäre das, wenn ich die Sache ins Große triebe und zur Hebung der Bernstein- und Meerschaumindustrie ein Zigarrenspitzenmuseum anlegte."

Siebold rückte ihm näher: „Du spottest noch," rief er, „mir ist es heiliger Ernst. Ich kenne diese abscheuliche Sammlung wohl. Ich erinnere mich, daß Monumente dabei waren, die der starke Mann aus dem Zirkus nicht mit den Zähnen hätte halten können. Auf der einen war Renz dargestellt mit sechs Hengsten, die alle auf den Hinterbeinen standen, und dergleichen Ungeheuerlichkeiten mehr. Ich habe dich niemals mehr bejammert als damals. Nichts ist schmerzlicher für mich, als dergleichen zu sehen, — Verschwendung von künstlerischer Kraft auf Undinge. Mit denselben Mitteln und in derselben Zeit hätten edle und herrliche Werke gebildet werden können, leuchtend für immer. Aber ich predige dir vergebens, ich bin der einzige, der dir die Wahrheit sagt, und in deinen Ohren ist es Rauch. Das ist der Fluch des Reichtums, daß er die Thatkraft lähmt und müheloses Gelingen schafft. Du weißt nicht und ahnst nicht, wie unsereiner seine Arme rühren und den Punkt erkämpfen muß, wo er steht, und die Rücksicht, die man ihm gewährt. Er muß geduldig dienen, oder wenn ihm die Natur Waffen gegeben hat, so muß er sie brauchen. Du dagegen gehst einher in dem goldenen Glorienschein, den die mühelos ererbten Dukaten von dir ausstrahlen, und dieser angenehme Schimmer erzeugt einen Abglanz freundlichen Lächelns, wohin du dich wendest. Er öffnet dir verschlossene Thüren und läßt die Blicke der Mädchen wohlwollend auf dir ruhen, denn ihre stillen Träume von köstlichen Kleidern, von einem präch= tigen Wagen mit zwei Bedienten und von einer Loge im Opernhaus gewinnen in dem goldenen Glanz, der von dir ausstrahlt, ein neues Leben. Wenn du ein kleines kümmerliches Wortspiel machst, so ist es ein

Witz, und die Welt lächelt bereitwillig, deine Talente finden Beachtung, man lauscht deinen Worten. Du kannst unendliche Dummheiten begehen, eh' es dir verdacht wird, und was man bei anderen Liederlichkeit nennt, wird bei dir durch den goldenen Schimmer zu verzeihlichem Jugendübermut verklärt. Hast du wohl einmal nachgedacht, ein wie großer Teil der Beachtung, die man dir schenkt, und der Freundlichkeit, mit der man dir begegnet, auf die Rechnung dieses goldenen Hintergrundes zu setzen ist, und hast du wohl einmal eine Berechnung angestellt, wie viele von deinen guten Freunden wohl die Probe bestehen würden, dich plötzlich arm und ohne Mittel zu sehen? Ich für mein Teil glaube, daß in diesem Falle der Kreis dieser Edlen sich außerordentlich lichten würde."

Holding war allmählich das Blut ins Gesicht gestiegen; die Bürste seines Freundes erschien ihm doch ein wenig zu scharf. „Du machst einen starken Gebrauch," sagte er, „von unserem Kontrakt, uns gegenseitig nichts übel zu nehmen. Ich sitze hier schließlich vor dir wie ein armer leinener Geldsack, den man nur schätzt seines Inhaltes wegen. Ich weiß, du bist eine sarkastische Natur und schaust die Welt durch scharfe Gläser an, denn was du von meinen Freunden und Bekannten sagst, geht doch wohl zu weit. Ich glaube, in dieser Hinsicht spricht eine gewisse Verbitterung aus dir."

Siebold rückte näher an den Tisch und trommelte heftig mit den Fingern: „O nein, nein, teurer Freund," rief er, „das kommt nur auf eine Probe an. Ich will mich selber öffentlich in den Zeitungen als den größten Simplicissimus dieses Erdteils bekannt machen, wenn das Resultat nicht zu meinen Gunsten ausfällt."

„Wie meinst du das?" fragte Holbing verwundert.

Siebold rückte noch näher an den Tisch und sprach, indem er scheinbar die Streichholzbüchse anredete: „Du könntest ja zum Beispiel dein Vermögen einmal versuchsweise verlieren. Plötzlich. Morgen früh vielleicht. Morgen abend gehst du ja in die Gesellschaft zum Geheimrat Isenberg, wo fast der ganze Bekanntenkreis sich zusammenfindet; ich bringe die Geschichte von dem Verluste deines Vermögens vorher unter die Leute — na, nachher, da werden wir ja sehen."

„Hm," sagte Holbing, „was würdest du vorschlagen, soll ich es ins Wasser werfen, soll ich Fidibusse davon machen oder soll ich es dem armen Bettler schenken, der auf die Mildthätigkeit der Menschen mit einem Leierkasten spekuliert, der nur noch anderthalb Töne hat?"

„Ich verspreche mir am meisten Vergnügen," sagte Siebold, „vom In=die=Grabbel=werfen. Aber Scherz beiseite, du hast mich wohl verstanden. Du fingierst diesen Verlust und ich will schon dafür sorgen, daß es unter die Leute kommt. Was meinst du zu diesem Vorschlag? Rückgängig ist die Sache leicht wieder gemacht. Am anderen Morgen wird es für einen Irrtum erklärt, und die Sache ist in Ordnung."

„Es widersteht mir eigentlich," sagte Holbing, „und doch reizt es mich, diesen Versuch zu machen. Schon um die Verkehrtheit deiner Anschauungen klar darzulegen, fühle ich mich dazu veranlaßt."

Nach einigem Hin- und Widerreden wurde dann wirklich beschlossen, die Sache in der vorgeschlagenen Weise zur Ausführung zu bringen, und nachdem die Freunde verabredet hatten, nach der Gesellschaft sich in der Weinhandlung von Joseph Engels in der Potsdamer Straße zu treffen, trennten sie sich.

... und Armut macht nicht glücklich.

Siebold hatte am anderen Tage seine Angelegenheit so geschickt als möglich betrieben. Er war vor dem Beginn der Gesellschaft zu Herrn Tütenpieper gegangen, einem älteren Junggesellen, der den Glanz und Ruhm seines Daseins darin suchte, in seinem Kreise der erste Verbreiter von Neuigkeiten zu sein, der seine Reden am liebsten anfing mit der Wendung: „Wissen Sie schon das Allerneueste?" und mit unermüdlicher Schnüffelnase bemüht war, diesen Ruhm aufrecht zu erhalten, und kein größeres Vergnügen kannte, als in der Weise eines Feinschmeckers so ein kleines Skandälchen bis auf das Intimste durchzukosten. Nachdem Siebold ganz beiläufig die große Sensationsnachricht mitgeteilt und gleichzeitig versichert hatte, sie sei noch vollständig unbekannt, weidete er sich noch eine Weile an Tütenpiepers Aufregung und Unruhe, denn dieser Herr erachtete jetzt jede Minute für nutzlos und verloren, die er mit dieser Kunde im

Leibe unthätig in seiner Behausung verbrachte. Endlich verabschiedete sich Siebold, und indem er seine Wohnung aufsuchte, erfreute er seinen Geist damit, sich den braven Herrn Tütenpieper vorzustellen, wie er, strahlend im Glanze dieser ungeheuren Neuigkeit, den Mittelpunkt der Isenbergschen Gesellschaft bildete, wie er, umdrängt von dem Kreise der Neugierigen, achselzuckend mit den kleinen grünen Aeuglein zwinkerte, wie sein semmelblondes Gesicht und seine spitze Nase bald hier bald dort auftauchten und ein befriedigter Schimmer, der Wichtigkeit und Unentbehrlichkeit von ihnen ausging, und wie er schmunzelnd lächelte gleich einem Mephisto aus Semmelteig.

In später Abendstunde begab sich Siebold an den verabredeten Ort. Er brauchte nicht lange auf seinen Freund zu warten, denn schon kurz vor elf Uhr hörte er ihn vor dem Eingange des kleinen Hinterzimmers Rauenthaler bestellen mit dem Zusatz: „aber schnell." Dann trat er ein. Er versuchte zu lächeln, allein es gelang ihm nicht besonders; es war ein Lächeln von jener verkümmerten und trübseligen Sorte, die schon im Entstehen einfriert und nicht an sich selber glaubt. Als er an dem großen runden Tisch auf dem schwarzen Ledersofa saß, stierte er eine Weile vor sich hin, und da ihm sodann einfiel, daß Siebold jedenfalls eine Aeußerung von ihm erwarte, tastete er nach dessen Hand, die auf dem Sofa lag, und klopfte sie eine Weile, indem er wahrscheinlich dadurch ausdrücken wollte: „Warte nur, warte nur, es wird schon kommen!"

Nachdem er sodann zwei Gläser Wein rasch hinab=

gestürzt hatte, legte er sich zurück in die Sofaecke und sagte mit dem Ausdruck der tiefsten Ueberzeugung: „Siebold, du bist ein Scheusal!"

Nach einer Pause fuhr er fort: „Du hast grausam an mir gehandelt, du hast den Nachtwandelnden angerufen, der am Rande des Abgrundes sorglos einhergeht, so daß er im Erwachen mit schauderndem Blick die Tiefen bemerkte, die neben ihm sich öffneten, du hast mir mit einem starken Ruck den Glauben an die Menschheit aus dem Herzen gerissen, und die Stelle ist nun leer und brennt. — Aber ich bin dir dankbar — ich möchte dich erdrosseln, aber ich bin dir dankbar. — Ueber alle Begriffe dankbar!" wiederholte er noch einmal und stierte dabei in die Luft mit der Miene eines auf einer einsamen Insel Ausgesetzten, der die letzte Spur eines vorüberfahrenden Schiffes am Horizont verschwinden sieht.

Siebold fühlte eine Regung von Mitleid in seinem Herzen, allein er schwieg.

„Bist du schon jemals Luft gewesen?" fuhr Holbing fort, „hast du schon jemals Augen auf dir ruhen sehen, bei deren Blick du das Gefühl hattest, sie betrachteten durch dich hindurch jemand, der hinter dir steht? Du siehst dich unwillkürlich um, es ist aber niemand da. Mit solchen abwesenden Augen haben Leute mich heute angesehen und haben mit mir gesprochen, als hätten sie eine Maschine im Inneren, die das Notwendigste besorgte. Und alle hatten sie einen Drang, von mir loszukommen, als befürchteten sie eine Ansteckung. Ich hatte das Gefühl, als sei eine

Kraft von mir genommen, die mich früher hob und trug und siegreich machte."

„Es ging dir wie Simson," bemerkte Siebold, „als sie ihm das lange Haar abgeschnitten hatten und er plötzlich fühlte, daß seine Muskeln Butter und seine Knochen Wachs waren.

„Ja, wie Simson," wiederholte Holding, „sie hatten ihm das Goldhaar abgeschnitten."

Nach einer Weile fuhr er fort: „Ich bin auch gutmütigen Augen begegnet, die mit einem Ausdruck von Mitleid auf mir ruhten, allein es waren wenige und ihr Eindruck ward wieder aufgehoben durch andere, in denen eine versteckte Schadenfreude lauerte — es waren meist Freunde, lieber Siebold, die allen meinen Launen sich am nachgiebigsten gezeigt haben, die stets bereit waren, meinen Ruhm mir ins Gesicht zu verkündigen."

In diesem Augenblick veränderte Siebold seine Lage auf dem alten Glanzledersofa, und es entstand durch einen Zufall ein knarrendes Geräusch, wie wenn ein Seidenstoff zerreißt. Holding fuhr nervös zusammen. „Dieser furchtbare Ton," rief er, „er bringt mich auf das entscheidende Ereignis des heutigen Abends. Antonie war auch da. Jetzt, da alles vorbei ist, darf ich dir es wohl gestehen, daß ich mich zuweilen mit dem Gedanken getragen habe, mein Schicksal mit dem ihren zu verbinden. Es war ein schmeichelndes Traumbild für mich, diese vielumworbene Schönheit und Herrscherin der Gesellschaft mein eigen nennen zu dürfen und an ihrer Seite ein vielbeneidetes Leben zu führen.

Sie zeichnete mich sichtlich aus und begünstigte meine Hoffnungen, wie du wohl schon selber bemerkt haben wirst. Heute abend kam sie später als gewöhnlich. Ich sah sie in den Saal treten, und kaum hatten die Wirte sie begrüßt, so bemerkte ich Herrn Tütenpieper, der schmunzelnd und händereibend sich näherte, um seine Mission zu erfüllen. Sie erblaßte sichtlich, allein schnell fand sie ihre Fassung wieder; der Schwarm der Verehrer näherte sich allmählich, und sie stand bald in einer lebhaft plaudernden Gruppe, aus der zuweilen verstohlene Seitenblicke zu mir herüberflogen.

„Später sah ich sie durch den Saal gehen. Wahrlich eine königliche Gestalt. Kleine rundliche Figuren erhalten durch den nachfolgenden Schleppenschweif etwas possenhaft Putziges, allein einer solchen hoheitsvollen Schönheit kommt es zu wie.ein natürlicher Ausklang. Die Zaghaftigkeit, die bereits über mich gekommen war, ließ es mich nicht wagen sie aufzusuchen, allein im Verlauf der Zeit kam es von selber, daß ich plötzlich vor ihr stand und mit ihr sprach, ich weiß nicht mehr was. Sie hatte ein Lächeln für mich, ein Lächeln, wie wenn die Sonne auf einer blanken Eisfläche glänzt, und ich merkte aus ihrem ganzen Wesen die innere Furcht, ich möchte Rechte geltend machen wollen, die ich aus ihrem früheren Benehmen gegen mich wohl hätte ableiten können. Das Gespräch dauerte nicht lange. Sie nahm die Gelegenheit wahr, sich einem anderen zuzuwenden, und auch ich wurde von einem Freunde angeredet, dem ich verwirrte Antworten gab. Und dann, wie es kam, vermag ich nicht zu sagen, fühlte ich plötzlich einen Zug an meinen Füßen, ich hörte ein verhängnisvolles Krachen von reißenden Nähten, ich taumelte erschreckt zurück von der Schleppe, auf die ich in meiner Verwirrung nicht geachtet hatte, und in demselben Moment sah ich ihr Antlitz mir zugewendet, mit jenem Ausdruck, der den Frauen für einen solchen Augenblick zu Gebote steht. Ein Medusenhaupt, lieber Siebold — ein Medusenhaupt! Ich begehre es nimmer wiederzusehen. Ich muß noch viel Wein trinken, um es aus meiner Erinnerung zu scheuchen. Sie rauschte stolz durch den Saal in ein Nebenzimmer und ich verlor mich, sobald es anging, aus einer Gesellschaft, in die ich niemals zurückzukehren wünsche.

„Am Ausgang traf ich Tütenpieper, der jedenfalls seine herrliche Sensationsnachricht heute abend noch weiter vertreiben wollte. Er belästigte mich mit einigen höflichen Redensarten und ließ durch alles, was er sprach, einen beleidigenden Ton freundschaftlicher Teilnahme durchschimmern, wozu er einen Mund machte wie ein luftschnappender Karpfen. Du weißt, ich habe ihn nie geliebt, allein heute abend fühlte ich etwas von den grausamen Regungen eines Indianers in mir, der seinen Feind langsam an einem Pfahl brät und ihm dazu kleine Hölzchen unter die Fingernägel treibt. Ich weiß, daß er an seinen Füßen mehr Hühneraugen als Zehen hat, und da ich nun einmal schon heute abend mit Ungeschicklichkeiten in der Uebung war, so benutzte ich die Gelegenheit und setzte ihm beim Abschied aus Versehen meinen Fuß mit der ganzen Wucht meines Körpers auf den seinigen. Ich weiß, es war kleinlich, es war ordinär, es war meiner nicht würdig, aber der Schrei, den er ausstieß, war Balsam in meinen Ohren, und als er sodann kläglich die Straße entlang davonhumpelte, schaute ich ihm nach mit einem Gefühle innerlicher Befriedigung, das meinem Herzen äußerst wohlthat."

Er lehnte sich in die Sofaecke zurück und schwieg eine Weile. Sodann richtete er sich wieder auf und fuhr fort: „Der heutige Abend ist ein Wendepunkt meines Lebens. Wie es werden soll, ist mir unbekannt, ich weiß nur, daß es anders werden wird. Doch jetzt vor allen Dingen gilt es zu vergessen. Dieser Abend gehört dem Rauenthaler!" Und er bestellte eine neue Flasche.

Als die Gläser frisch gefüllt waren, ergriff Siebold das seinige und sprach: „Der Reichtum gleicht der Sonne, die beides, Segen und Unsegen, in gleicher Weise spendet, die sowohl den befruchtenden Regen als den zerstörenden Orkan über die Erde sendet. Schon unsere ältesten Vorfahren waren sich der dämonischen Macht des Goldes bewußt, und in unserem nationalen Epos geht alles Unheil, aller Fluch vom Schatz der Nibelungen aus. Die Kraft dieses Dämons in segensreiche Bahn zu lenken, teurer Freund, laß von jetzt ab deine Sorge sein!" Die Gläser klangen mit hellem Ton aneinander.

Wandel.

Der nächste Morgen brachte Holding das Kopf=
weh einer durchschwärmten Nacht und das volle Be=
wußtsein seiner trübseligen Lage. Hinter ihm war
die Brücke unwiderruflich abgebrochen und vor sich sah
er ein wüstes unwirtliches Land, in dem Weg und
Steg ihm unbekannt war. Aber er fühlte keine Reue.
Er wollte die ganzen Folgen des einmal gewagten
Schrittes tragen und hatte Siebold gebeten, den
Widerruf einstweilen nicht stattfinden zu lassen. Das
Gerücht mußte sich, dank Tütenpieper, mit rasender
Geschwindigkeit verbreitet haben, denn den ganzen
Morgen ward er überlaufen von bleichen Schustern,
zitternden Schneidern, aufgeregten Friseuren, poltern=
den Pferdevermietern und ähnlichen Gläubigern, die
ihren Anteil aus dem Schiffbruch zu bergen trachteten
und ihre Rechnungen einreichten. Er bezahlte sie alle
und machte sich gegen Mittag fort, um die Einsam=
keit des Tiergartens aufzusuchen.

Es war ein Märztag, klar und schön und voll
Frühlingsahnung, wie sie dieser Monat zuweilen dar=
bietet, wenn er in seiner Gebelaune ist. Die Sonne
sendet unbehindert ihre Strahlen durch die entlaubten
Wipfel und hebt den sanften grünlichen Schimmer
hervor, der die knospenden Zweige des Unterholzes
wie ein zarter Hauch umgibt. Der Frühlingsruf der
Meisen und der schmetternde Schlag der Buchfinken
tönt von allen Seiten durch den hellhörigen Wald;

zuweilen schallt hoch aus sonnbeglänztem Wipfel der flötende Gesang einer Amsel, und doch, trotz allem Singen und Klingen, welch träumerische ahnungsvolle Stimmung schwebt über der Welt; ein stilles Sich=besinnen, ein heimlich Werden und Weben ist rings verbreitet, so daß man das stetige Aufsteigen des Saftes in die Zweige zu vernehmen glaubt und das unablässige Drängen und Wachsen der tausend jungen Frühlingskeime, die unter der schützenden Laubdecke des Bodens emporstreben.

Holding war nicht in der Laune, auf diese Dinge zu achten. Er schlenderte gesenkten Hauptes in den abgelegenen Wegen dieses anmutigen Waldes einher und dachte an die erfahrene Kränkung und an sein vergangenes Leben. Zum erstenmal war ihm mit Schärfe entgegengetreten, daß er eigentlich nichts war und nichts bedeutete. Er hatte stets auf weichen Kissen gesessen und niemals von der harten Not des Lebens etwas kennen gelernt. Seine Füße waren immer auf sanften Pfaden gewandelt, und er wußte nichts von den dornigen Ranken, die anderen, die ihre Wege selber bahnen müssen, sich hindernd um die Füße schlingen, nichts von den tückischen Zweigen, die Voranwan=delnde uns ins Gesicht zurückschnellen lassen. Er war durchs Leben geschlendert, dem müßigen Spaziergänger gleich, der bald hier dem Sange eines Vogels lauscht, bald dort sich in den Duft einer Blume vertieft und dann wieder behaglich am Wege steht und der Arbeit anderer zuschaut. Wahrhaftig, wenn er jetzt die Welt verließ, so blieb nichts zurück, an dem die Spuren seiner Thätigkeit hafteten, als eine Zigarrenspitzensammlung, die er verachtete.

Er dachte an Siebold und seinen rastlosen Fleiß, an die Hunderte von Werken, die dieser in seiner baukünstlerischen und kunstgewerblichen Laufbahn geschaffen und als selbständige Dinge in die Welt gestellt hatte, so daß sie von ihm zeugen mußten noch in spätester Zeit. Dunkle unklare Vorstellungen durchzogen sein Hirn, ein unbestimmter Drang ebenfalls zu schaffen und zu handeln und an der großen Menschenarbeit teilzunehmen. Wie draußen bei dem Schein der frühen Märzensonne die sprossenden Keime unter der Laubdecke verborgen zu dem noch unbekannten Lichte emporbrängten, so regte sich auch in seiner Brust ein dunkles Weben und Streben, das noch nicht wußte, was es werden sollte.

Unter diesen Gedanken und Vorstellungen hatte er am zoologischen Garten den Tiergarten verlassen und schlenderte gesenkten Hauptes, die Hände auf den Rücken gelegt, den Kanal entlang, in der Absicht, Siebold aufzusuchen. Es war wenig Verkehr auf der Straße und Holding war überdies nicht in der Stimmung, auf die Begegnenden zu achten. So überhörte er auch, daß sich schnelle Schritte und das Rauschen von Kleidern hinter ihm näherten. Ein ältlicher Herr von ländlichem Aussehen mit glattrasiertem Gesicht und weißer Halsbinde führte eine junge Dame am Arm und da, als beide sich näherten, gerade ein Bauzaun das Trottoir einengte und Holding keine Anstalt machte auszuweichen, so waren sie genötigt, auf die

Straße zu treten und um ihn hinwegzugehen. Die Wendung nach diesem Manöver auf den Fußsteig zurück fiel indes jedenfalls zu kurz aus, die Schleppe der jungen Dame schwenkte sich schnell herum, und plötzlich fühlte Holding wieder den verhängnisvollen Zug an seinen Füßen, und das ihm so entsetzliche Krachen reißender Seidennähte tönte in sein Ohr. In plötzlicher Erinnerung an seinen gestrigen Unfall war er aufs äußerste bestürzt, er vermochte weiter nichts als zusammenfahrend eine unverständliche Entschuldigung auszustoßen. Aber wie ward ihm zu Sinne, — wie von Sonnenschein übergossen ward sein Gemüt, als die junge Dame, statt mit dem erwarteten Giftblick ihn zu strafen, ein anmutig lächelndes Antlitz zurückwendete und ihn mit Augen anblickte, welche zu sagen schienen: „Es hat nichts zu bedeuten, verzeih, daß meine Ungeschicklichkeit dich so erschreckt hat." Es lag so viel Güte, Selbstlosigkeit und Anmut in diesem Ausdruck, daß Holding in einem Gefühl der angenehmsten Ueberraschung stehen blieb und den beiden, die mit eiligen Schritten ihren Weg fortsetzten, verwundert nachsah.

Eine seltsame Wirkung hatte dieses kleine Ereignis auf ihn. Wie hinweggeschmolzen war plötzlich alle Verdrießlichkeit und Verstimmung vor diesem einen gütigen Blick aus schönen Augen. „Dem Himmel sei Dank, es gibt doch noch gute Menschen!" sagte er unwillkürlich ganz laut und folgte dann schnelleren Schrittes, um die junge Dame nicht so bald aus den Augen zu verlieren. Ein tiefes Wohlwollen für dieses weibliche Wesen erfüllte ihn. Wie sie am Arme des

Alten so leicht und frei und doch so voll Demut einherschritt! Ein Hauch von Gesundheit und Frische ging von ihr aus, und in der kräftigen Fülle ihrer Erscheinung lag dennoch wieder eine stille Zartheit, eine so entzückende Vereinigung von Kraft und Anmut, daß Holding glaubte, nimmer dergleichen gesehen zu haben. Er folgte den beiden in gemessener Entfernung. Sie gingen über die Potsdamer Brücke und die Potsdamer Straße hinunter. Dann bogen sie ab und verschwanden in Frederichs Hotel. Die Welt war plötzlich leer, Holding ging langsam weiter und betrachtete das kleine Hotel mit einem Interesse und einer Andacht, als hätten sich plötzlich seine grauen Mauern in einen schimmernden Märchenpalast aus Gold und Edelstein verwandelt. Dann ging er ganz hintersinnig bis zum Potsdamer Platz, kehrte wieder zurück, um sich das merkwürdige Haus noch einmal anzusehen. Ob er sich gewundert hätte, wenn unter dem Musizieren von buntbekleideten Zwergen, die auf goldenen Trompeten bliesen und silberne Pauken dazu rührten, die Schöne in einem Kleide wie die Sonne auf den Altan getreten wäre, um die Huldigungen des Volkes entgegenzunehmen, ist sehr die Frage.

Neue Bahn.

Dieses Begegnis kam Holding nicht wieder aus den Gedanken. Am nächsten Tag ging er in aller Frühe nach Frederichs Hotel und erkundigte sich nach den Namen der Fremden. Er brachte in Erfahrung, daß der Prediger Junius aus Bordau, einem Dorfe der Provinz, mit seiner Tochter sich hier einige Tage aufgehalten habe, jedoch am gestrigen Nachmittage bereits wieder abgereist sei. Der Oberkellner reichte ihm sodann, nachdem er diese Auskunft gegeben hatte, die Kreuzzeitung und sagte: „Der Herr Prediger hat durch uns eine Anzeige befördern lassen, die heute in der Zeitung steht; vielleicht wünschen Sie ihn deshalb zu sprechen?"

Holding nahm das Blatt und las:

„Zum ersten April suche ich für meinen zwölf= jährigen Sohn einen akademisch gebildeten Hauslehrer. Bordau, den 18. März 1878.

Junius, Prediger."

Holding verabschiedete sich, ging spornstreichs an die nächste Straßenecke und kaufte die Kreuzzeitung. Dann verfügte er sich eilfertig nach Hause und ver= tiefte sich wohl eine Stunde lang in das Studium dieser Anzeige, indem er drei Zigarren dazu aufrauchte. Sodann nahm er einen Rotstift, machte einen dicken Strich an den Rand, setzte sich in eine Droschke erster Klasse, fuhr zu Siebold und teilte diesem das Erlebnis des gestrigen Tages mit. Es darf nicht verwundern, daß die Wichtigkeit, mit der Holding diese Angelegen= heit behandelte, dem Freunde die Mundwinkel ironisch kräuselte, allein in eine wirkliche Verwunderung geriet dieser, als jener plötzlich die Kreuzzeitung hervorholte und ihm das rot angestrichene Inserat unter die Augen hielt.

„Nun, was bedeutet das?" fragte Siebold.

„Akademische Bildung wird verlangt," antwortete Holding; „die besitze ich. — Du hast durch deinen Rat mich in die Lage gebracht, in der ich mich jetzt befinde, nun verlange ich als Beweis deiner Freundschaft von dir, daß du alle Mittel in Bewegung setzest, um mir diese Stellung zu verschaffen. Da ich nun einmal für arm gelte, so will ich es auch weiter scheinen und mir die Liebe und Achtung der Menschen durch eigene Arbeit zu erringen versuchen. Ich leugne dabei nicht, daß dieses Mädchen bei der ersten Begegnung einen großen Eindruck auf mich gemacht hat und daß dieser Eindruck ein Hauptbeweggrund meines Handelns ist — aber, lieber Siebold, die Sache liegt nun einmal so, ich will keinen Rat mehr, ich will Hilfe, und da ich weiß, du hast durch deinen Onkel Verbindungen in den Kreisen der hohen Geistlichkeit, so bitte ich dich, das Deinige zu thun, mir sofort eine möglichst einflußreiche Empfehlung zu verschaffen."

Es half Siebold nichts, daß er alle Mittel versuchte, seinen Freund von diesem auffallenden und übereilten Vorsatze abzubringen, und so sah er sich denn schließlich genötigt nachzugeben und sofort zu seinem Onkel, dem Provinzialschulrat, zu fahren. Hier traf er es insofern sehr glücklich, als sich herausstellte, daß der Prediger Junius ein Studienfreund des Onkels war, und es gelang ihm, indem er sich für seinen Freund Holding vollständig verbürgte, die schwerwiegende Empfehlung seines Onkels zu erhalten.

Somit wurde die Sache also gefördert, daß nach

dem Verlaufe von acht Tagen Holding bereits in dem
Besitze eines Schreibens aus Vorbau war, das ihm
die gewünschte Stellung zusicherte. Wegen der fort=
geschrittenen Zeit sah er sich genötigt, sofort seine
Anstalten zur Abreise zu treffen, und am 31. März
verabschiedete er sich von Siebold, der ihm bis zum
Stettiner Bahnhof das Geleit gegeben hatte, und
dampfte etwas bänglichen Herzens, aber doch wohlgemut,
davon, seiner Zukunft entgegen. Siebold sah dem sich
entfernenden Zuge noch eine Weile tiefsinnig nach;
dann schüttelte er ein wenig mit dem Kopfe, schnippte
mit den Fingern und kehrte langsam, den weiten Weg
zu Fuß durchschreitend, in seine Wohnung zurück.

Idylle.

Vorbau, den 14. April 1878.

Lieber Siebold!

Es ist Sonntag Nachmittag, lieber Freund, weißt
Du, was das auf dem Lande zu bedeuten hat, noch
dazu an einem Tage, an welchem die Sonne so freund=
lich scheint wie heute? Es bedeutet: Ruhe, Frieden,
Behaglichkeit, Beschaulichkeit. Ich weiß „hinten, weit,
in der Türkei" gibt es Leute, verdrießliche übersättigte
Leute, für die ich ein tiefes Bedauern empfinde; diese
würden sich vielleicht weit kürzer fassen und würden
sagen, es bedeutet Langeweile. Nun, je nachdem! Ich
freue mich der Ruhe und des Friedens dieses Sonn=

tages und diese Freude habe ich mir ehrlich verdient, denn es ist keine Kleinigkeit, sich in die Geheimnisse der unregelmäßigen Verba und der griechischen Konjugation plötzlich wieder hineinzuarbeiten, und die Kunst ist nicht gering zu achten, einem jungen intelligenten Menschen von zwölf Jahren Dinge zu lehren, die man bereits seit langer Zeit wieder vergessen hat. Aber es macht sich, lieber Siebold.

Ich sitze augenblicklich am offenen Fenster, natürlich einer Giebelstube, und wenn ich meine Augen erhebe, so blicke ich in den knospenden Frühlingsgarten, woselbst schon allerlei freundliche Krokos und verborgene Veilchen blühen, die zuweilen einen sanften Dufthauch zu mir herauf senden. Rechts über den Gartenzaun sehe ich den Wirtschaftshof und kann mich erfreuen an der Beobachtung eines prachtvollen Hahnes, der im deutlichen Gefühl seiner übernatürlichen Schönheit und seiner hühnerologischen Verdienste den Kamm sehr hoch trägt, und wenn er stolz dahinwandelt, ganz außerordentlich mit den Sporen aushaut. Weiterhin macht sich ein Truthahn bemerklich, der den größeren Teil des Tages darauf verwendet, sich aus unaufgeklärten Gründen in Wut zu befinden. Ich kann mir nur denken: er ärgert sich darüber, daß er gar keinen Grund zum Aerger hat. Es gibt ja auch Menschen von ähnlicher Gesinnung. Während ich noch mit der Beobachtung dieser nachdenklichen Thatsachen beschäftigt bin, machen sich schon wieder die Enten bemerklich, die bis jetzt beieinander platt auf dem Bauch in der Sonne gesessen und verdaut haben. Plötzlich von Entschlüssen, wie diese Tiere sind, erheben sie sich alle mit einemmal und watscheln in langer Reihe dem Teiche zu, woselbst sie mit Schlammschnabbern und Kopfstehen ihre Künste betreiben und zuweilen plötzlich, ohne jeden ersichtlichen Grund, in taktmäßigem Chor in ein ungeheures: „Park, park, park!" ausbrechen. Ich bemerke, die unendliche Fülle des sich mir darbietenden Stoffes reißt mich hin und ich breche ab, ohne den Tauben gerecht zu werden, die im Sonnenschein gurren, und ohne der Schwalben genügend zu gedenken, die über meinem Fenster ihre Nester haben; das übrige mannigfaltige Viehzeug, das in den Kreis meiner Beobachtung kommt, will ich gar nicht erwähnen. Es fehlt nur noch, Dir zur Vervollständigung des Bildes mitzuteilen, daß ich zu alle diesem eine lange Pfeife rauche. Ich habe mir sechs von diesen Instrumenten aus der Stadt mitbringen lassen. Es sieht kandidatenmäßiger aus.

Da ich voraussetze, daß Du jetzt eine vollständig gesättigte Vorstellung gewonnen hast von der Lage, in der ich mich in diesem Augenblick befinde, so erlaube mir, daß ich Dich in meiner jungen Begeisterung für den Sonntag auf dem Lande, mit den weiteren Vorzügen dieses Tages bekannt mache.

Gleich morgens beim Aufwachen entzückt mich der Gedanke, daß heute keine Schule ist. Die unregelmäßigen Verba stehen einer unschädlichen Wolke gleich am fernen Horizont, es ist der herrliche Tag, da die Geographie aufhört und die Weltgeschichte zu Ende ist. In diesem Hochgefühl drehe ich mich auf die andere

Seite, um noch „ein Auge voll zu nehmen", allein es ist unmöglich, bei dieser angenehmen Aufregung wieder einzuschlafen.

Demnach kleide ich mich an und wandere in den Garten, wo die Vögel ihre Morgenmusik machen und es mancherlei zu beobachten gibt. Zum Beispiel, ob die Spargel schon kommen, wie die Erbsen sich befinden und ob man die Radieschen bald ziehen kann. Dabei weht eine ganz andere Luft als an anderen Tagen, sie ist reiner und feierlicher und frei von dem Geräusch der Arbeit. Zum Kaffee finden sich alle Hausbewohner zusammen, und hier kann ich nicht mehr umhin, einer gewissen Persönlichkeit Erwähnung zu thun, die die eigentliche Veranlassung meines Hierseins ist. Sie heißt Frida. Ich habe diesen entzückenden Namen früher nie ausstehen können. Ich hatte als kleiner Knabe eine Tante dieses Namens, die nicht von der Anschauung abzubringen war, daß Bonbons den Zähnen schädlich seien, und die mir täglich siebenmal einen gewissen kleinen Otto als Musterbeispiel vorführte. Ich habe dieses Futteral aller menschlichen Vorzüge niemals gesehen und bin heute der Anschauung, daß er nichts gewesen ist als ein Phantom, eine pädagogische Erfindung meiner Tante, mich auf den Pfad der Tugend zu locken — aber gehaßt habe ich ihn mit der ganzen Kraft meiner Seele und noch bis vor kurzem flößte mir jeder Mensch Mißtrauen ein, der diesen Vornamen führte. Hiernach brauche ich Dir wohl kaum noch mitzuteilen, daß mein Zögling Otto heißt.

Ich weiß, Du hältst mich für verliebt und Du nennst in Deinen Gedanken mein Hiersein den Streich eines Hals über Kopf Verliebten. Du bist sehr im Irrtum. Was ich für Friba empfinde, könnte man am besten mit Wohlwollen und Verehrung bezeichnen. Es ist das Gefühl, das uns ergreift, wenn wir einem Werke der Natur gegenüber stehen, das in sich vollendet ist, und wenn ich an sie denke, so ist es mir „als in den Mond zu sehn". Doch Du wirst dies alles nicht glauben, und ich sehe deutlich in Deinen Mundwinkeln die bekannten fatalen Kräusel. Somit will ich denn in der Darstellung meiner sonntäglichen Vergnügungen fortfahren, und da muß ich nun des Küsters gedenken, der auf dem Turme mit zwei Glocken ein äußerst kunstreiches Gebimmel vollführt, das in bestimmten Pausen oftmals wiederholt wird und jedesmal pianissimo anfängt, zur äußersten Stärke anschwillt und dann wieder abnimmt und ebenfalls pianissimo endet. Heute morgen war ich auf dem Turme und habe dabei zugesehen. Die Kirche liegt auf dem höchsten Punkt des Dorfes und man hat aus den Schallöchern eine freie Umschau in die Gegend. Da ist es nun bemerkenswert zu sehen, wie von allen Seiten von den entlegeneren Orten her, wie von den Glockentönen herbeigezogen, die Leute auf die Kirche zustreben. Auf den Landwegen fahren die Wagen, während die Fußgänger meist auf Richtwegen, sogenannten Kirchsteigen, durch Kornfelder und Wiesen dahergezogen kommen, wo sie Reihen von dunklen Punkten bilden. Sie sammeln sich dann an der Kirche und stehen zwischen

Gräbern umher in der Sonne, die Frauenzimmer im Sonntagsstaat, ein Gesangbuch, ein gefaltetes Taschentuch und einen Strauß von starkriechenden Blumen in den Händen, und die Männer im langen Staatsrock. Alle tragen sie dabei ein feierliches und gedämpftes Wesen zur Schau. Endlich kommt dann der kleine Sohn des Küsters mit dem riesigen Kirchenschlüssel und einer noch viel größeren Vorstellung von der Wichtigkeit seiner Mission und schließt die Kirche auf, welcher Akt von seinen gegenwärtigen Altersgenossen mit einem Ausdruck scheuer Bewunderung wahrgenommen wird, und selbst in den Mienen der alten Leute lese ich eine gewisse Befriedigung darüber, daß der Junge seine Sache so ordentlich und küstermäßig macht. Die Kirche füllt sich mehr und mehr, und nun kommen auch die wohlhabenden Bauern der Gegend zu Wagen an, der behäbige Domänenpächter mit seiner rundlichen Frau und zwei rosigen Töchtern, und zuletzt der Herr Baron, dessen Damen einen Hauch von Residenzluft um sich verbreiten und an diesem Orte wie exotische Blumen aussehen. Zuletzt kommt dann auch der alte, würdige Prediger in seinem schwarzen Talar durch das junge Frühlingsgrün gegangen und verschwindet in der kleinen Thür der Sakristei. Wir haben uns unterdes ebenfalls in die Kirche verfügt, und nun beginnt die Orgel und der Gesang, wobei ein alter Bauer mit einer unbeschreiblich krähenden Stimme sich besonders durch eine furchtbare Inbrunst und durch die Eigenschaft hervorthut, an bestimmten Stellen des Liedes in die Oktave überzuschnappen, offenbar jedoch der sicheren Ueberzeugung lebt, er und der Küster hielten die Sache aufrecht. So kommt die Zeit heran, da der gute, alte Prediger mit seinem weißen Haar und seinem rosigen Antlitz auf der Kanzel erscheint und eine milde, freundliche Predigt hält, die von Herzen kommt und zu Herzen geht, eine Predigt, die Aehnlichkeit hat mit dem Sonnenschein, der in breiten Strömen durch die alten Spitzbogenfenster hineindringt und Licht in die dunkelsten Winkel sendet. Aber manche von den verhärteten Bauernseelen mögen wohl schärferer Mittel zu ihrer Erbauung bedürfen, und es schmerzt den wahrheitsliebenden Berichterstatter tief, die Thatsache berichten zu müssen, daß jener alte Gesangskünstler, wahrscheinlich infolge der überstandenen Anstrengung, alsbald in einen sanften Schlaf verfällt und daß ein anderer älterer Herr in Kniestiefeln bei seinem mannhaften Ringen mit dem Dämon des Schlafes fortwährend mit dem Kopfe vornüber schießt und sich infolgedessen in einem fortwährenden Kampf mit einem unsichtbaren Ziegenbock zu befinden scheint. Aber das Bewußtsein der Heiligkeit des Ortes läßt niemand darüber lachen; vielleicht ist man auch durch jahrelange Gewohnheit gegen solchen Anblick abgestumpft, und ich glaube fast, ich, dem dies alles neu und nie erlebt ist, bin der einzige, der solches mit Bewußtsein bemerkt. Und wie soll ich Dir beschreiben jenes Gefühl, das mich trotz aller Aufmerksamkeit auf die Worte des Vaters kaum einen Augenblick verläßt, das Gefühl von der anmutigen Nähe seiner Tochter, deren sanfte Atemzüge mir durch das leise Knistern des sonntäglichen Seiden=

kleides vernehmlich sind. Zwar sitzt mein Zögling zwischen uns und doch verspüre ich an dieser Seite immer etwas wie einen sanften, elektrischen Anhauch.

Die Ströme des Sonnenlichtes rücken weiter und machen Dinge glänzen, die vorhin im Schatten lagen; ein verirrter Schmetterling flattert durch die Kirche und schlägt mit den Flügeln gegen die bleigefaßten Scheiben. Draußen zwitschern die Sperlinge und die ruhelos an den Fenstern vorüberschießenden Schwalben, und allmählich geht die Predigt zu Ende.

Mein lieber Siebold, ich bemerke vielleicht zu spät, daß ich diesen Brief angefüllt habe mit lauter kleinen Dingen, die mancher der Beachtung vielleicht nicht wert halten würde. Aber ich tröste mich mit einem Ausspruch, den Du gern im Munde führst und der also lautet: „Es gibt nichts Kleines in der Welt; der Kölner Dom ist auch nur aus Sandkörnern erbaut." So laß es Dir gefallen, wenn ich alles, was mir einfällt, so an Dich hinschreibe, und sei allerbestens gegrüßt. Es dunkelt schon und ist ganz still geworden. Die Luft weht kühl von den Wiesen und am Horizont des hellgrauen klaren Frühlingshimmels brennt das Abendrot und leuchtet durch zierliches Gezweige der Bäume, die vom ersten jungen Grün des Frühlings leise angehaucht sind. Leb wohl für heute!

Dein Eduard Holding.

Wald und Sonne.

Bgrbau, den 15. Mai 1878.

Lieber Siebold!

Wir haben gestern Fridas Geburtstag gefeiert. Wie gern hätte ich sie an diesem Tage mit Kostbarkeiten überschüttet, mit Schmuck und herrlichen Stoffen, und doch hatte ich wieder das Gefühl, daß zur Hebung dieser Art von Schönheit alle diese Künste nichts beitragen können. Nur Perlen hätte ich ihr schenken mögen. Der reine, weiße Mondesglanz der Perle, die nicht funkelt und nicht blitzt, sondern gleichsam von innen heraus einen stillen, sanften Schein von sich gibt, würde ihrem Wesen entsprechen. Da nun dies alles aber nicht sein kann, so bin ich als armer Kandidat des Morgens sehr früh aufgestanden und in den Garten gegangen und habe meine ersten Studien in der Kunst, einen Blumenstrauß zu binden, gemacht. Es ist nicht leicht, und ehe man die Dinger so hat, daß sie sitzen, wo sie sollen, und alles paßt, wie es muß, da kann einen manchmal die Verzweiflung anwandeln. Aber schließlich ist es mir doch so leidlich gelungen.

Lieber Siebold, es ist ein schöner Anblick, zu sehen, wie sich ein Menschenkind so recht von innen heraus freuen kann. Als ich die kleinen dürftigen Geschenke sah und die innige Herzensfreude, mit der sie entgegengenommen wurden, da ist mir etwas wie Rührung in die Augen gekommen.

Es war ein wundervoller Maientag und somit

konnte der Plan, den Geburtstag im Walde zu feiern, zur Ausführung gebracht werden. Am späten Vormittag spannte Friedrich die beiden kleinen Littauer vor den offenen Wagen; ein sehr vertrauenerweckender Korb, aus dem einige freundliche Flaschenhälse ragten, wurde unter den Kutschersitz geschoben, und fort ging es unter lustigem Peitschengeknall in den Frühlingstag hinaus.

Man darf es sagen, der hatte auch das Seine gethan. Den ganzen Himmel hatte er voll singender Lerchen gehängt und alle Büsche hatte er mit lustigen Musikanten besetzt. Er schickte den Frühlingswind — man konnte sehen, wie er über die grünen Saatfelder rannte —, der kam als Läufer vor uns her, und jungbelaubte und blühende Bäume standen am Wege und grüßten uns mit nickenden Zweigen.

Dann nahm der Buchenwald uns auf, dessen Laub in hellgrüner Pracht stand. Am Rande waren in den Wipfeln die Buchfinken, die uns mit schmetternden Fanfaren begrüßten, doch weiterhin ward es stiller, nur fernes Gurren von verliebten Tauben und zuweilen der Schrei eines Raubvogels ward hörbar. So ging es weiter — zuweilen fiel der Blick durch eine Waldlücke in ferne sonnengrüne Einsamkeit, zuweilen kam eine Wiese, wo schon einzelne Schmetterlinge im Sonnenscheine flogen, zuweilen eine einzelne Eiche, die den dunklen Stamm mächtig zwischen den hellen Buchen erhob und trotzig ihren Platz behauptete. Unten war es windstill und friedlich über dem mit Sonnenlichtern bestreuten Boden, doch oben ging ein unablässiges leises Rauschen — es war, als führen wir auf dem Boden eines grünen Meeres daher, das über uns seine Wellen schlug. Und zu alledem das beseligende Gefühl, einem der schönsten und liebenswertesten Mädchen der ganzen Welt gegenüber zu sitzen und mit ihm in die sonnige Welt zu fahren und all die Frühlingslust in ihren leuchtenden Augen widerglänzen zu sehen.

Endlich schnauften die kleinen Pferdchen eine sanfte Anhöhe hinauf; es ward lichter zwischen den Bäumen, und als wir oben anlangten, sahen wir zur Seite den Grund sich wieder senken und aus der Tiefe den See seine Sonnenblitze senden.

Hier hielten wir an, weil ein gebahnter Weg nicht hinabführte; Friedrich nahm den hoffnungsreichen Korb auf seine Schulter, und wir stiegen durch das weiche Laub, das viele Jahre hier aufgehäuft hatten, langsam hinunter.

Ich habe selten ein schöneres Plätzchen für einen solchen Ausflug gesehen. Vom Hügel herab ging ein sanfter Einschnitt, in dem eine Quelle entsprang und über Sandgrund und glatte Steine hinabrieselte, auf den See zu. Buchen von seltener Pracht und Größe ragten hier mächtig empor; doch standen sie nicht so häufig, daß ihr Schatten den Graswuchs verhindert hätte, der überall zwischen großen moosigen Steinen üppig hervorkam und gar anmutig von blühenden Frühlingsblumen durchwirkt war. Und durch den Einschnitt hatte man einen Blick, von Buchenzweigen schön umrahmt, auf den glänzenden See, den leichte

Wellen anmutig kräuselten, und auf seine waldigen Buchten, die von einem träumerischen blauen Dufte erfüllt waren.

Zwischen zwei großen Felsblöcken, am Abhang zur Seite der Quelle, wurden Decken ausgebreitet und die Lagerstatt errichtet. Der Prediger, der in diesem Fache ein Spezialist zu sein behauptete, machte sich daran, unter genauer Beobachtung der herrschenden Windrichtung, einen Feuerherd aus Feldsteinen zu erbauen, und indes Friba in hausmütterlicher Geschäftigkeit den verheißungsreichen Korb auspackte, machten mein Zögling und ich uns an die Arbeit, das nötige Holz zu lesen.

Wie schien der sonst so stille Wald so ungewohnt der fröhlichen Stimmen, die ihn jetzt durchschallten. Große Vögel, die in den Wipfeln gerastet hatten, erhoben sich mit schwerem Flügelschlag, und auf der Laubdecke botanisierende Eichhörnchen sprangen erschreckt eilfertig den glatten Stamm empor, aus sicherer Höhe neugierig um die Ecke lugend. Nachdem ein genügender Holzvorrat angesammelt war, begaben Otto und ich uns hinab an das Seeufer, um für das Festmahl einen weiteren Beitrag zu liefern. Unter den vielen Steinen, die den Seegrund des seichten Ufers bedeckten, gab es zahlreiche Krebse, und nachdem wir uns der Stiefel und Strümpfe entledigt hatten, machten wir uns umherwatend daran, die krabbelnden Gesellen aus ihren Schlupfwinkeln hervorzuholen, welches Attentat sich diese Panzertiere natürlich ohne Gegenwehr nicht gefallen ließen und uns manch herzhaften Kniff beibrachten.

Wir hatten aber den Triumph, daß das Resultat unserer Jagd die Erwartungen der Zurückgebliebenen durchaus übertraf und uns Lob und Bewunderung eintrug. Unterdessen waren diese auch nicht müßig geblieben; ein mächtiges Feuer loderte um einen Kessel, in dem Kartoffeln in der Schale gekocht wurden, und der bläuliche Rauch stieg hoch empor, sich unter den grünen Wipfeln verteilend, wo der Sonnenschein lange helle Streifen hineinwebte. Auf dem Rasen war ein weißes Tuch gedeckt und mit reinlichem Geschirr und allerlei verlockenden Dingen besetzt, und in der Quelle, wo sie am kühlsten war, ruhten zwei Flaschen Rheinwein.

So lagerten wir uns denn fröhlichen Mutes um die gedeckte Tafel und thaten dem zarten rosigen Schinken, der köstlichen Butter, süß wie Nußkern, der schön bräunlich glänzenden kalten Ente, den köstlichen Radieschen und ähnlichen ländlichen Gerichten alle Ehre an, und als die rötlichen Krebse dampfend in die Schüssel geschüttet waren, erhoben wir unsere Gläser, deren Inhalt golden in der Sonne funkelte, und klangen sie zusammen und brachten dem Geburtstagskinde ein Hoch, das wiederum gar seltsam durch den jungfräu=
lichen Wald schallte.

Nach dem Essen suchte sich der alte Herr ein stilles sonniges Plätzchen und deckte sich sein rotseidenes Taschentuch über das Gesicht, um sein gewohntes Schläfchen zu halten. Wir Jungen dagegen beschlossen, einen Streifzug in die Umgegend zu unternehmen. Wir wandten uns zunächst der Höhe wieder zu, um

in weitem Bogen die sumpfigen Stellen zu umgehen, die durch die überall aus dem Abhang zu Tag treten=
den Quellen gebildet wurden. Dort fanden wir einen Fußweg, der wieder an den See zurückführte und an seinem Ufer entlang lief. Als wir dieses, abwärts steigend, wieder erreicht hatten, traten wir zugleich aus dem Hochwald hinaus, auf einen schmalen Wiesen=
streifen, der das Seeufer säumte, während das zur Seite ansteigende Uferland mit niederem Gesträuch und Buschwerk besetzt war. Da es die Zeit der Vogel=
nester war und der mannigfaltige Gesang, der aus diesen Büschen schallte, auf eine reiche Einwohnerschaft von gefiederten Gesellen schließen ließ, so ward Otto bald abgezogen vom Wege, und man sah nur noch seinen blonden Kopf zuweilen zwischen den Büschen auftauchen und wieder verschwinden. Zuerst rief er uns bei jeglicher neuen Entdeckung und wir mußten wohl oder übel durch das Gestrüpp zu ihm dringen, um die niedlichen Nester mit den gepunkteten oder gestrichelten Eierchen zu bewundern, aber bald trieb ihn sein Jagdeifer immer weiter, so daß wir schließlich nichts mehr von ihm sahen und hörten.

So gelangten wir denn allein an das Ziel unseres Ausfluges, einen anderen Buchenwald, an dessen Ab=
hang hinauf unzählige Maiglöckchen blühten, die mit süßem Duft den Raum erfüllten. Wir machten uns an die Ernte. Es war hold zu sehen, wie sie neben den Blumen kniete, die so frisch und unberührt waren, wie sie selber, wie sie jauchzend aufsprang und zu einem Orte eilte, den sie unterdes entdeckt hatte, wo

sie noch üppiger wuchsen, und es war, als ob der
Wald das Echo ihrer anmutigen Stimme mit schmeich=
lerischem Wohlbehagen wieder zurückgab. So botani=
sierten wir immer höher den Berg hinauf und ver=
gaßen in unserem Wetteifer Zeit und Stunde. Wir
hatten schon eine ganze Last Maiblumen gesammelt,
als uns plötzlich war, als hörten wir in der Ferne
rufen. Wir horchten, aber es kam nicht wieder. Ich
sah nach der Uhr und siehe da, wir waren schon über
die verabredete Stunde ausgeblieben. Wir eilten den
Berg hinab und gingen schnell am Seeufer wieder
zurück. Der Weg erschien uns länger, als es vorhin
den Anschein gehabt hatte. Als wir den Buchenwald
wieder erreicht hatten und nun von unserem Lagerplatz
nur durch das sumpfige Terrain getrennt waren, stand
Frida still, atmete tief und sagte: „Mir ist so selt=
sam zu Mute, es ist mir immer, als hätte sich etwas
Schlimmes in unserer Abwesenheit ereignet." Dann
blickte sie auf das Sumpfland und fuhr fort: „Früher
als Kind bin ich hier einmal trockenen Fußes durch=
gegangen, indem ich von Stein zu Stein sprang —
das war allerdings im August, wo es trockener ist.
Machen wir den großen Umweg über den steilen Berg,
so dauert das eine halbe Stunde, gehen wir hier, so
können wir in zehn Minuten dort sein."

„Versuchen wir es!" sagte ich. Sie eilte auf
das Sumpfland zu, stieg auf einen Stein und sah
in die Ferne, soweit die sich zusammenschiebenden
Stämme es zuließen. „Ich glaube, es wird gehen,"
sagte sie.

„Aber laſſen Sie mich vorangehen, damit ich den Weg prüfe und Ihnen behilflich ſein kann," ſagte ich.

Anfangs ging es ganz gut. Es war ein feuchter, weicher Boden, in dem zuweilen kleine Waſſerfäden rieſelten und grünes, üppiges Kraut aufgeſchoſſen war; allein die zahlreichen bemooſten Steine lagen ſo dicht, daß es nicht ſchwer war, von einem zum anderen ſchreitend, vorwärts zu gelangen. Dann kam ein trockener Rücken, mit Farrenkraut bewachſen, dann wieder ein kleines Rinnſal mit weithin verſumpften Rändern und dann mehrte ſich wieder die Feuchtigkeit und die Steine wurden ſeltener. Zuweilen ſtanden wir ſtill und überlegten, wie wir weiter kommen ſollten.

Sie nahm unbefangen meine hilfreiche Hand an und ſtützte ſich ohne Scheu auf meinen Arm und fühlte nicht, wie das Blut ſchneller durch meine Adern rauſchte. Ich muß geſtehen, ich wünſchte nicht, daß dieſe ſumpfige Einöde ſo bald ein Ende nähme. Stun=
benlang hätte ich mit dieſem holden Weſen, das ganz auf meinen Schutz und meine Hilfe angewieſen war, ſo weiter wandern mögen. Endlich ſtanden wir beide nebeneinander auf einem Steine, der ſo ſchmal war, daß unſere Schultern aneinander ruhten und ich den Arm um ihren Leib legen mußte, damit ſie nicht hinabglitt, und ſahen, daß es nicht weiter ging. Vor uns, etwa fünfzig Schritte weit, leuchtete es grün in der Sonne von naſſem Moos und üppigem Krautwerk und überall blitzte das feine Waſſergerieſel hervor. Es lagen wohl einige Steine verſtreut, allein die Ent=

fernung dieser voneinander war zu groß, als daß sie
uns viel hätten nützen können. Wir standen eine Weile
und schwiegen und suchten mit den Augen einen Aus=
weg. Es war ganz still im Walde, denn der Wind
hatte sich gelegt und Bäume und Kräuter hielten still
ihre Blätter dem Sonnenschein entgegen, der in
schrägen Strömen seinen Weg durch das Gezweige nahm.
Nur über uns in den Wipfeln sangen die Rotkehlchen
und zu unseren Füßen war das unaufhörliche klingende
Geriesel des Wassers vernehmlich.

„Horch, hörten Sie nichts?" sagte Frida, „rief
es da nicht wieder?"

Wir lauschten, allein der ferne Schrei eines Wasser=
vogels war alles, was die stille Luft zu uns herübertrug.

„Was sollen wir anfangen?" sagte Frida dann,
„wir müssen doch weiter!"

„Vorwärts geht es nicht," gab ich zur Antwort;
„es bleibt uns nichts übrig, als umzukehren und den
anderen Weg zu wählen."

„Gibt es denn keinen anderen Ausweg?" sagte
sie, und ich merkte ein Beben in ihrer Stimme. Ich
fühlte, daß ihr Atem schwerer ging und daß ihr
Busen sich stärker hob und senkte, und als ich nach
ihren Augen blickte, las ich doch ein wenig Verwirrung
darin über die seltsame Lage, die uns so eng anein=
ander gedrängt hatte. Sie wandte die Augen ab und
blickte wieder suchend hinaus.

„Ein Mittel gibt es noch," sagte ich, und ich
muß gestehen, das Herz pochte mir heftig dabei, „wenn
Sie mir gestatten, daß ich Sie hinübertrage."

Sie wandte plötzlich den Kopf und blickte seitwärts hinaus, wo durch die Lücken der Stämme der See hervorblitzte. Ein sanftes Rot stieg in ihr Antlitz und verlor sich wieder. Ich hatte das Gefühl, sie müsse mein Herz pochen hören.

„Werde ich nicht zu schwer sein?" fragte sie dann leise.

„Sie werden leicht sein wie eine Feder," sagte ich mit Zuversicht.

„Nun dann — in Gottes Namen!" gab sie zur Antwort und sah mich an mit Augen, in die die alte Unbefangenheit zurückgekehrt zu sein schien.

Ich untersuchte schnell den Grund in der Nähe des Steines. Als ich mich davon überzeugt hatte, daß der darunter liegende sandige Boden das Einsinken verhinderte, bereitete ich mich für den feuchten Gang vor und nahm dann Frida auf meine Arme. Sie umschlang leicht meinen Nacken und ich schritt vorsichtig voran. Welch seliges Geschenk des Himmels war dieser Sumpf. In meinen Armen trug ich durch ihn das Köstlichste, das die Erde hegt, Schönheit und Güte, Reinheit und Unschuld, vereint in einem blühenden lebenswarmen Körper, dessen schlanke und doch volle Glieder sich an die meinen schmiegten, dessen sanfte Atemzüge mich durchbebten — mir war bei dieser engen Gemeinschaft, als rieselte dasselbe Blut durch unsere beiden Leiber — mir war, als trüge ich das süße Geheimnis des Lebens in meinen Armen, und dürfte es nimmer wieder von mir lassen. Und wie ein elektrischer Strom, der einen Körper durch=

kreist, auch in dem benachbarten ähnliche Strömungen hervorruft, so mußte wohl das Blut, das so stürmisch durch meine Adern rauschte, auch das ihrige zu schnellerem Laufe entzündet haben, denn ich fühlte, wie ihr Atem tiefer ging, ich fühlte das stärkere Pochen ihres Herzens, und als meine Augen die ihrigen suchten, fand ich wieder die holde Verwirrung in ihnen, die mir schon einmal begegnet war. Wer weiß, was in diesem Augenblick geschehen wäre, denn es ging mir wie ein Rausch durch den Sinn, wenn nicht plötzlich mein Fuß an einen Stein gestoßen hätte, so daß ich stolperte und fast gefallen wäre. Sie schlang mit einem leichten Aufschrei ihren Arm fester um meinen Nacken, ich drückte die schmiegsame Gestalt dichter an mich, aber nun ging es aufwärts, die Feuchtigkeit ließ nach, und bald fühlte ich festen Waldboden unter meinen Füßen. Mit wahrer Angst, die Sache könnte ganz zu Ende sein, spähte ich vor mich hin, und siehe, es war keine Hoffnung mehr. Ueberall sanft ansteigendes, trockenes Terrain. „Es ist vorüber!" sagte Frida leise, und widerstrebend ließ ich sie auf den Boden gleiten. Sie stand mit sanft geröteten Wangen da. „Ich danke Ihnen!" sagte sie, ohne mich anzusehen. Dann wandte sie sich und eilte mit leichten Schritten dem Lagerplatze zu.

Ihre Besorgnis war umsonst gewesen, denn der alte Herr lag behaglich im Grase bei unserer Ankunft und las in einem mitgebrachten Buche, und kurz darauf vernahmen wir auch den Zuruf Ottos, der von dem Hügel herniederkam. Seltsam aber war es, daß wie durch eine stillschweigende Verabredung keiner von uns beiden des Weges, auf dem wir zurückgekehrt, und des Abenteuers, das wir erlebt hatten, Erwähnung that.

Nach einer Weile hörten wir Friedrich, der zurückgekehrt war, um uns abzuholen, auf dem Waldwege mit der Peitsche knallen; wir brachen auf und kehrten, durch den schönen Frühlingsabend langsam dahinfahrend, nach Hause zurück.

Dies war alles gestern, lieber Siebold, und ich habe den ganzen schulfreien Mittwochnachmittag dazu verwendet, Dir dies mitzuteilen. Es dunkelt schon und ich sehe kaum mehr, was ich schreibe. Verzeihe mir meine Weitläufigkeit und daß ich von Deiner Freundschaft einen so ausgedehnten Gebrauch mache, und sei bestens gegrüßt.

Dein Holbing.

Schatten.

Bordau, den 26. Mai 1878.

Lieber Siebold!

In diesem Augenblicke habe ich den sehnlichsten Wunsch, an einer vorspringenden nahen Waldecke, die ich von meinem Fenster aus sehen kann, stände eine gute Weinkneipe mit einem behaglichen kleinen Hinterzimmer und in diesem Zimmer säßest Du, und ich könnte eilend hinüberlaufen und Dir mein Herz ausschütten, denn ich bin kreuzunglücklich. Und was das schlimmste ist, dem eigenen Frevelmute habe ich es zuzuschreiben, daß ein ganzes Feld voll lieblicher in Blüte stehender Hoffnungen zerstört und vernichtet ist. Aber ich will von vorne anfangen. Von der größten Prüfung, die mir in meiner freiwilligen Verbannung auferlegt worden ist, habe ich Dir noch gar nicht geschrieben, und diese besteht darin, daß ich 'von Zeit zu Zeit die Gegenwart eines Menschen ertragen muß, der mir im tiefsten Grunde verhaßt ist. Bordau gehört einem reichen Gutsbesitzer Namens Eisenmilch und dieser hat einen Sohn von sechsundzwanzig Jahren, der sich augenblicklich hier aufhält und eine Verwalterstelle bei seinem Vater einnimmt. Wie man sagt, will dieser die erste passende Gelegenheit benutzen, dem Sohne ein eigenes Gut zu kaufen. Nun, dieser Jüngling spricht zuweilen bei uns vor. Er kommt dann auf einem Pferde geritten, das viel zu schade für ihn ist, und ein Hund begleitet ihn, in dessen Adern zehnmal edleres Blut fließt, als in denen seines Herrn. Ein junger blonder Mensch von brutaler Gesundheit, mit engen Reithosen und hohen Stiefeln und dem steifbeinigen Gang eines Bereiterknechtes. Wenn er nur in der Thür steht, so hat man das Gefühl, daß das ganze Zimmer von seinem Dünkel erfüllt ist. Er ist natürlich ein alter Bekannter der Familie und wird sehr freundlich aufgenommen. Ich selber habe bei seinen Eltern selbstverständlich auch einen Besuch gemacht mit weißen Handschuhen und schwarzer Seele und bin ganz gnädig aufgenommen worden, denn die alten dicken Eisenmilchs sind nicht ohne Gutmütigkeit und haben ein gewisses Mitleid mit so einem armen Schlucker, der sich mit Stundengeben sein Brot verdienen muß. Der Erbe ihres Namens war glücklicherweise nicht zu Hause. Dieser also kommt zuweilen zu uns, und die Leute sagen, er habe ein Auge auf Friba geworfen und würde sich vielleicht auch herablassen, ihr demnächst das Schnupftuch zuzuwerfen. Eifersucht ist nun beileibe nicht der Grund meines Zorns; denn ich achte Friba zu hoch, als daß ich jemals annehmen würde, sie könnte den Bewerbungen dieses Wichtes Gehör schenken; aber es verdrießt mich, daß er offenbar in ihr nichts sieht als eine kleine, hübsche, nette Pastorstochter, die die Wirtschaft versteht und die gerade gut genug für ihn ist. Alte Jugendbekanntschaft räumt ihm mancherlei Vorrechte ein, und so nennt er sie stets Friedchen, wofür ich ihn jedesmal mit Behagen erdrosseln könnte, und wenn er so von oben her mit seinen grobgeschnitzten, bocksbeinigen Galanterien sich zu ihr herabläßt, so ist es gar, um ihn zu prügeln. Daß ich natürlich für ihn gar nicht vorhanden und eine Art Dienstbote bin, der das Maul zu halten hat, ist selbstverständlich. Da dies nun nicht die Beschäftigung ist, zu der ich mich in seiner Gegenwart einzig verpflichtet fühle, so hat sich ein nichts weniger als angenehmes Verhältnis zwischen uns entsponnen und nur die Rücksicht, die ich auf Friba und ihren Vater nehmen muß, hat unangenehme Scenen bis jetzt verhindert. Doch ich will zur Sache kommen. Vor kurzem blieb er zum Abend da. Da Friba meine Abneigung gegen ihn kennt, so begegnete ich, als wir uns zu Tische setzten, einem bittenden Blick aus ihren schönen Augen, der mir sagen sollte: „Seien Sie artig, ich bitte Sie, mir zuliebe."

Ich nahm mir vor, das Menschenmögliche zu leisten; allein es ward mir schwer genug gemacht, denn Eisenmilch junior zeigte sich heute in seinem ganzen Glanz. Er verwickelte sich mit dem Prediger in einen Streit, den dieser in seiner sanften und gleichmäßigen Weise und mit kleinen humoristisch=satirischen Wendungen weiter führte, die aber ihren Zweck verfehlten, weil sie für den Gegner zu fein waren. Herr Eisenmilch hatte sich aber nun einmal darauf verbissen, nachzuweisen, daß das Geld die eigentliche Macht sei, die die Welt regiere.

„Alles in Ehren, Herr Pastor," sagte er, „was Sie uns Sonntags von der Kanzel predigen, das Geld spielt doch nun einmal die Hauptrolle. Wer es hat, ist unabhängig und frei; wer es nicht hat, muß dienen. Was nützen mir alle die schönen Redensarten, daß der Reichtum nicht glücklich mache, und daß man den schnöden Mammon verachten solle — das sind Erfindungen von Leuten, die selber nichts haben und sich darüber trösten wollen. Andere sagen wieder, sie finden ihr Genügen in der Erwerbung geistiger Güter und es sei gering, nach irdischen zu trachten — da sage ich nur, wenn sie tüchtig irdische hätten, da würde es ihnen viel leichter fallen, der Erwerbung geistiger Schätze sich hinzugeben; denn sie hätten nicht nötig, sich für ihr täglich Brot an andere zu verkaufen und ihre Zeit mit Nebensachen totzuschlagen. Ich will nun ein Beispiel nennen: Glauben Sie, daß Herr Holding heute abend in seiner Eigenschaft als Hauslehrer hier an diesem Tische sitzen würde, wenn er ein Vermögen hätte, das ihn unabhängig machte?"

Ich begegnete wieder einem flehenden Blick aus Fridas Augen. Die Versuchung des Augenblickes war für mich groß, es ergriff mich wie ein Schwindel, denn wie treffend konnte ich in diesem Augenblicke durch die Enthüllung meiner wahren Lage den Gegner siegreich vernichten — er hatte mir ja selber das Schwert in die Hand gegeben, und ich wußte genau, daß ich die Familie Eisenmilch dreimal auskaufen konnte, wenn ich wollte. Allein ich bezwang mich und erwiderte ruhig: „Wer sagt Ihnen, Herr Eisenmilch, daß nicht reine Liebe zur Sache mich diesen Beruf ergreifen ließ; wer gibt Ihnen das Recht, ein solches Urteil zu fällen, da Sie weder mich noch meine Verhältnisse kennen?"

Eisenmilch lachte laut auf: „Verhältnisse!" rief er, „jawohl! Wissen Sie auch, daß ich gestern aus Berlin zurückgekehrt bin? Kennen Sie Herrn Tütenpieper? Er läßt Sie grüßen. Ein liebenswürdiger, interessanter, alter Herr; er weiß so nette, pikante Sachen zu erzählen. Er teilte mir die Geschichte eines Herrn Holding mit, der, wer weiß auf welche Weise, plötzlich sein riesiges Vermögen verlor und genötigt war, eine Hauslehrerstelle auf dem Lande anzunehmen — natürlich — aus reiner Liebe zur Sache!"

Der Prediger und Frida sahen mich erstaunt an, und da letztere bemerkte, wie mir das Blut ins Gesicht

schoß und eine heftige Antwort mir auf den Lippen
bebte, so fühlte ich plötzlich mit sanftem Druck ihren
Fuß auf dem meinen ruhen, und von dieser Berührung
rieselte es durch alle meine Glieder, die aufgeregten
Wogen meines Blutes dämpfend, und ich war plötzlich
wieder ruhig. „Ich sehe darin nichts Unehrenhaftes!"
war alles, was ich zur Antwort gab. Der Prediger
nahm das Wort: „Herr Eisenmilch, Sie bringen diese
Dinge in solchem höhnischen Tone vor, daß es den
Anschein hat, als wollten Sie Herrn Holbing, der
unser geschätzter Hausgenosse ist, absichtlich beleidigen.
Ich ersuche Sie freundlichst, in meinem Hause ein
wenig mehr Rücksicht zu beobachten. Ich begreife die
Weise, in der Sie diese Sachen vorbringen, um so
weniger, als man die Art, wie sich Herr Holbing in
sein Schicksal gefunden hat, doch nur als männlich
und ehrenwert bezeichnen kann."

„Ja, wenn man muß..." murmelte Eisenmilch
vor sich hin, allein er war doch etwas betreten, wurde
schweigsam und empfahl sich bald.

Der verhaltene Groll rumorte noch in mir. Es
kränkte mich, daß ich meine Sache nicht selber geführt
und mich scheinbar so feige gezeigt hatte. Es war
Frida zuliebe geschehen, doch warum verlangte sie das
von mir; warum sollte ich mich vor ihren Augen
demütigen lassen? Zwar ihrer Natur nach mußten ihr
Zank und Streit im innersten Grunde zuwider sein,
allein alles hat am Ende seine Grenzen. Ich war
hinausgetreten auf die Veranda und starrte finster in
den mondscheinerfüllten Garten. Es war ein lauer

Frühlingsabend; süßer Fliederduft wehte zu mir her, und in den finsteren Schatten der Gebüsche sangen die Nachtigallen. Plötzlich hörte ich einen leichten Schritt hinter mir; es war Frida, die im hellen Schein des Mondlichtes vor mir stand.

„Ich danke Ihnen," sagte sie, „für die Rücksicht, die Sie heute abend genommen haben."

Es war wohl die gekränkte Eigenliebe, die mein Herz verhärtete und meinen Sinn verwirrte, so daß ich hart herausfuhr: „Ich wollte, ich hätte das nicht gethan."

Sie sah mich verwundert mit großen Augen an und sagte nichts. Mir aber hatte der Satan ganz das Hirn verwirrt, also daß ich fortfuhr: „Im Grunde hat Herr Eisenmilch ganz recht mit seinen Ansichten. Was könnte die Leute wohl veranlassen, diesem unausstehlichen Patron freundlich zu begegnen und Nachsicht mit seiner Flegelhaftigkeit zu haben, als die Rücksicht auf sein liebenswürdiges Vermögen? Gewiß hat er recht; ich habe es ja an mir selber erfahren, wie sie fast alle von mir abgefallen sind. Es sind wenige, die sich von diesem Schimmer nicht in irgend einer Weise blenden lassen — wenige sind es, die sich ganz davon freimachen können — auch Sie nicht, mein Fräulein, auch Sie nicht — das habe ich heute abend wohl gesehen!"

Sie war ganz blaß geworden; ihr Antlitz schimmerte geisterhaft im Licht des bleichen Mondes, und ihre Augen waren starr und vorwurfsvoll auf mich gerichtet. Sie schwieg eine Weile und ich sah, wie sie tief atmete.

Dann sprach sie mit zitternder Stimme: „Sie haben böse Worte gesprochen, Herr Holding. Ach, ich wollte, Sie hätten das nicht gethan; denn ich weiß nicht, ob ich das jemals vergessen kann." Dann wandte sie sich und verschwand in der dunklen Thür des Hauses.

Ich wollte ihr anfangs nacheilen, allein ein thörichter Trotz hielt mich zurück, und ich blieb.

Seit diesem Abend ist alles vorüber. Ich habe sie tödlich beleidigt und sie, die Gute, Reine, Holde, mit rauher Hand von mir gestoßen. Wir gehen im Hause nebeneinander her, als hätten wir uns nie gekannt. Die alte Unbefangenheit und Fröhlichkeit ist dahin; durch eigene Schuld habe ich zerstört, was mir so lieblich war in meinem Herzen.

Mein lieber Siebold, habe Mitleid mit mir. Ich weiß, trotz Deiner sarkastischen Reden und Gesichter bist Du doch ein guter Kerl. Ich wollte, ich könnte gleich hinübergehen zu Dir und Deine treue Hand drücken. Da es aber nicht sein kann, sei tausendmal gegrüßt!

Dein Holding.

Hinter der Orgel.

Seit den geschilderten Ereignissen war eine Woche vergangen. Frida ging ruhig und gleichmäßig wie immer im Hause umher: aber das Verhältnis zu Holding war und blieb gestört. Ihre Augen begegneten den seinen nicht mehr; der fröhliche Scherz war ver=

stummt und sie vermied es sichtlich, mit ihm allein
zu sein. Holding wanderte nach Beendigung der Schul=
stunden brütend in der Gegend umher und überlegte
schon, ob er das Verhältnis ganz lösen und wieder
in die Stadt zurückkehren solle, und doch im letzten
Grunde fühlte er sich noch immer gehalten und ge=
bunden, so daß er zu keinem Entschluß kommen konnte.
So wanderte er auch eines Tages, in dumpfes Hin=
brüten versunken, auf dem Friedhofe zwischen den
Gräbern umher, als er plötzlich aus der Kirche den
Ton einer Orgel vernahm und zugleich sah, daß die
Kirchenthür geöffnet war. Er vermutete, es sei der
Küster, der sich einen neuen Choral einübe, und da
ihn die Klänge anzogen, trat er in die Kirche und
setzte sich in einem Winkel auf eine Bank. Wie ein=
sam war es hier. Nichts weiter war in dem weiten
Raum, als der Sonnenschein und die Klänge der
Orgel. Er legte den Kopf an die Lehne, und indem
er durch ein Fenster auf die weißen Wolken blickte,
die draußen still vorüberzogen, hörte er wie im Traume
den sanften Tönen zu. Im Laufe der Zeit fiel es
ihm aber auf, daß die gemäßigte Art des Spieles
immer dieselbe blieb und daß es niemals zu einer
besonderen Kraftentfaltung kam, und als er zu dieser
genauen Beobachtung gelangte, war es ihm auch
plötzlich klar, daß es nicht der Küster war, der
spielte, denn zu der Kunstfertigkeit, die hier entwickelt
wurde, hatte dieser es nicht gebracht. Seine Neugier
ward rege; er schritt behutsam durch die Kirche, stieg
leise die Treppe zum Orgelchor hinauf und fand den

alten Prediger, der, ganz vertieft in seine musikalischen
Ideen, ihn anfangs gar nicht bemerkte, bis er endlich
durch den kleinen Spiegel, der zur Beobachtung der
Vorgänge vor dem Altar dient, Holdings ansichtig
ward. Der Prediger nickte, ohne im Spiel aufzuhören,
diesem zu und sagte dann: „Sie haben mich wohl
noch nie spielen hören? Ich wollte Ihnen wohl ein=
mal zeigen, was die Orgel hergibt; denn es ist ein
vortreffliches Werk, allein meine Tochter allein hat
nicht die nötige Kraft, und für volle Leistung gehören
auch zwei dazu, die Bälge zu treten. Ich muß mich des=
halb mit dem Windverbrauch sehr einschränken."

Holding durchzuckte es plötzlich wie ein elektrischer
Schlag: „Ihre Tochter?" fragte er.

„Jawohl," sagte er, „Leute sind jetzt nicht zu
bekommen, da die Feldarbeit bringend ist, und da
thut meine Tochter mir den Gefallen, mir behilflich
zu sein, wenn ich einmal spielen will."

„Wenn es Ihnen recht ist," sagte Holding schnell,
„so helfe ich Ihrer Tochter."

„Das ist eine große Freundlichkeit von Ihnen,"
sagte der Prediger, „die ich gern annehme." Er unter=
brach sich im Spiel und rief: „Liebe Frida, Herr
Holding ist so freundlich, dir behilflich sein zu wollen,
zeige ihm, was er zu thun hat." Sie antwortete
nicht, und Holding ging schnell mit klopfendem Herzen
hinter die Orgel, woselbst er Frida vorfand. Sie
erklärte ihm mit wenig Worten die einfache Einrich=
tung, und kurz darauf stiegen beide nebeneinander auf
und nieder in emsiger Arbeit. Der Alte griff mit

Behagen in seine Tasten, und voller und brausender schallten die mächtigen Töne durch die einsame Kirche.

Anfangs sahen beide vor sich hin, scheinbar ganz vertieft in ihre Thätigkeit; aber bald zog es Holding unwiderstehlich seitwärts zu blicken auf die holde Gestalt in hellem Sommerkleide, die so viel Anmut und elastische Kraft in allen ihren Bewegungen zeigte. Das von der Anstrengung zart gerötete Antlitz zeigte ihm die reinen Linien des Profils und das herrschende Dämmerlicht breitete einen eigenen Märchenzauber über die sanften Züge. So stiegen sie unabläjsig nebeneinander auf und nieder; er konnte sein Auge nicht abwenden von ihr, und sie fühlte seinen Blick, ohne ihn anzusehen. Unterdes zog der Alte ein Register nach dem anderen, die Töne flohen und vereinten sich und immer gewaltiger ward das Spiel, so daß Wände und Gerüst der alten Orgel zu dröhnen begannen. Und alles dies, die Gewalt der Musik, die freie, frische Bewegung, die berauschende Nähe der Geliebten lösten den Druck, der auf Holdings Seele lag, und ließen ihn die richtigen Worte finden. Und seltsam, trotz des mächtigen Dröhnens der Orgel verstand sie alles, wie wenn die Stille der Einsamkeit geherrscht hätte.

„Fräulein Frida," sagte er, „es drängt mich, Sie für die bösen Worte, die ich neulich zu Ihnen gesprochen habe, um Verzeihung zu bitten. Ich bereue sie tief und versichere Sie auf das heiligste, daß es mir niemals in den Sinn gekommen ist, wirklich so von Ihnen zu denken, daß nur die Uebereilung des Augenblicks mich hinreißen konnte, so Frevelhaftes auszusprechen!"

Sie hatte, während er sprach, gerade vor sich ingesehen und nur das vermehrte Auf= und Nieder=gehen ihrer langen Augenwimpern verriet ihre Be=wegung. Jetzt wendete sie ihm voll das Antlitz zu und in ihren Augen lag die Verzeihung. Es war ein wun=derbarer, geheimnisvoller Blick voll Verheißung und Gewährung. Holbing streckte ihr die Hand entgegen; sie ergriff diese und drückte sie sanft, aber sie sprach nichts, sondern nickte ihm nur freundlich zu. Holbing jauchzte innerlich auf, es kam wie ein Rausch über ihn und ihm war, als riefe durch das Brausen der Orgel eine Stimme ihm zu: „Jetzt oder nie!"

Der alte Prediger hatte sich derweil immer mehr in sein Spiel vertieft, immer gewaltiger baute sich das Werk seiner Töne auf, immer mächtiger strebte es empor zu himmlischen Höhen, umrankt von blühenden Klangfiguren, durchwebt von klingenden Blumen; doch als er den Gipfel glücklich erreicht und in mächtigem Accorde ausruhen wollte auf seiner seligen Höhe, da, mitten im stärksten Fortissimo, brach plötzlich zu seinem größten Schrecken der Ton der Orgel ab und es ward stumm wie das Grab. Anfangs saß er ganz starr da, dann rief er: „Frida!" aber es kam keine Antwort. Jetzt glaubte er ein leises Schluchzen zu vernehmen; eine plötzliche Angst befiel ihn und er ging eilfertig hinter die Orgel.

Was er da fand? Zwei junge Menschenkinder, die die Welt vergessen hatten und sich in den Armen lagen und sich nicht oft genug sagen konnten, wie lieb sie sich hätten.

Sie bemerkten seine Anwesenheit und kamen nun und baten um seinen Segen. Der gute, alte Prediger, was sollte er thun? Er konnte ja nicht anders; er mußte wohl ja sagen.

Fanfare.

Borbau, den 3. Juni 1878.

Lieber Siebold!

Aus meinem Telegramm weißt Du ja, daß ich glücklich bin; aber worüber ich ganz besonders glücklich bin, das weißt Du nicht, nämlich, daß Frida den armen Kandidaten genommen hat, und daß, als sie nachträglich erfuhr, es sei ein sehr reicher Kandidat, dies sehr wenig Eindruck auf sie gemacht hat. Da ich nun nach der Sitte des Landes nicht länger in diesem Hause bleiben kann, so werde ich allernächstens in Berlin wieder anlangen. Aber später meinen Wohnsitz dort nehmen werde ich nicht. Ich habe Geschmack und Vergnügen am Landleben gewonnen und stehe bereits im Anfang der Unterhandlungen über den Ankauf eines großen, aber etwas verwahrlosten Gutes in der Umgegend und denke es mit Hilfe eines tüchtigen Verwalters selber zu bewirtschaften. Und der Hauptzweck dieses Briefes: Du sollst mir mein Haus bauen und sollst einmal einen Bauherrn haben, wie Du ihn Dir wünschest, „mit offener Hand und Kunstverstand", das heißt letzteres am wenigsten, da will ich mich ganz auf Dich verlassen. In diesem Hause soll vor Deinem Standbild aus Gold und Marmelstein ein Altar errichtet werden, und Myrrhen und Weihrauch und alle köstlichen Gewürze Arabiens sollen Dir wöchentlich geopfert werden, und der Scheitel Deines Hauptes soll Dir gesalbet werden mit edlem Johannisberger, denn Dir verdanke ich doch alles, und Dich will ich als meinen Wohlthäter verehren bis ans Ende. Mit bestem Gruß von mir und ihr!

Dein Holding.

Hedwig.

In einer stillen Seitenstraße der Westvorstadt Berlins, wo die Häuser weitläufig im Grün stehen, lag, umgeben von einem anmutigen Garten, ein kleines einstöckiges Haus. Im Sommer war es bewohnt gewesen. Damals sah man wohl im Vorübergehen helle Mädchenkleider aus dem Grün leuchten und spielende Kinder in den Steigen; als aber der Herbst kam und über die Bäume ein brauner Ton ging und das Laub des wilden Weines sich rot färbte, waren mit den fallenden Blättern auch die Sommergäste fortgezogen, und nun tanzte nur noch das raschelnde Laub in den Steigen und auf der Veranda machten sich die Sperlinge breit. Ein alter Mann, der von dem Besitzer des Hauses als Portier und Gärtner hineingesetzt war, blieb dort. Er bewohnte ein kleines Zimmer im Nebengebäude und abends sah man sein einsames Licht durch die Zweige scheinen.

Die Vorhänge waren niedergelassen und über der Thür hing ein Zettel mit der Inschrift: „Zu vermieten;" allein es war nicht wahrscheinlich, daß dies im Winter geschehen würde. Die Zeiger der alten Uhr

über der Hausthür vollendeten Tag für Tag ihre
Kreise und der einsame Pendelschlag hallte in den
schweigenden Nächten durch die öden Räume, indes
draußen die Büsche durchsichtig wurden und die Steige
sich mit fallendem Laub füllten. Der Triton in dem
Bronzebecken blies seinen feinen Wasserstrahl nicht mehr
in die Luft, er bot den traurigen Anblick einer ver=
geblichen Bemühung dar; die Sperlinge setzten sich
auf seine Nase und sein Muschelhorn, und eines Mor=
gens war sein Wasserbecken verschneit und der weiße
wollige Schnee lag auf allen Vorsprüngen seines
bräunlichgrünen Körpers. So kam Weihnachten heran
und es schien, als wolle das neue Jahr alles beim
alten lassen. Aber an einem der ersten Tage des
Januars kam ein Wagen vorgefahren, aus dem ein
Herr stieg und sich dem alten Gärtner als der Doktor
Wilhelm Haidau zu erkennen gab. Er begehrte das
Haus zu besichtigen, da er mit dem Besitzer über den
Ankauf in Unterhandlung stehe. Infolge dieser Be=
sichtigung kam der Kauf zum Abschluß, und somit ge=
schah es, daß das einsame Haus mitten im Winter
wieder Bewohner erhielt und ein neues fröhliches Leben
in seine Räume einzog; denn mit dem Doktor kam
ein schönes zwölfjähriges Mädchen, das aus großen
braunen Augen unschuldig und heiter in die Welt
schaute. Oben in dem Giebelzimmer, das ihr zur
Wohnung angewiesen war, erschien eine Welt von
Blumen, die im seltenen Schein der Wintersonne
freundlich durch die Scheiben leuchteten, und unten
aus dem großen Wohnzimmer, das Herrn Haidau zu

seinen Studien diente, strahlte zur Abendzeit wieder der freundliche Schimmer der Lampe in die Nacht des Gartens hinaus.

Die Tage glitten dahin; immer häufiger und länger schien die Sonne in das Giebelzimmer; immer später wurde die Lampe am Abend entzündet, und ehe man's gedacht, war der Frühling ins Land gekommen. Er brachte Schneeglöckchen, die zwischen ihren grünen spitzen Blättern die Glöckchen wiegten; er brachte Krokus, die mit plötzlichen Farben in dem schwarzen Gartenlande standen; er brachte Veilchen, die mit dunkelblauen Augen schüchtern aus dem neubegrünten Rasen lugten. Er ließ ein leuchtendes Grün über die Stachelbeerbüsche gehen, an deren bräunlichen Glöckchen die neuerwachten Bienen summten, und dort, wo der alte Gärtner emsig grub und hackte, ging von dem neugestärkten Boden ein frischer, kräftiger Erdgeruch aus.

An einem schönen Frühlingsabend, als das kleine Mädchen im Garten Veilchen suchte, kehrte Herr Haibau von einem Ausgange zurück, und in seiner Begleitung befand sich ein junger Mann von anziehendem Aeußeren. Die Kleine sprang dem Doktor mit einer Hand voller Veilchen fröhlich entgegen, doch als sie den Fremden bemerkte, blieb sie zögernd stehen.

„Meine Pflegetochter Hedwig," sagte Herr Haibau, „und dies ist mein alter Freund, der Maler Bergwald, der uns nun oft besuchen wird."

Als nach dem Abendessen die Freunde vor dem großen runden Tische saßen und kein Ende finden konnten, von alter und neuer Zeit, Bestrebungen und Arbeiten sich zu unterhalten — denn nach einer langen Zeit der Trennung hatten sie sich heute zufällig wieder zusammengefunden — da überkam Hedwig, die in einer Bildermappe blätterte, die Frühlingsmüdigkeit, ihr Kopf sank auf den runden Arm, die Locken fielen darüber hin und sie schlief sanft ein. Als der Maler dies bemerkte und ihm in einer Pause des Gesprächs die ruhigen, sanften Atemzüge der Schlafenden zu Gehör gekommen waren, deutete er auf das Kind, das er den ganzen Abend schon mit einem Ausdruck neugieriger Verwunderung betrachtet hatte, und sagte: „Wenn ich nun nicht augenblicklich erfahre, wie du zu diesem Kinde kommst, so sterbe ich auf der Stelle an unbefriedigter Neugier. Wie, um alles in der Welt, kommst du zu einer Pflegetochter?"

Haidau lächelte. „Das ist eine ganze Geschichte," sagte er.

„Natürlich ein Roman," rief Bergwald, „eine Geschichte, wie sie nur Sonntagskindern passiert."

„Sie ist sehr einfach," sagte Haidau, „ich will sie dir erzählen. Vor drei Jahren hielt ich mich meiner archäologischen Studien wegen in Schwerin auf, dessen Altertumskabinett für nordische Altertümer von großer Reichhaltigkeit und für den Forscher von hervorragender Wichtigkeit ist. Ich wohnte im Hotel du Nord und ging regelmäßig des Morgens früh an den Ort meiner Studien. So begab es sich denn, daß ich bald auf ein kleines Schulmädchen aufmerksam wurde, das eine Strecke lang mit mir denselben Weg hatte und mir durch seine Anmut und die auffallende Einfachheit und Nettigkeit seiner Kleidung auffiel. Ich redete es eines Tages an, und es stellte sich bald eine Art freundschaftlichen Verhältnisses zwischen uns heraus, das dadurch zum Ausdruck kam, daß wir gegenseitig aufeinander warteten, um den kurzen Weg gemeinschaftlich zu machen. Ich hatte mich so an das freundliche Geplauder mit dem anmutigen Kinde gewöhnt, daß ich es schmerzlich empfand, als eines Morgens meine kleine Freundin, trotzdem ich länger wartete als gewöhnlich, nicht erschien. Auch an den folgenden Tagen ward ich ihrer nicht ansichtig, bis sie endlich nach einiger Zeit eines Morgens etwas blasser als gewöhnlich und ohne Schulmappe an der Ecke der Salzstraße stand und mich erwartete. Sie trug mir schüchtern die Bitte vor, sie zu ihrer Mutter zu begleiten, die sehr krank sei und fortwährend den Wunsch äußere, mich zu sprechen. Dies erfüllte mich zwar einigermaßen mit Verwunderung, allein ich drückte dem Mädchen sofort die Bereitwilligkeit aus, ihm zu folgen. Es führte mich in eine jener engen Straßen, die in der Nähe des Theaters gelegen sind; wir gelangten in ein winkeliges, schiefgesunkenes Haus und stiegen eine schmale und dunkle Treppe empor, die zu der kleinen unter dem Dach gelegenen Wohnung führte. Ich fand dort in einem überaus freundlichen, aber ärmlichen Zimmer eine Frau, die in einem Lehnstuhl, von Kissen gestützt, saß und trotz der geisterhaften Blässe und Durchsichtigkeit ihrer Züge immer noch schön war. Sie machte eine matte Handbewegung, mich zu begrüßen, und sprach mit schwacher Stimme: ‚Ich danke Ihnen, mein Herr, für die große Güte, die Sie bezeigt haben, daß Sie der Aufforderung einer Unbekannten so freundlich Folge leisten. Verzeihen Sie mir, wenn ich Ihnen eine Störung bereite; allein die Angst meines Herzens und die Sorge um mein Kind haben mich zu diesem Schritt getrieben.'

„Sie hatte die kleine Hedwig hinausgeschickt und erzählte mir ihre Geschichte. Nach fünfjähriger Ehe hatte ihr Mann sich eine Veruntreuung von Geldern in seinem Amte zu schulden kommen lassen und war, seine Frau und sein Kind dem Elend und der Schande überlassend, nach Amerika entflohen. Die Frau hatte sich und ihr Kind, da sie sehr geschickt in Handarbeiten war, ernährt, so gut sie konnte; schließlich war ihr eine kleine Erbschaft zu Hilfe gekommen, die aber zum Teil durch die jetzige Krankheit aufgezehrt worden war.

„‚Ich weiß, daß ich sehr bald sterben werde,' sagte die arme Frau, ‚und daß dann mein Kind schutz= los und allein in der Welt stehen wird. In schlaflosen Nächten habe ich erwogen und gesonnen, was zu thun sei, und immer sind Sie mir eingefallen, von dem mein Kind mir oftmals erzählt hat. Ohne Sie zu kennen habe ich mein Vertrauen auf Ihre Güte gesetzt und mich in meiner schweren Sorge zuletzt entschlossen, Sie zu bitten, einer armen Frau, die niemand weiter auf der Welt hat, hilfreich zu sein und ihr zu raten, was sie thun soll. Ich werde meiner Tochter so viel hinter= lassen, daß es genügen wird, ihre Erziehung zu voll= enden, allein dennoch ist mein Herz schwer, weil ich nicht weiß, in wessen Hände sie geraten wird, und wessen Augen über sie wachen werden, wenn ich nicht mehr bin.'

„Sie schwieg und sah mich mit den geistergroßen, dunklen Augen angstvoll an, und ich bemerkte, daß die weißen durchsichtigen Hände mit dem feinen, blauen Geäder leise zitterten. Ich sprach die Hoffnung aus, daß sie wieder gesunden würde und dergleichen mehr, allein sie schüttelte leise den Kopf dazu; ach, ich glaubte bei ihrem Anblick ja selber nicht daran. Ein tiefes Erbarmen befiel mich, bei den Zeichen der Sorge und Angst, die diesen zarten, gebrechlichen Körper zittern machten; ich sagte ihr, so gut ich vermochte, beruhigende und sanfte Worte und versprach zuletzt, alles zu thun, was in meinen Kräften stände, das Schicksal der kleinen Hedwig zum Besten zu kehren. Sie ergriff mit den beiden schwachen Händen meine Rechte und drückte sie sanft, während ihre Augen dankbar in den meinen ruhten, und mich überkam ein unendliches Mitleid und ein tiefes Gefühl der Teilnahme für dieses arme Weib, so daß ich leise die zarten Hände streichelte. Ich hatte die Empfindung, als begegnete ich endlich der Glücks= blume meines Lebens, danach ich alle Zeit getrachtet, allein zu spät, schon hat sie das welke Haupt gesenkt, und in kurzem wird sie verblüht sein und ewig für mich verloren. Ach, lieber Freund, es sind wenige, die ihr begegnen, wenn sie eben morgenfrisch den schüch= ternen, unberührten Kelch dem Lichte eröffnet, und wenigen ist es vergönnt, in vollem Zuge den reinen unversehrten Duft des frischen Lebens einzusaugen.

„Ich will kurz berichten, was weiter geschah. Ich

betrieb die Sache so gut ich vermochte, und als die Frau gestorben war und ich weiße Rosen hatte auf ihr Grab pflanzen lassen, ward ich zum Vormund der kleinen Hedwig ernannt, und die Sorge lastete auf mir, was nun weiter werden sollte. Es widerstand mir, das Kind in eine Pension zu geben. Ich habe diese gemeinschaftlichen Dressierinstitute nie geliebt. Für Knaben geht es an, aber Mädchen sollen, wenn es irgend erreichbar ist, in der Familie aufwachsen. Ich dachte an verschiedene mir bekannte und verwandte Familien; allein ich konnte mich ebenfalls nicht entscheiden, dies Kind, das mir lieb geworden war wie eine Tochter, ganz aus der Hand zu geben. So schwankte und grübelte ich hin und her, bis mir wie eine plötzliche Eingebung die Frage kam, warum ich das Mädchen nicht selber behielte, um meine ganze Kraft und mein innigstes Bemühen daran zu setzen, ein echtes und gutes Menschenkind aus ihr zu erziehen, wie es mir vorschwebte als Ideal, unberührt von allem Kleinlichen und Peinlichen, das frei und edel und schön, unbeirrt durch das trübe Gewirr der Menge, den hellen Pfad des Lichtes wandelt. Und wie du siehst, also ist es geschehen," schloß Haibau, indem er mit der Hand auf das schlafende Kind deutete.

Der Maler hatte gleich zu Anfang sein Skizzenbuch hervorgeholt und während sein Freund sprach eifrig gezeichnet. Jetzt nahm er das Blatt heraus und reichte es Haibau hin. Er hatte Hedwig dargestellt, wie sie mit dem Köpfchen auf ihrem runden Arm schlafend ruhte, und Licht und Schatten der

Lampe lieblich und anmutig auf ihren reinen Zügen
lag. Die alte Wanduhr in der Ecke hob schnurrend
aus und schlug zehn; der Maler stand auf, strich leise
mit der Hand über die weichen Locken des Kindes und
nahm Abschied.

Haidau versuchte Hedwig zu wecken, allein sie
schlief den festen, tiefen Schlaf der Frühlingsmüdig=
keit und der Kindheit; trunken sank der Kopf wieder
auf den weißen Arm zurück. Er rief Anna, seine
alte Wirtschafterin, nahm das Kind leise und vor=
sichtig auf den Arm und trug es die Treppe hinauf.
Die zarte, rosige Wange lag an der seinen; die dunklen
Locken fielen über seine Schulter hinab und die sanften
Atemzüge streiften sein Angesicht. Dann überließ er
sie der Sorge der alten Anna. Als diese wieder her=
unter kam, sagte sie: „Schläft das Kind! Ich habe
sie ausgezogen und sie ist nicht aufgewacht, nur ein=
mal hat sie den Arm ein wenig aufgehoben und die
Augen ein klein bißchen aufgemacht und hat gesagt:
‚Gute Anna.'"

Die Zeichnung, die Bergwald an diesem Abend
gemacht hatte, ward das erste Blatt einer Sammlung,
die sich in den Jahren vermehrte und allerlei kleine
Momente aus dem Leben des schönen Mädchens dar=
stellte, Arabesken, die ihre Wurzeln in der Wirklichkeit
hatten, aber mit allerlei sinnigen Ausläufern und
Schnörkeln ins Märchenhafte und Phantastische hin=

überrankten. Kleine winzige Erlebnisse wurden so mit dem Schimmer der Poesie und Kunst umglänzt und mit anmutigen Erfindungen verwebt, die im Laufe der Zeit fast den Charakter der Wirklichkeit annahmen. Da war ein Blatt, das einem Sommerausfluge seinen Ursprung verdankte und Hedwig darstellte, wie sie, einem Waldmärchen vergleichbar, unter spielenden Sonnenlichtern im Grase saß und Kränze flocht aus Blumen, die ihr eilfertig und beflissen von Hasen und Eichhörnchen, schillernden Eidechsen und kleinen Waldvögeln zugetragen wurden. Ein kleines Mäuseabenteuer, das Hedwig eines Nachts in ihrem Schlafzimmer erlebt hatte, gab dann wieder Veranlassung zu einem ganzen Mäusemärchen mit Verlobung, Hochzeit, Kindtaufe und Begräbnis, das auf mehreren Blättern gar lustig dargestellt war. Der Maler hatte einen kleinen Hausgeist erfunden, der den Namen Pumpelchen führte, mit rotem Käppchen und grauem Röcklein bekleidet war und auf den Bildern häufig wiederkehrte. Einmal hatte die alte Anna eine schöne Vase zerbrochen, die noch ein Andenken von Hedwigs Mutter war. Bergwald nahm heimlich die Stücke mit und ließ sie von einem geschickten Mann wieder zusammenfügen. Dann stand sie eines Tages wie unversehrt wieder da und ein Blatt steckte darin, das sie in halbfertigem Zustande darstellte, und Pumpelchen mit einer großen Brille auf der Nase war eifrig beschäftigt, sie wieder zusammen zu kitten. Pumpelchen kam als Begleiter der ersten Früchte des Jahres und schleppte sie in Körben oder mächtigen Tüten herbei; einmal mußte

er sogar seinen Freund Rumpelchen aus dem Nachbar=
hause zu Hilfe nehmen, und beide brachten wie Josua
und Kaleb eine riesenhafte Weintraube angetragen.

So füllte sich, indes die Jahre verstrichen, eine
ansehnliche Mappe mit derlei Bilderchen, und das
Kind wuchs zu einer schönen Jungfrau empor, wie
eine seltene Blume, die von sorglichen Gärtnern be=
hütet und bewahrt am Ende als ein holdes aufgeblühtes
Wunder den Raum mit neuem ungekanntem Duft
erfüllt. Während sie unbefangen und heiter den Ueber=
gang von der Kindheit zur Jugend zurücklegte, indes
Körper und Geist immer schöner und anmutiger er=
blühten, waren die beiden Männer zu anderen Empfin=
dungen gelangt, die sie jedoch beide sorgfältig vor
der unberührten Jugend des Mädchens zu verschließen
bestrebt waren. Jedoch wer weiß, wie der erste Funke
in ein so junges Herz springt; es kam eine Zeit, wo
es oft wie ein träumender Glanz in den dunklen
Augen lag, wo die Brust von unverstandenen Seufzern
sich stärker hob und senkte, und wie ein leichter Nebel=
schleier ein heimlich sinnender Ausdruck über ihren
Zügen lag. Noch bot sie unbefangen jeden Morgen und
jeden Abend dem Pflegevater den Mund zum Kusse
dar; noch lehnte sie ahnungslos, welches Feuer von
ihr ausströmte, sich harmlos an ihn, wenn die Gelegen=
heit dies darbot, und noch saß sie, in ein Buch mit
ihm blickend, Seite und Schulter kindlich anschmiegend,
bei ihm und wußte nicht, daß der Mann neben ihr
mit starkem Willen den Wunsch niederhielt, sie an
sich zu reißen und ihren Mund mit heißen Küssen zu

bedecken. Eines Abends waren beide in einer Vor=
stellung von Romeo und Julia gewesen. War es die
heiße Glut, die aus diesem Bühnenspiel vulkanisch sich
ergießt, die solche Wirkung ausübte, oder war es, daß
der Moment gekommen war, da ein Feuer das andere
entzündet, die Blicke beider begegneten sich während
der Vorstellung einmal, wie durch eine innere Gewalt;
noch nie hatten diese Menschen sich also angesehen.
Nur einige Augenblicke hafteten die Augen fest inein=
ander, und doch genügte dieses kurze Anschauen dem
Mädchen, das plötzlich aufgejagte Blut glühend in die
Wangen zu treiben und den jungen Körper mit süßem,
ungekanntem Schauer zu durchrieseln. Sie sprachen
fast nicht mehr an diesem Abend miteinander und
schienen gänzlich allein ihre Teilnahme dem Schauspiel
zu widmen, und als sie nach Hause fuhren, war trotz
des engen Wagens ein neutraler Luftraum zwischen
ihnen, der von keiner Seite überschritten ward.

Als Hedwig am anderen Morgen ins Zimmer
trat, stand Haidau am Fenster und sah sinnend in den
Garten hinaus. Er wendete sich, allein kein leichter,
elastischer Schritt eilte ihm flüchtig entgegen wie sonst;
zögernd blieb Hedwig in der Mitte des Zimmers mit
niedergeschlagenen Augen stehen. Haidau ging ihr ent=
gegen, sie erhob die Augenlider und blickte mit sanftem
Erröten verwirrt neben ihm ins Leere. Es war, als
stände unsichtbar ein Engel mit feurigem Schwerte
zwischen ihnen. Sie gaben sich scheu die Hände und
gingen schnell auseinander, jedes aus einem anderen
Fenster in den Garten blickend, wo nichts zu sehen war.

Es waren mancherlei Erwägungen, die Haidau veranlaßten, diese Gefühle, die bei ihm langsam und unwiderstehlich erwachsen waren, vor dem jungen Mädchen zu unterdrücken und geheim zu halten. Außer daß er fast doppelt so alt war als sie, so widerstrebte es auch seinem ehrlichen Sinn, von dem Vorteil Nutzen zu ziehen, daß Hedwig außer ihm und Bergwald fast keine jungen Männer kennen gelernt hatte. Er war vierunddreißig Jahre alt geworden, ohne daß ihm die Liebe, einige flüchtige Jugendneigungen abgerechnet, näher getreten war — die Leidenschaft hatte deshalb um so tiefer und nachhaltiger sein Gemüt erfaßt, und es handelte sich bei ihm um das Glück des Lebens. Er befand sich in der Lage eines Mannes, der ohne Nachdenken sich in dem Besitze eines kostbaren Schatzes befunden und sich seiner harmlos erfreut hat. Plötzlich aber wird dieser beglückende Besitz angefochten und es gilt, ihn von neuem zu erwerben oder gänzlich zu verarmen.

Bergwald sah und empfand die Lage des Freundes und verschloß in der tiefsten Brust die eigene Neigung. Er bemerkte die plötzliche Veränderung des Verkehrs zwischen den beiden geliebten Menschen; er sah mit dem scharfen Auge der Liebe, wie die Neigung zu Haidau in Hedwigs Herzen heranwuchs, wie sie im Gespräch stockte, wenn sein Schritt draußen vernehmlich ward, wie sie heimlich an seinen Zügen hing und doch vermied, ihm in die Augen zu sehen, wie sie alles vernahm, was er sprach, wie durch ein Wunder von Scharfhörigkeit, selbst wenn es aus der fernsten

Ecke war, und wie plötzliches Erröten und holde Verwirrung bei den kleinsten Anlässen über sie kam.

Um diese Zeit trat eines Abends spät Bergwald aus dem Garten des Freundes, um in seine Wohnung zurückzukehren. Vorher schon war ihm, als er zufällig eine Weile aus dem Fenster geblickt hatte, bei dem matten Schein der Straßenlaterne eine männliche, in einen Mantel gehüllte Gestalt aufgefallen, die trotz des novemberlichen Schlackerwetters, ohne zu weichen, sich auf der Straße hin und her bewegte und durch die Lücken des mit spärlichem Herbstlaub bedeckten Buschwerkes seltsame beobachtende Blicke auf das Haus warf. Er erinnerte sich, denselben Mann bereits heute am Tage, als er zu Haibau ging, bemerkt zu haben. Hedwig hatte am Fenster gestanden und der Mann im langsamen Vorübergehen sie mit seinen finsteren schwarzen Augen, die unter halb ergrauten Brauen wie zwei lauernde Höhlentiere lagen, unverwandt angesehen, so daß Hedwig, als sie es plötzlich bemerkte, fast erschreckt zurücktrat. —

Dieser selbe Mann trat aus dem Schatten plötzlich auf Bergwald zu und sprach mit einer Stimme, die einen harten, etwas fremdländischen Klang hatte: „Verzeihen Sie, mein Herr, wenn ich Sie anrede — sind Sie ein Freund des Doktors Haibau?" Bergwald bejahte verwundert diese Frage. Der Fremde blickte ihn scheu an und sagte: „Ich habe mit diesem Herrn in einer besonderen Angelegenheit zu verhandeln und würde sehr dankbar sein, wenn ich eine Vermittelung fände. Es betrifft das junge Mädchen, das bei ihm wohnt.

Ein plötzlicher jäher Verdacht durchzuckte Bergwald und schnürte ihm das Herz zusammen, allein er bezwang sich schnell und sagte ruhig: „Womit kann ich dienen?"

Die beiden Männer schritten nebeneinander eine kleine Weile schweigend her; der Fremde zögerte offenbar, den Anfang mit seiner Mitteilung zu machen. Endlich sagte er: „Ist Ihnen hier nicht ein Lokal bekannt, woselbst wir uns ungestört besprechen können?"

Der Maler antwortete: „Meine Wohnung befindet sich ganz in der Nähe, es wäre vielleicht der geeignetste Ort." Der Fremde warf einen schnellen, mißtrauischen Seitenblick auf seinen Begleiter, jedoch schien sein Vertrauen sogleich wieder zurückgekehrt, und er folgte ihm schweigend.

Bergwald ließ den Fremden in das Atelier, das zugleich als Wohnzimmer diente, eintreten, indem er einen Moment zurückblieb und seinem Diener eine Anweisung erteilte, die diesen mit schreckhafter Verwunderung zu erfüllen schien. Dann trat er ebenfalls ein, rollte zwei bequeme alte Lehnsessel und einen kleinen Tisch an den Kamin, der von einer dunklen Kohlenglut erfüllt war, warf einen Block frischen Buchenholzes auf und fragte, nachdem der Fremde sich gesetzt hatte: „Was wünschen Sie zu trinken? Rotwein, Rheinwein, Erlanger Bier?"

„Wenn ich ohne Umstände ein Glas Warmes haben könnte!" sagte dieser.

Der Maler ergriff einen bereitstehenden Theekessel und setzte ihn auf die Kohlen. Dann ging er an einen Wandschrank, holte eine Flasche Rum und die nötigen Gläser herbei.

„Junggeselle?" fragte der Fremde.

Bergwald nickte.

„Sind gut eingerichtet!" sagte der andere und begleitete diesen Ausspruch mit einer Art von dumpfem innerlichen Geräusch, das wahrscheinlich ein beifälliges Lachen vorstellen sollte.

Danach saßen beide eine Weile zurückgelehnt, starrten in die Flamme des Kamins und schwiegen. Das neu aufgelegte, etwas feuchte Holz wehrte sich gegen die züngelnde Flamme, zuweilen knackte und schoß es in ihm und manchmal stieß es zischend einen feinen, weißen Dampfstrahl aus.

„Es betrifft also das Mädchen," sagte der Fremde endlich. „Ich komme aus Kalifornien. Ich kenne ihren Vater. Er hat mir einen Auftrag an sie gegeben."

„Lebt der Vater noch?" fragte Bergwald rasch.

Der Fremde warf ihm einen schnellen lauernden Blick zu: „Das wollt' ich meinen!" sagte er dann, „reicher Mann geworden, schätze ihn auf vier Millionen Dollars."

„Welcher Art ist Ihr Auftrag?" fragte der Maler scheinbar gleichgültig, indem er anfing den heißen Grog zu mischen.

„Also mein Freund Winter sagte zu mir," sprach

der Fremde, „‚Braun,‘ sagte er, ‚du willst nach Deutschland reisen?‘ ‚Jawohl,‘ sagte ich, ‚will mir das alte Nest mal wieder ansehen, wo ich geboren bin.‘

„‚Verdammt,‘ sagte er, ‚ich hätte auch wohl Lust dazu, aber ich habe da so gute Freunde bei der Justiz, und ich fürchte, sie lassen mich nicht wieder fort, wenn ich einmal da bin.‘ ‚Verstehe schon,‘ sagte ich, ‚geht hier manchem so. Sie sind darin kleinlich in Deutschland.‘ Na, Winter kriegt mich nun am Knopf zu fassen und sagt: ‚Du könntest mir 'n großen Gefallen thun, Braun, und brauchst das Geld dabei nicht zu sparen. Ich habe eine Frau und ein hübsches kleines Mädchen dort zurückgelassen. Nach den Erkundigungen, die ich habe anstellen lassen, ist die Frau bereits gestorben, aber das Mädchen lebt noch, es ist mit einem gewissen Doktor Haidau, der ihr Vormund ist, nach Berlin gezogen. Weißt du, alter Junge,‘ sagte er dann weiter zu mir, ‚ich bin jetzt reich und werde alle Tage reicher, aber älter werd' ich auch und habe niemand um mich, der mir angehört. Siehst du, wenn du nun deine Geschäfte in Deutschland besorgt hast, da kannst du mal bei dem Doktor Haidau vorgehen und ihm in meinem Namen schön danken, daß er sich so viele Mühe gegeben hat, und ihn mal fragen, mit wieviel tausend Dollar ihm dafür gedient ist, und dann bringst du meine Tochter mit hierher nach San Francisco.‘"

Der Fremde lehnte sich in seinen Stuhl zurück und that einen tiefen Zug aus dem dampfenden Glase. Dann nahm er, offenbar an stärkere Rationen gewöhnt, die Rumflasche und füllte es wieder.

Bergwald trank ebenfalls und sagte dann mit scheinbarem Gleichmut: „Wenn nun aber Herr Doktor Haidau sie nicht hergeben will?"

„Er wird müssen!" sagte der Fremde; „der Vater hat doch ein Recht auf die Tochter!"

„Wenn nun aber der Vater seine Rechte verscherzt hat?" sagte Bergwald in eindringlichem Tone.

„Wieso?" fragte der Fremde verwundert.

„Hat er sie nicht verlassen in zartem Alter und ihr nichts mit auf den Weg gegeben, als die Schande eines gebrandmarkten Namens? Ein fremder Mann hat sich ihrer angenommen, als ihre Mutter starb, und sie erzogen mit Hingebung und Liebe, daß sie schön und rein geworden ist an Geist und Körper. Was hat ihr Vater für sie gethan? Er hat sie in die Welt gesetzt und sie verlassen. Und nun, da er alt wird und fühlt, daß er einsam ist, da möchte er gern mit Geld erkaufen, was für alle Schätze zu kostbar ist. Fühlen Sie denn nicht, Herr Winter, daß Ihre Rechte verscherzt sind, und daß Sie keinen Anspruch mehr haben?"

Der Fremde fuhr zusammen und wurde totenblaß: „Sie versprechen sich ... Braun ... Braun ..." sagte er heiser.

„Glauben Sie, mir gegenüber diese Komödie durchführen zu können?" sagte Bergwald, „ich wußte gleich von Anfang an, wer Sie waren."

Der Mann griff wie unwillkürlich nach seiner Busentasche, allein er zog schnell die Hand wieder zurück und langte nach dem Glase, das noch gefüllt auf dem

Tische stand, führte es mit zitternder Hand zum Munde und stürzte den brennenden Inhalt hinab. Dann tastete er unsicher mit den Händen auf der Lehne des Stuhles und sagte, scheu zur Seite blickend: „Sie sind ein so nobler Herr, Sie werden mich nicht verraten!"

Dieser antwortete nicht, sondern füllte das geleerte Glas des anderen und dann entstand wiederum eine Pause, nur unterbrochen durch das leise Flackern der tanzenden Flammen im Kamin und ein plötzliches Geräusch, wie das Rücken eines Stuhles draußen vor der Thür. Winter fuhr auf: „Was war das?" rief er.

„Nur mein Diener!" sagte Bergwald gleichmütig.

Winter begann nach einer Weile wieder zu sprechen.

„Ich will erzählen, wie es mir ergangen ist. Das Geld, das ich mitbrachte nach Amerika, war bald verzehrt, und dann wäre ich fast verhungert, wenn ich nicht mit Straßenfegen meinen Unterhalt verdient hätte. Später habe ich mit allerlei anderen Beschäftigungen mein Heil versucht, bin aber auf keinen grünen Zweig gekommen. Schließlich kam das Goldfieber wieder einmal über die Leute, und ich schloß mich einem Zug an, der in Kalifornien sein Heil versuchen wollte. Da habe ich denn mit Goldgraben ein paar Jahre vertröbelt. Es ist harte Arbeit, Herr, und es kommt selten ein Goldgräber zu etwas. Meistens hatte ich nur mein Auskommen, und wenn es mal einen größeren Fund gab, da waren die Spielhäuser und Trinksalons, die ihn bald wieder verschluckt hatten. Und die Gesellschaft ist auch nicht nach jedermanns

Geschmack. Wenn es da mal zu 'ner kleinen Meinungs=
verschiedenheit kommt, da behält meistens nur der
recht, der seinen Revolver am schnellsten aus dem
Gürtel, ein scharfes Auge und eine feste Hand hat.
Nachher ging es mit den Silberbergwerken in Nevada
los, und wie gierige Fliegen strömten die Menschen
von allen Seiten dort zusammen. Nun war ich aber
auch mit der Zeit klug geworden und hatte gefunden,
daß es nur die Dummen sind, die bei ihrem mühseligen
Schweiße hacken und graben und pochen, und daß
es für die Pfiffigen leichtere Arten gibt, schnell Geld
zu machen. Ich fing an mit meinen paar hundert
Dollar zu spekulieren und Kuxe zu kaufen und zu
verkaufen; ich lernte alle Pfiffe und Kniffe kennen, die
dort dem gewiegten Geschäftsmann bekannt sein müssen,
und baute mein Glück auf die Dummen, die sich auch
wie überall als ein solides Fundament erwiesen. Schließ=
lich, als das erste Fieber nachließ und der Schwindel
anfing ein Ende zu nehmen, ging ich mit dem er=
worbenen Vermögen nach San Francisco. Man darf
nicht penibel sein in Kalifornien, die anderen sind es
auch nicht — ich hatte nun genug gelernt, um zu
wissen, wie es gemacht wird, um sein Vermögen in
kurzer Zeit zu vermehren.

„Zu Anfang meines Aufenthaltes in dieser Stadt
ging ich eines Abends nach Schluß des Geschäftes durch
einen Teil der Vorstadt, wo die Häuser in freund=
lichen Gärten liegen. Da sah ich hübsch angezogene
Kinder in den Steigen spielen und sah, wie ein Börsen=
makler, den ich kannte, von seinem Kontor nach Hause

kam und seine Tochter, ein schönes vierzehnjähriges Mädchen, ihm entgegenlief und ihn küßte. Ich weiß nicht, wie es kam — mir wurde ganz weichlich zu Mute und mir fiel ein, daß ich in Deutschland auch eine kleine Tochter hätte, mit so dunklen Augen und solchen braunen Locken, und fing an zu rechnen und rechnete heraus, daß das Kind in demselben Alter sein müsse wie diese da. Später kamen mir diese weichlichen Gedanken öfter und wenn ich junge, hübsche Mädchen sah, da dachte ich immer an meine Tochter, und wenn sie in Seide und Sammet gingen und mit Diamanten um sich blitzten, da dachte ich, das sollte meine Tochter auch haben. Später malte ich mir aus, wie ich ihr eines von den schönen Häusern einrichten wollte, in denen die reichsten Leute der Stadt wohnen, mit Gold= geschirr und Silbergeschirr und seidenen Gardinen und überall Knöpfe, wo man nur zu drücken braucht, wenn die Dienerschaft kommen soll. Und alles mit bunten Vasen und Dingerchen und Kästchen, wie es die Weiber lieben, und Papageien in goldenen Bauern und Löwen= äffchen und kleine bunte Vögel. Den schönsten Wagen sollte sie haben mit milchweißen Schimmeln und darin fahren wie die anderen reichen Damen, und vornehm zurückgelehnt über den Fächer hinwegblicken und alle die Stutzer in den Straßen verrückt machen. Wenn sie einen von diesen haben wollte, so wollte ich ihn ihr geben, den schönsten und elegantesten, der zu finden ist. Oder wenn sie höher hinaus wollte, auf einen Baron oder einen Grafen, die dort zu Lande als Seltenheiten von auswärts bezogen werden — nun, in Deutschland laufen ja genug von der Sorte herum, die froh sind, wenn sie eine schöne Frau und ein paar Millionen Dollar dazu kriegen — da hätte ich ihr einen von den ganz echten, mit zweiunddreißig Ahnen kommen lassen. Aber es war noch nicht genug Geld da, und ich schaffte und raffte weiter, bis es genug war. Da habe ich mir denn einen Paß auf den Namen Braun verschafft und bin hergekommen, um meine Tochter zu holen."

Während Winter sprach, hatte Bergwald den Entschluß gefaßt, es nun und nimmer zu dulden, daß der Mann seinen Plan zur Ausführung bringe. Nach seiner Anschauung hatte er das Recht auf seine Tochter vollständig verscherzt und konnte es auch durch diese leichte Art von Reue, die noch zum großen Teile eigentlich nur Egoismus war, nicht wiedergewinnen. Der Gedanke, dies holde, reine und unschuldige Wesen an einen Menschen von so niedriger Gesinnung auszuliefern, schnürte ihm das Herz zusammen. Solle alle diese seltene Schönheit und Tugend verloren sein, um einen Menschen, der allezeit gemein gehandelt hatte, ein Amusement auf seine alten Tage zu bereiten? Er beschloß, demgemäß zu handeln.

„Ich will nicht lange Worte verlieren," sagte er, „aus dieser Sache kann nichts werden. Ich verlange von Ihnen, daß Sie morgen Berlin verlassen und unverweilt in Ihre jetzige Heimat zurückkehren."

Winter sah ihn sprachlos an, sein graugelbes Gesicht war noch fahler geworden und die ohnehin schon schmalen Lippen seines glattrasierten Mundes

schlossen sich fest zusammen, so daß nur noch eine feine
Linie zu sehen war. Aber seine scheuen, lauernden
Augen zogen sich bald vor dem festen, klaren Blick
Bergwalds zurück und starrten ungewiß in die bren=
nende Kohlenglut. Endlich sagte er mit heiserer, ge=
preßter Stimme: „Sie werden einem Vater nicht die
einzige Tochter nehmen wollen, den alleinigen Trost
seines Alters."

„Der Vater hat diesen Trost nicht verdient,"
sagte Bergwald, „und ich werde niemals dulden, daß
dieses Mädchen von den reinen, edlen Höhen des Lebens
hinabsteigen soll zu den niedrigen Regionen, in deren
Sümpfen und Miasmen ihr Vater allein zu atmen
gewohnt ist."

„Ich werde meine Tochter schon zu finden wissen,
auch ohne Ihre Beihilfe," sagte Winter trotzig.

„Sie werden keinen Schritt thun, ohne meinen
Willen," rief Bergwald, „denn Sie sind in meiner
Hand. Sobald Sie auch nur den Versuch einer An=
näherung wagen, mache ich dem Gericht die Anzeige
von Ihrer Anwesenheit!"

Die Hand des anderen war leise wie eine Schlange
unter seinen Rock geglitten und tastete dort hastig und
heimlich nach einem verborgenen Gegenstand, während
die finsteren Augen mit tödlichem Haß auf Bergwald
gerichtet waren. Dieser blickte den Gegner kalt und
ruhig an, und während er mit den Fingern sanft auf
den Tisch trommelte, sagte er leichthin: „Inkommo=
bieren Sie sich nicht, Herr Winter; an der Thür sitzt
mein Diener. Er hat in jeder Hand einen sechs=

läufigen, scharfgeladenen Revolver von Löwe und Compagnie. Er hat Auftrag, bei dem geringsten verdächtigen Geräusch sofort in der Thür zu erscheinen. Er hat bei den Scharfschützen gedient, Herr Winter!"

Der also Angeredete hatte sogleich seiner Hand eine andere Wendung gegeben und brachte nun mit einem Grinsen, das wahrscheinlich ein freundliches Lächeln bedeuten sollte, eine große, etwas fettige Brieftasche hervor und fing an, eine Tausenddollarnote nach der anderen auf den Tisch zu zählen, wobei er jedesmal einen lauernden Blick auf Bergwald warf, der ihm mit kalter Verwunderung zusah. Sodann strich er sie plötzlich alle wieder ein, nahm ein Checkformular hervor und sagte in widerlichem, schmeichlerischem Ton: „Was mache ich denn da? Einem so noblen Herrn darf man nicht mit Kleinigkeiten kommen. Ich werde eine Anweisung geben auf meinen Bankier. Was soll ich schreiben? Zwanzigtausend?" Da Bergwald noch immer kalt und verwundert blickte, fing er an sich zu steigern: „Dreißigtausend? Vierzigtausend?" Nun ward er unruhig und sagte endlich: „Fünfzigtausend! Eine schöne Summe und hierzulande ein Vermögen. Sie haben nichts zu thun, als sie einzustreichen. Fünfzigtausend Dollar, mein Herr! Es sind rund zweihunderttausend Mark!"

Bergwald nahm das Papier und warf es in den Kamin.

„Es ist genug geredet," sagte er und erhob sich.

„Sie kennen meine Meinung von der Sache. Spätestens übermorgen müssen Sie Berlin verlassen und ohne Aufenthalt nach Amerika zurückkehren, sofern Ihnen Ihre Freiheit lieb ist."

Da Winter sah, daß sein bestes Mittel hier nichts verschlug, was ihn mit großer Verwunderung und mit einer Art von Schrecken erfüllte, so geriet er in jenen starren und gelähmten Zustand, der solche Menschen befällt, wenn sie ihr letztes und sicherstes Hilfsmittel machtlos versagen sehen, wie eine Erbse von einem Panzerschiff abprallt. Er wußte sich nicht mehr zu helfen und fand sich kraftlos einem Widerstande gegenüber, dessen Motive er nicht verstehen konnte und dessen Stärke ihm rätselhaft war. Er starrte hilflos eine Weile vor sich hin, griff dann mit zitternder Hand nach dem Glase und trank es leer. Er sandte noch einen scheuen Blick auf die ruhigen, unerbittlichen Augen seines Widersachers und erhob sich schwerfällig. Ein Schauer lief durch seinen Körper, er griff nach seinem nassen Mantel, der auf einem Stuhle lag, und zog ihn unbehilflich an. Dann schritt er langsam, ohne ein Wort zu sagen, auf die Thür zu. Bergwald eilte ihm voran, schickte den Diener beiseite und öffnete dem Manne selber die Hausthür. Ohne einen Gruß und ohne ein Wort zu sagen, trat dieser in den strömenden Regen und in die finstere Nacht hinaus.

※

Bergwald ging am anderen Morgen in das Hotel und erkundigte sich nach dem Herrn Braun. Es hieß, er sei plötzlich erkrankt und der Arzt sei bei ihm. Wahrscheinlich infolge des naßkalten Novemberwetters, in dem er gestern noch lange umhergewandert sein mußte, denn er war erst gegen zwei Uhr vollständig durchnäßt nach Hause gekommen, und befördert durch die heftige Gemütsbewegung, war eine Krankheit bei ihm ausgebrochen. Der Hotelkellner, der zur gewohnten Zeit ihm den Kaffee bringen wollte, fand ihn bei unverschlossener Thür stöhnend und besinnungslos in feuchten Kleidern auf dem Bette liegen. Der Arzt erklärte gegen Bergwald die Krankheit für nicht ungefährlich, hoffte aber eine baldige Besserung bei Anwendung richtiger Mittel und guter Pflege versprechen zu können. Bergwald, der mit dem Wirte bekannt war, besprach das Notwendige mit diesem, sorgte alsbald für eine tüchtige Krankenwärterin und beschloß, selber täglich zweimal nach dem Alten zu sehen. Die Krankheit nahm aber gegen die Vermutung des Arztes einen schlimmen Verlauf; es traten heftige Fieber auf, so daß Bergwald genötigt war, einen kräftigen Wärter zu mieten, um den wild Phantasierenden in seinem Bette zu halten. Zuweilen hatte er dann lichte Augenblicke, wo er still vor sich hinbrütete oder, wenn Bergwald zugegen war, diesen mit dem scheuen Blicke des wilden Tieres verfolgte, das seinen Bändiger zugleich haßt und fürchtet. Schließlich stellte der Arzt eine Krisis in Aussicht, von deren Verlauf der Ausgang der Krankheit abhängig sein würde; den Eintritt derselben vermochte er jedoch nicht genau zu bestimmen.

Um diese Zeit erhielt Haidau durch einen Hotellaufburschen einen Zettel, auf den mit zitternder Hand folgende Worte mit Bleistift geschrieben waren: „Herr Doktor Haidau wird gebeten, mit seinem Mündel Hedwig Winter sobald als möglich zu kommen. Es handelt sich um Tod und Leben." Darunter stand der Name und die Zimmernummer des Hotels.

Haidau, den diese Botschaft mit einem peinlichen Schreck erfüllte, machte sich mit Hedwig, der er jedoch von dem Inhalt des Zettels nichts mitteilte, sofort auf den Weg.

Man führte sie in das Zimmer, wo der Fremde lag; Bergwald war nicht zugegen. Winter hatte sich, durch Kissen unterstützt, im Bett aufrecht setzen lassen, er sah schwach und hinfällig aus, und in seinen Augen war es wie ein Glanz, der im Begriff ist zu erlöschen. Als Hedwig eintrat, leuchteten wie durch ein Wunder diese Augen noch einmal auf und ein milder Schein verklärte die unschönen zerstörten Züge: „Meine Tochter!" sagte er mit schwacher Stimme, indem er versuchte, die kraftlosen Arme auszustrecken. Sie sah mit den großen dunklen Augen den Kranken mit ängstlicher Verwunderung an und dann fragend zu Haidau empor.

„Es ist dein Vater," sagte dieser fast tonlos.

Das junge Mädchen überkam eine seltsame

Verwirrung. Sie hatte ihren Vater kaum gekannt und hatte sich gewöhnt, an ihn als einen Toten zu denken. Nun sah sie vor sich einen bleichen, leidensvollen Mann, der sie mit dem Tochternamen anredete, als sei er aus dem Reich des Todes noch einmal zurückgekehrt, nur um ihr die Hand zum Abschied zu reichen.

Sie schritt auf das Bett zu, kniete nieder, ergriff die abgezehrte Hand des Sterbenden und schaute in die unbekannten Augen des Mannes, der ihr auf Erden am nächsten stehen sollte. „Vater," sagte sie mit leiser Stimme. Der Kranke hob das zurückgesunkene Haupt empor wie erfrischt von dem Klange dieses Wortes.

„Ich gehe nun fort," sagte er, „weiter weg, als der andere meinte ... weiter weg, woher ich nicht wiederkommen kann. Ich mach' es gründlich ab."

Sie beugte sich nieder und ihre Thränen fielen auf seine Hand.

„Ich wollte dich mit mir nehmen, aber der andere hat's nicht gewollt. Er ist fort. Er soll jetzt nicht kommen. Ich fürchte mich vor ihm."

Hedwig verstand natürlich diese Reden nicht.

„Du sollst wieder gesund werden, Vater," sagte sie, „ich will dich pflegen!"

Er schüttelte leise den Kopf: „Ich habe genug," sagte er und sank machtlos wieder zurück. Dann kam es wie ein Traum über ihn, in seine Augen trat ein seltsamer Glanz, indes sie in die Leere hinausblickten. Er fing an, abgerissen vor sich hinzureden: „Das schöne Haus — kein schöneres in der ganzen Straße... der Thürklopfer blitzt wie Gold... Wir wollen anpochen... Bum, bum, bum... Aha, es wird geöffnet... Sehr schön: Goldgeschirr und Silbergeschirr und seidene Gardinen... Wie das blitzt... Es duftet so süß... Ah, meine Tochter... Schneeweiße Seide mit echten Perlen... Es ist nur das Hauskleid... wir haben noch schönere... zehn Schränke voll... Was stampft und schnaubt da draußen?... Es sind die Schimmel... Milchweiß und ohne Fehler... Nun fahren wir... Wie sie gaffen... Ja, es ist meine Tochter... Willst du einen davon haben?... Den blonden mit den Augengläsern und dem langen Schnurrbart... Ja, heiraten mußt du... ja gewiß... es müssen Enkel kommen!... Du kleiner Schwarzkopf, wie heißt du?... Gustav?... wie dein Großvater... Komm, du sollst reiten!... Du willst fort?... O bleib!"

Er starrte in die Luft hinaus, als sähe er jemand in der Ferne entschwinden. Dann wendete er sein Gesicht und sah Hedwig an seinem Bette knieen und Haidau neben ihr auf einem Stuhle sitzen. Eine seltsame Erleuchtung ging über sein Antlitz; er raffte sich mit letzter Kraft auf, ergriff die Hände der beiden und legte sie ineinander. Dann nickte er ein paarmal heftig und sank mit einem pfeifenden Laut in die Kissen zurück.

Es war totenstill im Zimmer; man vernahm nur das Ticken der Taschenuhr, die auf dem Tische stand, und das leise Schluchzen Hedwigs, die ihr Gesicht in die Kissen gedrückt hatte. Endlich trat die Krankenwärterin hinzu und drückte dem still Dahingestreckten geschäftsmäßig die Augen zu. „Es ist vorbei!" sagte sie.

Haidau wurde nachträglich durch Bergwald über den Zusammenhang dieser Vorgänge aufgeklärt und vermochte seine Handlungsweise zu verstehen, während Hedwig, als sie alles erfuhr, vor einem dunklen Rätsel zu stehen glaubte und einen inneren Schauder vor Bergwald empfand, den sie nicht zu überwinden vermochte. Dieser ordnete nach diesem Ausgang der Sache seine Angelegenheiten und verschwand aus Berlin, um sich bald darauf einer naturwissenschaftlichen Forschungsreise anzuschließen.

Haidau verheiratete sich nach einiger Zeit mit Hedwig Winter; an das kleine Haus in der Vorstadt sind jetzt neue Räume angebaut, und in den Steigen des hübschen Gartens erschallt an schönen Tagen zuweilen das Gekrähe eines kleinen Weltbürgers, der auf dem Arm der Amme zappelt und auf den Namen Gustav hört.

Gar vieles mildert die Zeit. Es ist gegründete Aussicht vorhanden, daß auch in Hedwigs Herzen die Empfindungen sich mildern, die es einst gegen Bergwald erfüllten, und daß noch einmal eine Zeit kommt, wo dieser den kleinen Gustav auf den Knieen schaukelt und alles vergessen und vergeben ist.

Rotkehlchen.

Herr Dusebann war zweiunddreißig Jahre alt und im besten Begriff, ein Junggeselle zu werden. Er besaß ein großes Vermögen, und obgleich er aus diesem Grunde keinen bestimmten Beruf erwählt hatte, so waren seine Tage dennoch dermaßen mit Thätigkeit und Arbeit angefüllt, daß er zu Heiratsgedanken gar keine Zeit fand. Daran war aber seine große Sammelleidenschaft schuld und ein ihm innewohnender Drang, alles ins Gründliche zu treiben. Verwandte besaß er keine mehr, außer seiner etwas altmodischen Tante Salome, die stets eine schneeweiße Haube und hellblonde Seitenlöckchen trug und von einer ewigen Unruhe erfüllt war. Trotz ihres Alters war sie sehr flink auf den Beinen und klimperte den ganzen Tag mit ihrem Schlüsselbund treppauf treppab vom Boden in den Keller, von der Küche in die Kammer. Dann saß sie plötzlich wieder in ihrem sauberen Zimmer und nähte, aber ehe man es sich versah, hatte sie Hut und Mantel angethan und war fort in die Stadt, hetzte die Verkäufer in den Läden, daß sie nur so flogen, und war mit einer merkwürdigen Geschwindigkeit aus

den entferntesten Gegenden wieder zurück. Sie konnte
laufen wie die Jüngste, und betrieb dies auch in solchen
Momenten, wo im Drange der Geschäfte ihr solches
notwendig erschien. Es war dann seltsam zu sehen,
wie die alte Dame den Korridor entlang huschte, daß
die Löckchen flogen, oder wenn sie mit flinken Füßen
die Treppe hinabschnurrte.

Sie achtete alle Neigungen und Liebhabereien
ihres Neffen wie Heiligtümer, sie kannte alle seine
Lieblingsgerichte und kochte sie in anmutiger Abwechs=
lung, sie schob unter alle seine Gewohnheiten und
Wünsche sanfte Kissen der Zuvorkommenheit, kurz, Herr
Dusedann hätte sich in dieser Hinsicht wie im Himmel
fühlen müssen, wenn er nicht von Jugend auf daran
gewöhnt gewesen wäre, und deshalb solchen Zustand
für selbstverständlich hielt. Da nun alle Unzuträg=
lichkeiten des Junggesellenstandes für ihn wegfielen,
seine mannigfaltigen Liebhabereien ihn mehr als ge=
nügend beschäftigten und außerdem eine angeborene
Schüchternheit ihn den Verkehr mit dem weiblichen
Geschlechte meiden ließ, so ist es nicht zu verwundern,
daß Herr Dusedann sich ganz wohl fühlte und nicht
im mindesten darauf verfiel, eine Veränderung dieses
Zustandes anzustreben.

Seine Lust, alle möglichen Dinge zu betreiben
und zu sammeln, hatte sich erst herausgebildet, als er
von der Universität zurückgekehrt war und nun gar
nicht wußte, was er mit der vielen Zeit in seinem
großen Hause anfangen sollte. Zuerst verfiel er auf
allerlei schrullenhafte Dinge. So legte er unter anderem

eine Sammlung von Porzellanhunden an und brachte
es in kurzem auf hundertdreiundneunzig Stück ver=
schiedener Exemplare. Sie wurden auf einer pyramiden=
förmigen Etagere systematisch geordnet und boten einen
Anblick dar, der ebenso komisch als seltsam war. Hier=
durch ward er auf die Thatsache hingeführt, daß es
in Porzellan noch manche andere Dinge gibt, die nicht
zu verachten sind, daß Majolikageräte besonders ge=
eignet erscheinen, die Begier eines Sammlers zu ent=
zünden, und alte venetianische Glaswaren eine geradezu
dämonische Anziehung auszuüben im stande sind. So
füllte sich allmählich sein Haus mit einer Unzahl von
sonderbaren Gerätschaften, Tellern, Krügen, Tassen
und Gläsern, aus denen niemand jemals aß oder
trank, und deren einziger Reiz oft nur darin bestand,
daß ein anderer sie nicht hatte.

Jedoch diese Dinge mußten untergebracht werden
und die Schränke, in denen dieses geschah, die Möbel,
auf denen sie standen, mußten sich im Einklang mit
diesen Zeugen einer untergegangenen Kultur befinden.
So befiel ihn zu alledem ein Fanatismus für alte
Möbel, gebauchte Kommoden, braun und gelb eingelegt
und mit Messingbeschlägen verziert, riesige altersbraune
Wandschränke mit ungeheuren Ausladungen und Ge=
simsen und einer Geräumigkeit, daß man darin spa=
zieren gehen konnte, seltsame Schreibsekretäre mit
bunten eingelegten Blumen verziert und ausgestattet
mit einem komplizierten System von Schiebladen,
Schränken und Geheimfächern und allerlei spaßhaften
Ueberraschungen.

Zu alledem gesellten sich allmählich große Mappen mit Kupferstichen angefüllt, seltene Bücher, Münzen, Holzschnitzereien, Bernstein- und Perlmutterarbeiten, Kuriositäten aller Art, seltene Erzstufen und Krystalldrusen, japanische und chinesische Lack-, Email- und Bronzewaren, so daß sein Haus und sein Zimmer schließlich mit all diesen Dingen so gespickt und besetzt war, wie ein alter Ostindienfahrer mit Seemuscheln.

Demnach geschah aber etwas, das seiner Lust am Sammeln und Hegen eine neue Wendung gab. Er besuchte zufällig eine Ausstellung von lebenden Vögeln, nahm einige Lose und hatte das Schicksal, ein paar Sonnenvögel zu gewinnen. Diese anmutigen und reizvollen Tiere, die Schönheit des Aussehens, drolliges Benehmen und herrlichen Gesang miteinander vereinen, machten einen tiefen Eindruck auf ihn und erweckten Appetit nach mehr. Er suchte sofort die Bekanntschaft eines stadtbekannten Vogelliebhabers und stürzte sich mit Feuereifer auf die Erlernung dieser ihm ganz neuen Dinge. Im Umsehen hatte er auf sämtliche Fachzeitschriften abonniert und eine Anzahl von Werken über Vogelkunde erworben. Es gelang ihm sogar, für eine Menge Geld sich in den Besitz von Johann Andreas Naumanns Naturgeschichte der Vögel Deutschlands zu setzen, jenes seltenen und großartigen Werkes, das in der Litteratur aller Völker seinesgleichen sucht. Es war ihm, als sei er nun erst hinter das Wahre und Richtige gekommen, und diese ganz neue Leidenschaft hatten die zwei kleinen chinesischen Piepvögel angerichtet.

Nach Anweisung jenes Vogelkundigen richtete er ein schönes sonniges Zimmer seines Hauses zur Vogelstube ein, die mit Springbrunnen und Teich und rieselndem Gewässer ausgestattet, an den Wänden mit Borke und alten Baumstämmen bekleidet und mit Nistkästen und Futtergeschirren der neuesten und besten Konstruktion versehen war. Unter großen Kosten ward dieser Raum stets mit neuen lebenden Gesträuchen und Tannenbäumen versehen. Zugleich ließ er einen Schrank bauen von weichem Holz, mit unzähligen Schiebladen versehen und außen gar anmutig mit gemalten Vögeln und deren Futterpflanzen verziert. Die Schiebladen wurden mit entsprechenden sauberen Inschriften versehen und gefüllt mit Kanariensamen, Hanf, Hirse, Sonnenblumenkernen, Haselnüssen, Mohnsamen und was sonst zum Vogelfutter dient, als da sind getrocknete Holunder- und Ebereschebeeren, kondensiertes Eigelb, Eierbrot und solcherlei mehr. An den Seiten des Schrankes aber hingen in sauberen Säcken Ameisenpuppen und getrocknete Eintagsfliegen, während oben drauf sechs große mit Flor verbundene Häfen prangten, in die er zwei Pfund Mehlwürmer zur Zucht eingesetzt hatte.

Nachdem alle diese Vorbereitungen getroffen waren und er die Vogelstube mit einer reichen Anzahl von in- und ausländischen Tierchen besetzt hatte, war ihm ein Feld zu reichlicher und dauernder Thätigkeit eröffnet. Wie nun bei allen solchen Liebhabereien eins das andere mit sich bringt, so ging es auch hier, und Herr Dusedann suchte bald seinen Ehrgeiz darin, die

schwierigsten und seltensten Vögel in Gefangenschaft
zu halten. Bald hatte er außer seiner Vogelstube ein
ungeheures Flugbauer in einem anderen Zimmer auf=
gestellt. Darin befanden sich alle vier einheimischen
Laubvogelarten, Goldhähnchen, Schwanzmeisen, Bart=
meisen, Baumläufer, Zaunkönige, kleine Fliegen=
schnäpper und andere zärtliche Vögel, die viel Auf=
merksamkeit und Wartung erfordern. In demselben
Zimmer flogen zwei Eisvögel umher, die in einem
großen Wasserbassin alltäglich eine große Menge von
lebenden kleinen Fischen erhielten. Hier konnte er
manche Stunde sitzen und diesen schnurrigen, schön
gefärbten und metallisch glänzenden Vögeln zusehen,
wie sie von ihrem Beobachtungsaste aus plötzlich kopf=
über ins Wasser plumpsten und jedesmal mit einem
Fischlein im Schnabel auf ihren Sitz zurückkehrten.
Wie sie dann den Fang hin und her warfen, bis er
mundgerecht lag und ihn unter mächtigem Schlucken
hinabwürgten. Wie sie dann eine Weile geduckt und
mit ein wenig gesträubten Federn dasaßen, als sei
diese ganze Angelegenheit eine verdrießliche und nach=
denkliche Sache und mehr Geschäft als Vergnügen.

Im Laufe der Zeit ward diese Menagerie immer
größer und reichhaltiger und ihre Wartung, Beobach=
tung und Pflege verschlang alle Zeit, die Herrn Duse=
bann so reichlich zur Verfügung stand.

✳

Da geschah es, daß sich seine Wünsche auf den Besitz eines sprechenden Graupapageien richteten und er sich das Glück, ein solches Tier sein eigen zu nennen, mit den glänzendsten Farben ausmalte. Natürlich sollte es ein Genie sein, keines von jenen Tieren mit mangelhafter Schulbildung, die mit: „Wie heißt du," „Papa," und „eins, zwei, drei, hurra!" ihren ganzen Sprachschatz erschöpft haben. Nun erfuhr Herr Dusedann durch einen Vogelhändler, daß in der Stadt ein alter pensionierter Beamter lebe, der einen wunderbaren Papagei „klüger als ein Mensch" besitze, und nachdem er sich vieles von den Künsten dieses Wundervogels hatte erzählen lassen, empfand er deutlich, das Leben würde seines schönsten Reizes beraubt sein, wenn er diesen Vogel nicht sein eigen nennen dürfe. Da er von dem Händler hörte, daß der Beamte nicht in den besten Verhältnissen lebe, da er gelähmt sei und von seiner geringen Pension drei Töchter zu erhalten habe, und infolgedessen wohl geneigt sein dürfte, gegen ein gutes Gebot den Vogel zu verkaufen, so steckte Herr Dusedann eines Tages sein Portemonnaie voll Goldstücke und machte sich auf, den Beamten, der Roland hieß, zu besuchen. Dieser wohnte in einem ärmlichen Hause in der Vorstadt, in einer Gegend, wo die Straßen schon anfangen, häuserlos zu werden. Als Herr Dusedann an die Thür klopfte, rief eine etwas schnarrende Stimme: „Herein!" und er trat in ein ärmliches, aber freundliches Zimmer. Gegenüber der Thür auf einem alten, vielbenutzten Sofa lag ein Mann von einigen fünfzig Jahren mit blassen, aber freundlichen

Gesichtszügen und vor ihm auf dem Tische stand ein großes Drahtbauer mit dem erwünschten Vogel.

„Guten Morgen," sagte der Papagei.

Herr Dusedann erwiderte diese Höflichkeit und stellte sich dann dem Herrn Roland vor.

„Bitte, nehmen Sie Platz," sagte der Papagei.

Herr Roland lächelte: „Der Vogel nimmt mir die Worte aus dem Munde," sagte er dann. „Womit kann ich dienen?"

Herr Dusedann setzte sich, räusperte sich ein wenig und indem er seine Augen auf den Papagei richtete, der eine dämonische Anziehungskraft auf ihn ausübte, sagte er: „Ich bin ein großer Vogelliebhaber, Herr Roland. Ich habe von Ihrem außerordentlichen Papagei gehört und bin gekommen, Sie um die Erlaubnis zu bitten, die Bekanntschaft dieses Vogels zu machen."

„Siehst du, wie du bist?" sagte der Papagei. Dann ging er seitwärts auf seiner Sitzstange entlang, verbeugte sich ein paarmal, sah ungemein pfiffig aus und sagte: „Oooh!"

„Ein doller Vogel!" rief Herr Dusedann mit dem Ausdruck der innigsten Bewunderung und zugleich quälte ihn der beängstigende Gedanke, ob er auch wohl genug Goldstücke in sein Portemonnaie gesteckt habe.

„O er kann noch viel mehr!" sagte Herr Roland und betrachtete seinen Liebling mit leuchtenden Augen. Der Papagei, wie um dies zu bestätigen, fing an zu singen: „Kommt ein Vogel geflogen, setzt sich nieder auf mein Fuß!" Dann krähte er wie ein Hahn, gackerte wie eine Henne und bellte so ausgezeichnet, daß der talentvollste Hund noch hätte von ihm lernen können. Mit diesen Leistungen schien er selber zufrieden zu sein, denn er brach scheinbar vor Entzücken in ein ungeheures Gelächter aus.

„Kolossal!" rief Herr Dusedann. Da nun ein Augenblick der Stille eintrat, indem sich der Vogel mit seinem Futternapf beschäftigte, hörte man eine anmutige Mädchenstimme im Nebenzimmer singen, so wie man bei der Arbeit vor sich hinsingt. Obgleich Herrn Dusedanns Aufmerksamkeit durch den Papagei sehr in Anspruch genommen war, bemerkte er dies doch, und durch eine Ideenverbindung fiel ihm seine Vogelstube ein, wenn das Abendrot seitwärts hinein= schien, in den dämmerigen Ecken die kleinen Vögel fast alle schon schliefen und nur noch ein Rotkehlchen sein träumerisch liebliches Abendlied sang. Er horchte eine Weile auf die anmutige Stimme. „Ganz wie ein Rotkehlchen," dachte er.

Der Papagei war ebenfalls aufmerksam geworden, er sträubte die Kopffedern und sprach mit sanftem Ausdruck: „Wendula! Wendula Roland!" Dann wan= derte er wieder seitwärts, verbeugte sich ein paarmal und sagte wieder: „Oooh!"

„Er meint meine Tochter," sprach der Alte, „er hört sie singen."

Herr Dusedann war durch und durch begeistert für diesen Vogel. Er faßte Mut, tastete heimlich nach der wohlgefüllten Rundung seines Portemonnaies und sagte: „Sie wissen, Herr Roland, ich bin ein Vogel=

liebhaber. Ich habe hundertdreizehn Vögel zu Hause. Es ist mein höchster Wunsch, auch einen so gelehrigen Papagei zu besitzen. Sie verzeihen deshalb meine Anfrage. Es könnte ja sein, daß ... und, wenn es wäre ... auf den Preis sollte es mir nicht ankommen ..." Herr Dusebann sah den Alten erblassen und dies verwirrte seine Rede ... „Der Händler sagte vierhundert Mark," fuhr er fort ... „dies hätte man schon öfters bezahlt ... Aber, wenn Sie nicht wollen ... fünfhundert würde ich geben."

Es erleichterte ihn sichtlich, daß er dies Angebot los war; der Papagei aber sang: „O du lieber Augustin, alles ist weg, weg, weg!" schwang sich in seinen Ring und schaukelte sich, daß das Bauer bebte.

Der Alte sah auf ihn hin. „Das ist ein schönes Stück Geld," sagte er, und seine Stimme klang etwas heiser, „allein der Vogel gehört meiner Tochter, er ist ein Andenken von meinem einzigen Sohne, der in der See ertrunken ist." Dann rief er: „Wendula!"

Die Thür des Nebenzimmers öffnete sich und ein junges Mädchen von etwa achtzehn Jahren trat herein. Ihre Gestalt war mittelgroß und von jener schlanken, elastischen Fülle, die zugleich den Eindruck von Zartheit und Kraft hervorbringt. Sie trug ein olivenbraunes Kleid und ein rotes Tüchlein, das den oberen Teil der Brust bedeckte. Sie sah mit großen dunklen Augen etwas verwundert auf den Fremden hin. „Wendula," sagte der Papagei, „Wendula Roland!"

„Wie ein Rotkehlchen," dachte Herr Dusebann unwillkürlich wieder.

Der Alte sprach jetzt: „Dies ist Herr Dusedann. Er wünscht deinen Papagei zu kaufen. Er will sehr viel Geld dafür geben — fünfhundert Mark. Du kannst über dein Eigentum frei verfügen und ich will dich nicht beeinflussen."

Das junge Mädchen sah auf ihren Vater, auf den Papagei und dann auf Herrn Dusedann. Sie besann sich einen Augenblick, öffnete dann die Thür, deren Drücker sie noch in der Hand hielt, sprach mit einer kurzen Handbewegung: „Ich bitte", und ging in ihr Zimmer zurück. Herr Dusedann folgte ihr. Sie schloß die Thür sorgfältig, schaute dann dem jungen Mann mit den großen dunklen Augen gerade ins Gesicht und schüttelte ein wenig den Kopf.

„Es geht nicht," sagte sie dann eindrücklich, „es geht wirklich nicht."

Herr Dusedann wollte etwas sagen; er wußte nur durchaus nicht was.

Dann fuhr sie fort: „Der Vater hängt zu sehr an dem Vogel. Wenn die Schwestern in der Schule sind und ich in der Wirtschaft zu thun habe, da ist er oft lange allein. Er kann ja nur ganz wenig an seinem Stocke gehen und kommt nie aus dem Hause. Da liegt er dann auf seinem Sofa und spricht mit dem Vogel und lehrt ihn neue Künste. Ach, der ist ja so klug und wird alle Tage klüger — es ist manchmal ganz unheimlich, was der für einen Verstand hat."

Sie sah Herrn Dusedann noch einmal eindrücklich an, nickte ein wenig und fuhr dann fort: „Nicht wahr, Sie sehen das ein? Alle Tage würde sich der Vater nach dem Vogel sehnen, und er hat ja so wenig vom Leben."

Es war sonderbar, Herr Dusedann hatte nicht mehr die geringste Lust, den Papagei zu kaufen, ja es kam ihm fast wie eine Art von schwarzherziger Abscheulichkeit vor, daß er jemals eine solche Absicht hatte hegen können.

"O gewiß ... natürlich ... jawohl ... durchaus!" stotterte er, denn das junge Mädchen, das so frei und schlank vor ihm stand und ihm so gerade in die Augen sah, flößte ihm jene Verwirrung ein, die ihn stets jungen Mädchen gegenüber befiel, zumal wenn sie hübsch und anmutig waren. Aber diese Empfindung war sehr stark mit Wohlgefallen gemischt. Herzhafter setzte er hinzu: "Ich würde ihn nie kaufen! nie!"

Sie lächelte ein ganz klein wenig, es war wie ein Sonnenlicht, das durch eine Lücke windbewegter Zweige flüchtig über eine Rose gleitet. Dann hielt sie ihm die Hand hin und sagte: "Gut, nun ist es abgemacht!"

In diese warme Mädchenhand einzuschlagen, war ein gefährliches Unternehmen, allein es gelang über Erwarten gut und durchrieselte Herrn Dusedann gar angenehm bis ins Herz hinein. Dann gingen sie wieder zu dem Alten hinein, der sichtlich erfreut war, als er das Resultat der Verhandlungen erfuhr. Der Papagei, als der Held des Tages, ward nun aus seinem Bauer hervorgenommen und setzte sich auf Wendulas Finger. Er mußte "Küßchen geben", zuerst dem jungen Mädchen, dann Herrn Dusedann, was wiederum eine ver-

fängliche Sache war. Dann sträubte er die Nacken=
federn und bat: „Köpfchen krauen!" dann sang er:
„Ich bin der kleine Postillon," und blies überaus
schön ein Postsignal, dann weinte er wie ein kleines
Kind, hustete wie ein alter Zittergreis und entwickelte
alle seine sonstigen Talente — mit einem Wort, er
war entzückend. Herr Dusebann lebte ganz auf und
verlor seine Schüchternheit, ihm gelangen zu seiner
eigenen Verwunderung die schönsten zusammenhängen=
den Sätze und beim Abschied sprach er in wohlgesetzten
Worten die Bitte aus, seinen Besuch wiederholen zu
dürfen, um diesen außerordentlich gelehrten Papagei
noch einmal bewundern zu können. Dies ward ihm
in Gnaden gewährt.

Herr Dusebann, was ist mit Ihnen vorgegangen?
Weshalb schauen Sie zuweilen so nachdenklich in die
Wolken und so tiefsinnig in den Himmel, als wollten
Sie die Geheimnisse des Weltalls ergründen? Wes=
halb, im Gegensatz dazu, sind Sie dann wiederum so
lustig und trillern allerlei Liederchen und hüpfen so=
gar in zierlichen Bocksprüngen, obgleich Sie doch sonst
so gesetzt und ebenmäßig einhergingen? Woher kommt
Ihr plötzliches intensives Interesse für Sylvia rubecula,
Lath., auf deutsch Rotkehlchen genannt, da Sie doch
sonst für diesen Sänger keine übermäßige Vorliebe
verrieten? Was soll man dazu sagen, daß Sie alle
die anderen zierlichen Tierchen in Ihrer Vogelstube

kaum eines Blickes würdigen und nur diesem einen
Rotkehlchen mit fast verliebten Blicken nachfolgen?
Sind denn die Sonnenvögel weniger anmutig, die
Sperlingspapageien nicht so drollig und die vielen
kleinen afrikanischen Finken nicht ebenso niedlich als
sonst? Was hat Ihnen das Blaukehlchen gethan, daß
Sie es gar nicht mehr beachten, wenn es im Sonnen=
schein auf dem Bauche im Sande liegt und sein selt=
sam liebliches Liedchen ableiert? Was soll es bedeuten,
daß Sie alle Tage Ihre Spaziergänge in jene arm=
selige Vorstadt richten und dann auf die Chaussee
hinauslaufen, wo es nichts zu sehen gibt als Pappeln
und winterlich öde Sandfelder? Wenn Sie dann an
einem gewissen Hause vorbeikommen, weshalb schleichen
Sie denn wie ein Verbrecher daher und wagen kaum
hinzusehen? Wissen Sie wohl noch, was neulich pas=
siert ist an jenem sonnigklaren Dezemberfrosttage, als
die Welt so frisch und jungfräulich im ersten Dauer=
schnee dalag? Dieser freudige kalte Tag mußte wohl
Ihren Mut befördert haben, denn Sie wagten es, mit
großer Kühnheit nach dem Fenster des bewußten Hauses
zu blicken, aber als Sie dort ein junges schlankes
Mädchen bemerkten, das mit großen dunklen Augen
auf Sie hinschaute, da wurden Sie rot wie eine Pur=
purrose und zogen sehr tief Ihren Hut ab, während
das Mädchen sich freundlich verneigte und auch, wohl
im Widerschein Ihres Antlitzes, ein wenig anglühte.
Sie liefen dann wieder auf die öde Chaussee hinaus
und geruhten, sich ein wenig närrisch zu benehmen,
absonderlich wieder erklecklich zu hüpfen und allerlei

Poesieverse in den Wintertag hinein zu deklamieren. Dero Gedanken waren unbedingt an einem anderen Orte, denn Sie bemerkten weder den großen grauen Würger, Lanius excubitor L., der im Sonnenschein auf dem Pappelwipfel saß, noch die Eisvögel, Alcedo ispida L., die an dem noch nicht zugefrorenen Bach mit Fischfang sich erlustierend, in der Sonne wie Edelsteine glänzten. Obgleich doch solcherlei Schauspiel sonsten von Ihnen mit besonderem Wohlgefallen betrachtet wurde, Herr Dusedann! Sie werden sich erinnern, daß Sie späterhin auf der Chaussee noch andere Merkwürdigkeiten trieben, absonderlich, daß Sie plötzlich in großen Schreck gerieten, indem Sie sich bewußt wurden, ganz laut einen Namen in den schneeglänzenden Wintertag hinausgerufen zu haben, und zwar lautete dieser: „Wendula! — Wendula Roland!" — Was soll man davon denken, Herr Dusedann? Sie sahen sich zwar sofort erschrocken um und beruhigten sich erst, als Sie bemerkten, daß auf der ganzen weiten Chausse kein Mensch zu sehen war. Sie suchten sich einzureden, nur die Liebe zum Wohlklange habe Sie veranlaßt, diesen melodischen Namen auszurufen, aber ob Sie sich dieses geglaubt haben, ist noch sehr die Frage.

Ja, es war eine merkwürdige Veränderung mit Herrn Dusedann vorgegangen. Acht Tage lang hielt er es aus, ohne den Anblick des wunderbaren Papageis zu leben, dann trieb es ihn mit magnetischer Gewalt, sich wieder nach ihm umzusehen. Das nächste Mal konnte er diese Sehnsucht nur noch drei Tage lang unterdrücken und dann stellte er sich ein um den anderen Tag ein, so daß er binnen kurzem im Hause Roland eine bekannte Erscheinung ward. Auch eine beliebte. Der Alte freute sich, jemand zu haben, mit dem er plaudern konnte, die beiden jüngeren Töchter Susanne und Regina fanden einen harmlosen Spielgefährten in ihm, dessen Taschen allerlei Süßigkeiten bargen, und Wendula — ja wer wollte das ergründen, was in der Tiefe ihrer dunklen Augen verborgen lag. Aber das muß gesagt werden, daß sie heller aufleuchteten, wenn die Thürglocke erklang und der bekannte Schritt auf dem Gange hörbar ward. Als bemerkenswert muß auch verzeichnet werden, daß Herr Dusedann, der bekanntlich doch nur kam, um den Papagei zu sehen, zuweilen nach längerem Aufenthalt wieder fort ging, ohne ihm mehr als einen halben Blick geschenkt zu haben, eine Inkonsequenz, die aus den sonstigen Charaktereigenschaften dieses jungen Mannes nicht genügend erklärt werden kann.

Da die Weihnachtszeit herannahte, so waren auch in diesem Hause vielerlei Geheimnisse im Gange, und Herr Dusedann genoß das ehrenvolle Vertrauen, von allen drei Mädchen in ihre verschiedenen Unternehmungen eingeweiht zu werden, so daß ihm als einem Weihnachtsbeichtvater das ganze Gewebe gegenseitiger Ueberraschungen klar vor Augen lag. Diese Dinge rührten ihn und gefielen ihm gar wohl, zumal er seine Eltern früh verloren hatte und einsam ohne Geschwister aufgewachsen war. Dies alles berührte ihn als etwas Neues und seltsam Liebliches und zum erstenmal in seinem Leben ward ihm klar, daß er in seiner Kind=

heit trotz allen Ueberflusses doch vieles entbehrt habe, das kein Reichtum schaffen kann.

Es kam einmal zur Sprache, daß er dieses Fest noch niemals in Gegenwart von Kindern gefeiert habe, immer nur, so lange er denken konnte, mit der alten Tante Salome am Abend des ersten Weihnachtstages. Diese zierte dann einen Tannenbaum auf mit allerlei dauerhaften Schmuckdingen, die sie sorgfältig in einer Schieblade aufhob, und deren manche noch aus seiner Kinderzeit stammten. Den Grundstock ihrer Bescherung bildeten stets sechs Paar selbstgestrickte Strümpfe und darum gruppierten sich einige wertlose Kleinigkeiten, „denn was soll ich dir schenken, mein Junge," sagte sie, „du hast ja alles!" Dazu hatte sie aber stets nach alten geheimnisvollen Familienrezepten eine Unzahl der verschiedensten Kuchen gebacken, die keines von beiden aß und die später so allmählich fortgeschenkt wurden. Herrn Dusedanns Gegengeschenk bestand jedoch, seit er mündig war, stets aus einem Schächtelchen mit Goldstücken, die Tante Salome in ihre Sparbüchse that. Nach der Bescherung gab es Karpfen zum Abendessen, und Herr Dusedann braute dazu aus einer Flasche Burgunder, einer Flasche Portwein und ein wenig echtem Jamaika-Rum einen Punsch, worin sich Tante Salome regelmäßig einen kleinen Spitz trank. Danach wurde feierlich zu Bette gegangen und die Sache war erledigt.

Wie es kam, ist nicht mehr mit Genauigkeit festzustellen, allein, als man über diese Dinge redete und Herr Dusedann zwischendurch den Wunsch äußerte, dies

Fest einmal in Gemeinschaft mit Kindern zu feiern, da war er, ehe man sich's versah, eingeladen. Dies ging insofern ganz gut, als die Familie Roland das Fest am heiligen Abend feierte, und Herr Dusebann somit seine eigenen geheiligten Familientraditionen nicht zu durchbrechen nötig hatte, eine Tempelschändung, die zu verüben er auch wohl nicht gewagt haben würde. Da nun seine Kühnheit in der letzten Zeit schon bedeutend zugenommen hatte, so gelang es ihm, in wohlgesetzter Rede den Wunsch auszusprechen, daß ihm erlaubt sein möchte, sich an diesem Abend ganz als ein Mitglied der Familie zu betrachten, und man ihm nicht verübeln möge, wenn er sich in jeder Hinsicht an der Bescherung beteilige. Daß die Familie Roland dagegen nichts einzuwenden hatte, stimmte ihn so fröhlich, daß er auf dem Rückwege nach seiner Wohnung eine große moralische Kraft anwenden mußte, in dem frisch gefallenen Schnee der Straße nicht einigemal vor Vergnügen Kobold zu schießen. Das ehrwürdige Blut der Dusebanns aber, das in seinen Adern floß, war stark genug, diese hasenfüßige That zu verhindern.

Von diesem Tage an wurde Herr Dusebann viel mit Paketen gesehen. Da aber in dieser Zeit solches eine häufige Zierde des Mannes, insonderheit des Familienvaters und des alten guten Onkels ist, so fiel das weiter nicht auf. Aber der junge Mann zitterte doch oftmals bei seinen Einkäufen davor, daß ihn ein Bekannter dabei überraschen möge. Zwar bei der großartigen Kinderkochmaschine, die er für Regina einkaufte und der für Susanne bestimmten Puppenstube von märchenhafter Pracht hätte er schon leicht eine Ausrede finden können, allein was sollte er sagen, wenn ihn jemand gefragt hätte, für wen der kostbare olivenbraune Seidenstoff bestimmt sei und die wunderbare goldene, mit Perlen behängte Halskette, die der erste Juwelier der Stadt nach den Zeichnungen eines bedeutenden Künstlers ausgeführt hatte. Wenn er behauptet hätte für Tante Salome, so wäre diese Lüge doch gar zu durchsichtig gewesen. Und so kaufte er in einer Art von Rausch noch allerlei Dinge, die ihm passend und angenehm erschienen. Daß sein Beginnen sehr auffallend war, kam ihm gar nicht in den Sinn, dazu hatte er zu einsam gelebt und zu wenig Begriff von dem Wert des Geldes.

Als er kurz vor Weihnachten zu der Familie Roland kam, traf er den Alten allein und in sehr trübseliger Stimmung. Nach einigen Worten der Einleitung fragte dieser mit bebender Stimme: „Möchten Sie den Papagei noch kaufen, Herr Dusedann?"

Als dieser ihn verwundert anblickte, fuhr er fort: „Ich werde sehr bedrängt durch eine Schuld, die ich zur Zeit meiner schweren Krankheit, der mein jetziges Leiden folgte, eingehen mußte. Bis jetzt habe ich sie in kleinen Raten vierteljährlich vermindert, allein nun will der Geldgeber nicht mehr warten. Außerdem ist das Weihnachtsfest vor der Thür und der erste Januar mit seinen Ausgaben. Es ist ja auch ein großer Luxus für einen Mann wie mich, ein so kostbares Tier zu halten. Ich habe mir die Sache überlegt. Ein sogenannter roher Graupapagei, der frisch angekommen ist und noch nichts versteht, kostet nur sechsunddreißig Mark. Ich schaffe mir von dem übrigen Gelde einen solchen an, einen, der noch graue und nicht gelbe Augen hat, also noch jung ist, und dann will ich mich dahinter setzen, daß er bald ebensoviel lernen soll als dieser."

Herrn Dusedann schoß ein glänzender Gedanke wie eine Sternschnuppe durch den Kopf.

"Gewiß," sagte er, "den Papagei kaufe ich gerne, aber Sie müssen ihn noch eine Weile behalten, bis ich mich auf ihn eingerichtet habe. Nicht wahr? Im nächsten Jahre hole ich ihn mir." Da er gerade genügend mit Geld versehen war, so zählte er die fünfhundert Mark auf den Tisch und verabschiedete sich. Zu Anfang war er ein wenig betroffen und ergriffen, denn zum erstenmal in seinem Leben war ihm menschliche Not entgegengetreten, allein diese Stimmung verlor sich bald, denn es lag ja in seiner Hand, diesen Menschen, die er achtete und liebte, von seinem Ueberflusse mitzuteilen. Der Mond, der an diesem Abend in Herrn Dusedanns Zimmer schien, hatte einen wunderlichen Anblick. Er sah diesen Herrn in seinem Bette liegen und in höchst seltsamer Weise alle Augenblicke sich die Hände reiben, ja sogar zuweilen unter der Bettdecke mit den Beinen ziemlich strampeln. Der gute alte Mond glaubte, daß Herrn Dusedann fröre;

freilich er konnte nicht wissen, daß in dem Zimmer sehr schön geheizt war und Herr Dusebann bloß vor lauter Vergnügen nicht einschlafen konnte.

Am Morgen des vierundzwanzigsten Dezember erwachte Herr Dusebann so erwartungsvoll und freudig wie ein richtiges Kind, das diesen seligen bevorstehenden Abend kaum abzuwarten vermag. Er packte alle seine eingekauften Schätze sorgsam in eine ungeheure Kiste und bestellte dann einen Dienstmann, der die Weisung erhielt, diese am Abend um fünf Uhr in der Rolandschen Wohnung abzuliefern. Nur eine Schachtel behielt er zurück und machte sich damit um ein Uhr auf den Weg, um sie persönlich abzuliefern. Sie enthielt einen Beitrag zur Ausschmückung des Tannenbaums, denn er hatte sich extra auserbeten, an diesem feierlichen Akte teilnehmen zu dürfen. Er fand den Alten und die beiden Kinder zusammen in dem Vorderzimmer. „Wir dürfen nicht hinein," sagte Susanne und zeigte auf die Nebenthür: „Wendula putzt auf!"

„Aber ich darf doch?" fragte Herr Dusebann.

„Ja, Sie dürfen. Wendula hat's gesagt."

Er klopfte jetzt und ward durch einen schmalen Thürspalt hineingelassen.

„Ich habe doch was blinken sehen," rief Regina triumphierend.

Wendulas Gesicht war von der eifrigen Thätigkeit rosig angehaucht und ihre dunklen Augen strahlten. Sie hatte die Aermel ein wenig aufgestreift, daß die schönen weißen Arme zur Hälfte sich zeigten. Die Grundlage alles Tannenbaumaufputzes, die Silber=

und Goldäpfel, hatte sie bereits angehängt, und diese schimmerten freundlich aus dem dunklen Grün hervor. Herr Dusedann packte seine Schachtel aus. Es waren lauter Vögel darin, Marzipan-, Zucker- und Schokoladevögel, die er mit großer Mühe aus allen Zuckerwarenfabriken und Konditoreien der Stadt zusammengesucht hatte, Papageien, die sich in Ringen schaukelten, Schwäne, Gänse, Enten, Hühner, Kanarienvögel und alles mögliche. Zu seinem großen Bedauern hatten aber die buntesten und prächtigsten dieser wohlschmeckenden Tiere mehr aus einer exotischen Zuckerbäckerphantasie ihren Ursprung genommen, als daß sie treue Nachbilder der Wirklichkeit gewesen wären. „Wie würden Sie nun dies Geschöpf nennen?" sagte er und hielt ein solches Gebilde empor, „Fasanen-Möwen-Schwan-Geier ist die kürzeste Bezeichnung, denn von allem ist was drin."

„Ich nenne ihn Piepvogel," sagte Wendula, „und hänge ihn an den Tannenbaum."

Er beteiligte sich an dieser Arbeit, stellte sich aber ein wenig ungeschickt dabei an. „Wir wollen uns in die Arbeit teilen," sagte Wendula, „ich hänge an und Sie reichen mir die Sachen zu."

Herr Dusedann war es zufrieden. Aber war es notwendig, daß bei diesen Verrichtungen die Hände sich so oft trafen und die Augen so lange aneinander hafteten? War bei den Beratungen über den besten Ort für irgend einen Gegenstand es gar nicht zu vermeiden, daß die Schultern sanft aneinander ruhten und die Hände sich wieder begegneten? Was sollte es bedeuten, daß beide so oft lachten über Dinge, die nichts Komisches an sich hatten, und dann wieder bei einer ähnlichen Gelegenheit ohne jeden ersichtlichen Grund verstummten? Seit wann bedurfte Wendula, eine so behende Persönlichkeit, unbedingt der Hilfe, um auf einen Stuhl zu steigen, und fraglos der Unterstützung, wenn sie wieder herab wollte?

Endlich hatte sie die letzten Lichter an dem oberen Kranz der Zweige befestigt, stand auf ihrem Stuhl und betrachtete ihr Werk. „Nun ist alles fertig!" sagte sie mit einem kleinen Seufzer.

„Wie schade!" meinte Herr Dusedann. Dann sahen sie sich in die Augen und er reichte ihr die Hände, um ihr beim Absteigen behilflich zu sein.

Sie glitt an ihm hernieder und lag in seinen Armen. Dann küßten sie sich. Herr Dusedann hielt sie fest umschlossen und fragte ganz leise: „Auf immer?"

„Nun und immerdar!" sagte Wendula noch leiser.

Sie mochte wohl den Tannenbaum mit ihrem Kleide gestreift haben, denn es fiel etwas plötzlich herab. Sie erschraken beide und fuhren auseinander. Herr Dusedann nahm es auf; es war ein kleines Pfefferkuchenherz, in zwei Teile zerbrochen. Er reichte es Wendula hin, diese paßte die zerbrochenen Hälften aneinander und gab dann die eine Herrn Dusedann. Beide aßen ihren Anteil stillschweigend auf, lachten dann wie die Kinder und gingen Hand in Hand hin, Herrn Roland um seinen Segen zu bitten.

Die beiden Kinder waren anfangs ganz erstarrt, allein dies ging bald in ausgelassene Lustigkeit über,

sie sprangen beide jauchzend im Zimmer herum, der
Papagei sang und pfiff, blies, krähte, bellte und trom=
petete, und Herr Dusedann mußte bald mit der einen,
bald mit der anderen herumtanzen, so daß Herr
Roland sich zuletzt in komischem Entsetzen die Ohren
zuhielt.

Als nun zuletzt die große Kiste ankam und die
Bescherung losging, und Herr Roland seinen Papagei
feierlichst zurückgeschenkt erhielt, da war ein solcher
Ueberfluß von Liebe, Glück, Dankbarkeit und anderen
schönen Empfindungen an diesem Orte vorhanden, daß
es ein wahres Wunder war, wie das alles in der
engen Wohnung Platz fand.

Penelope.

I.

In der Fontaneſtraße blühten die Erdbeeren. Nicht in den Gärten dieſer Straße, denn ſolche hatte ſie nicht; ſie beſaß auch keine Häuſer, ſie beſtand nur aus einem Aushau durch einen Teil des Forſtes dicht bei dem Bahnhofe Grunewald. An beiden Seiten dieſes Aushaues ragten die Kiefern noch unverſehrt, doch auf der ſogenannten Straße zeigten ſich nur noch die Stümpfe der geſchlagenen Bäume in gelblichem Schim= mer und geziert mit goldglänzenden Harztropfen. Da= zwiſchen wuchs Gras und Kraut, und, wie ſchon geſagt worden iſt, blühten die Erdbeeren. Es ſah ganz hübſch aus, zumal wenn man dieſe Straße mit anderen Ber= liner Straßen verglich, die ſich endlos, ohne jeden Baum und jedes Grün, dahinziehen, und deren himmel= hohe Häuſerwände in öder Maurermeiſterarchitektur mit Gipsornamenten aus dem großen Vorratskaſten und ſchwindſüchtigen Balkons befleckſt ſind.

Daß nun aber dieſer lange abgeholzte Streifen eine Straße bedeuten ſollte, und zwar die Fontaneſtraße, darüber konnte kein Zweifel ſein, denn verſchiedene auf

Pfählen errichtete weiße Tafeln bezeugten dies durch
ungemein deutliche Inschriften. Ich befand mich nämlich in der neuen Villenkolonie Grunewald und zwar
in ihrem westlichsten Teile, der, wie die weiteren
Namen Bettinastraße, Auerbachstraße u. s. w. bewiesen,
einen durchaus litterarischen Charakter zur Schau trägt.
Da ich nun auch ein Schriftsteller bin, so fühlte ich
mich von dieser Ecke, obwohl dort noch weit und breit
kein Haus zu sehen war, kollegialisch angeheimelt und
empfand ein wohlthuendes Gefühl innerer Berechtigung,
gerade dort spazieren zu gehen. Doch ich ging eigentlich gar nicht spazieren, sondern ich hatte einen Zweck.
Der Porträtmaler Fritz Dankwart hatte mich eingeladen, ihn zu besuchen, um mir sein in dieser Kolonie
neu erbautes Landhaus zu zeigen, und ich befand mich
auf dem Wege dorthin. Noch vor vier Jahren war
ich in dieser Gegend des Grunewaldes, die jetzt von
den teils bebauten, teils noch unbebauten Straßenzügen der neuen Kolonie durchschnitten ward, in der
Einsamkeit spazieren gegangen. Dann hatte ich die
Gegend gemieden, weil Greuel der Verwüstung dort
anfing zu herrschen. Doch muß man sagen, daß keine
der vielen um Berlin herum gegründeten Villenkolonien
in so großartiger Weise in Angriff genommen worden
ist, als diese, und daß sie in späterer Zeit, wenn alles
fertig sein wird, einmal einen höchst anmutigen Anblick gewähren muß. Der Grunewald ist durchschnitten
von alten Wasserläufen, die zum Teil verwachsen sind
und dann moorige, mit Erlen, Birken und krüppeligen
Kiefern bedeckte Sümpfe, sogenannte Fenne, bilden,

zum Teil aber an den tieferen Stellen sich als eine
Kette von meist langgestreckten, lieblichen Seen hin=
ziehen. Diese bilden die größte Zierde des sehr aus=
gedehnten Waldes und solchen Schmuck hat man auch
der neuen Kolonie zuwenden wollen, indem man die
dort vorhandenen ausgedehnten Fenne mit großen
Kosten ausgegraben und wieder in anmutige Seen mit
schön geschwungenen Ufern verwandelt hat. Ich ge=
langte bald an einen Ort, wo einer dieser Seen im
Entstehen begriffen war. Schon vorher hatte ich das
Schnaufen der kleinen Lokomotive vernommen und das
Rasseln der Kippkarren, die, mit braunen torfigen Moor=
klumpen beladen, überall an geeigneten Stellen düstere
Dämme aufhäuften, und bald gelangte ich auch an ein
improvisiertes Dorf, wo biedere Polacken ihre Erdhütten
errichtet hatten, wo schlampige Weiber in roten Unter=
röcken auf schwelenden Feuern polackische Leibgerichte
kochten, wo schmutzige weißhaarige Kinder mit Torf
spielten und behängte Wäscheleinen die tiefsten Toi=
lettengeheimnisse einer ansprechenden Bedürfnislosig=
keit verrieten. Doch bald wurde die Gegend kulti=
vierter. Die Straßen hatten, wenn auch noch keine
Häuser, doch schon Pflaster, und stellenweise sah man
eingezäunte Grundstücke. Dann endlich schimmerte der
erste halbfertige Neubau rötlich durch die Kiefern=
stämme. Dann mehrten sich an den mit jungen Bäu=
men bepflanzten Straßen die Häuser, halbfertige, ganz=
fertige und solche, die schon bewohnt waren. In den
Gärten hatte man, soviel es anging, die vorhandenen
Kiefern stehen lassen; darunter zeigten sich frischgrüne

Rasenflächen, Gebüschgruppen mit jungem Laube und leuchtende Blumenbeete. Dort, wo noch vor vier Jahren meine Kinder Erdbeeren gepflückt hatten, und ich für meine Frau einen Strauß von zierlichen Graslilien, streckte sich jetzt ein eingezäunter großer Park dahin mit saftigem Rasen und schön geschlängelten, sandbestreuten Wegen; dort, wo ich um dieselbe Zeit noch an dem einsamen, in der Sonne brütenden Fenn auf das monotone Zirpen der Goldammern und das langhingedehnte „Ziaziazia" des Baumpiepers gelauscht hatte, kräuselte jetzt ein lieblicher See seine Gewässer und aus blühenden Gärten an seinen Ufern schimmerten freundliche Villen hervor.

In dieser Gegend wohnte Dankwart, und ich fand bald das mir vorher beschriebene Haus, ein lustiges Gebäude mit allerlei Türmchen, Giebeln und Vorbauten, gedeckt mit farbigen glasierten Ziegeln und umgeben von einem funkelnagelneuen Garten. Alles sah noch so frisch lackiert, neu und sauber aus, als sei es soeben erst aus einer Schachtel genommen. Ich fand den Maler in seiner schönen und großen Werkstatt, wo er sich noch mit dem Einräumen beschäftigte, denn ganz vor kurzem war er erst hierher gezogen. Wie abweichend erschien mir dieser Raum von anderen Malerateliers, die ich gesehen hatte. Da war nicht jene Ueberfülle von kostbaren Stoffen, Pelzdecken, alten Möbeln und Geräten, sondern alles trug einen einfachen, fast strengen Charakter. An den einfarbigen Wänden hingen wenige, aber gute Bilder, und die Möbel schienen vor allen Dingen zum Gebrauch da

zu sein und nicht ausschließlich zum Besehen. An ihnen
sah man keine Säulen, Simse und sonstige überflüssige
Architekturteile, sondern ihre Umrisse waren von ein=
fachen und edlen Linien begrenzt und ihr Schmuck
bestand in sparsam angebrachten Flächenornamenten.
Dies alles fiel mir auf den ersten Blick auf, und ich
redete Dankwart darauf an. Das schien ihm Vergnügen
zu machen, und alsbald machte er sich daran, mir die
ganze Einrichtung seines neuen Hauses und aller seiner
Räume zu zeigen. Ueberall fand ich dasselbe Streben
nach einfacher Zweckmäßigkeit unter Vermeidung über=
flüssigen und aufbringlichen Ornamentenwerkes. Ich
hatte in der letzten Zeit so viele Salons gesehen, die
in der Fülle der in ihnen aufgehäuften Gegenstände
eher aufgedonnerten Trödlerläden, als menschlichen
Wohnungen glichen, daß mir bei der ruhigen und ein=
fachen Schönheit dieser Räume ganz wohl ums Herz
wurde und ich meine Befriedigung in warmen Worten
kundgab. Das freute den Maler sichtlich und er holte
aus zu einem kleinen kunstgeschichtlichen Vortrage.

„Es ist ein merkwürdiges Jahrhundert," sagte
er, „dies neunzehnte, dies Jahrhundert der Dampf=
maschine. Die Hast, die diese neue Erfindung in die
Welt gebracht hat, zeigt sich auf allen Gebieten, auch
auf dem der Baukunst. Wir haben in diesen hundert
Jahren wie in einem Fiebertraum Entwickelungen
durchgemacht, wozu die Welt vorher über zweitausend
Jahre gebraucht hat. Mit den Griechen fingen wir
es an und mit Empire enden wir es. Dazwischen
liegen alle Sorten von Renaissance, Gotisch, Romanisch

und was Sie wollen, wir haben uns nichts geschenkt, sogar Bauten in dem wunderlichen Uebergangsstil vom Gotischen zur Renaissance leisten wir uns heute. In der Bellevuestraße können Sie es sehen. Wie Schmock in den „Journalisten" schreibt in allen Richtungen, so auch unsere Baumeister, sie bauen Ihnen in allen Richtungen — Sie brauchen nur zu wünschen. Ich kenne einen, und zwar gehört er zu den besten, die wir haben, der baut augenblicklich gleichzeitig eine gotische und eine romanische Kirche, ein Museum im strengsten Renaissancestil und eine Rokokovilla. Verlangen Sie was Indisches, so macht er es Ihnen auch. Darum eben, weil wir alles können, hat unsere Zeit keinen Stil. Unsere Bauwerke sind nicht gewachsen, sondern gemacht. Nicht aus den inneren Bedingungen heraus ist ihr äußeres Kleid entstanden, sondern meist umgekehrt, der Fassade hat sich das Innere zu fügen, oder wenn das nicht geht, wird mächtig darauf losgelogen und wo uns die Außenarchitektur einen mächtigen Saal von doppelter Etagenhöhe vorflunkert, haben wir inwendig ganz gemütlich zwei Stockwerke und dergleichen mehr. Das Sonderbarste aber ist, daß die Dampfmaschine oder überhaupt die Maschine, der wir die ganze hastige Ueberstürzung und Unruhe der neuen Zeit verdanken, zugleich für sich einen wirklichen Stil ausgebildet hat. Sie werden es für paradox halten, aber einen eigentlichen Stil findet man heutzutage nur im Maschinenbau. Denn Stil besteht nicht darin, daß man, wo nur Platz ist, möglichst viel Ornament von einer bestimmten Sorte anbringt, wie bei vielen von unseren heutigen Bauwerken und Möbeln, sondern darin, daß jeder einzelne Teil seine Bestimmung möglichst klar und schön ausdrückt und dabei zu jedem anderen Teile in einem richtigen Verhältnisse steht. Dies ergibt sich bei der Maschine schon von selbst aus ihren inneren Bedingungen und aus mathematischen und statischen Gesetzen, und ich kann wohl sagen, daß eine große Dampfmaschine, die von einem Ingenieur mit feinem Formgefühl richtig konstruiert ist, mir mehr ästhetisches Behagen erweckt, als viele unserer modernen Bauten und Möbel."

„Das ist mir," sagte ich, „der selbst lange Jahre diesem Fache angehört hat, sehr schmeichelhaft zu hören."

„Doch genug hiervon," fuhr der Maler fort, „es freut mich nur, daß Ihnen mein Häuschen und seine Einrichtung gefällt, wie es scheint, und daß Sie sich wohl darin fühlen."

Er holte eine Flasche Rheinwein und Zigarren herbei und wir setzten uns in dem schönen Werkstattsraume behaglich zum Plaudern nieder. Dabei fiel mein Blick auf ein ziemlich großes Bild, das an die Wand gelehnt stand und in einer Weise gemalt war, wie es vor etwa fünfundzwanzig Jahren üblich war. Es stellte Penelope dar, die von den Freiern bei der Auftrennung ihres Gewebes überrascht wird. Ein korrekt und fleißig gemaltes Bild, wie es viele gibt, ohne besondere Fehler, aber auch ohne besondere Verdienste. Nur Penelope hob sich hervor, wie sie erschrocken und doch hoheitsvoll das Haupt nach den eindringenden Freiern über die Schulter wandte. In dieser Bewegung lag im Gegensatz zu den herkömmlichen Gesten der übrigen Gestalten des Bildes Wahrheit. Zudem hatte man die Empfindung, in diesen festen und doch zarten Zügen ein Porträt vor sich zu sehen, und zwar ein solches, bei dem man sagt, obwohl einem das Urbild unbekannt ist: das ist ähnlich.

Dankwart bemerkte die Richtung, die meine Augen genommen hatten, und sagte: „Ja, dieser alte Schinken ist beim Umräumen auch wieder zum Vorschein gekommen. Mein erstes größeres Bild, eine sogenannte Komposition. Damals wußte ich noch nicht, daß ausschließlich ein Porträtmaler in mir stecke, und träumte von hohen Dingen und großen Wandflächen. Ich besitze noch eine ganze Mappe voll ähnlicher Entwürfe aus jener Zeit. Erst kürzlich habe ich diese trübseligen Verirrungen meines Geistes betrachtet mit dem Lächeln dessen, der überwunden hat. Aber dies Bild, obwohl es nicht viel taugt, ist mir doch lieb und wert, denn es hat eine Geschichte und erinnert mich an eine der schönsten Zeiten meines Lebens. Das Kramen in den alten Sachen hat alles wieder frisch in meine Erinnerung zurückgeführt — haben Sie Lust, eine kleine Geschichte zu hören?"

Ich bejahte natürlich,. der Maler schlürfte langsam den Rest aus seinem Glase, schenkte neu ein, blies nachdenklich einige Wölkchen aus seiner Zigarre und begann zu erzählen.

※

II.

An einem nebligen Winterabend vor etwa dreiundzwanzig Jahren hatte ich beschlossen, in die Zauberflöte zu gehen. Natürlich nicht ins Parkett, sondern, wie es meinen damaligen kümmerlichen Geldverhältnissen entsprach, so hoch man steigen konnte, ins Amphitheater. Wer diesen Platz kennt, der weiß, daß man dort kein schlechtes Publikum trifft, und daß dort meist mehr Andacht herrscht, als auf den besseren Plätzen. Dort sitzen Leute mit schmalen Geldbeuteln, aber vollen Herzen, Leute, denen es ein Opfer ist, einen halben Thaler für einen Kunstgenuß zu geben, die dafür aber auch zu genießen wissen, und denen eine gute Vorstellung aus dieser Höhe gesehen und gehört, oft noch lange wie ein schöner Traum nachgeht.

Die Vorstellungen der Zauberflöte sind im allgemeinen nicht so gut besucht, wie die der modernen Opern, doch fand ich, als ich mich mehr als eine Stunde vor Beginn am Opernhause einfand, hinter dem schmalen Eingangsgitter doch schon eine ganze Reihe von Menschen eingepfercht, die auf die Kassenöffnung warteten. Ich stellte mich dazu und hatte das Glück, bald darauf schon beim zweiten Schub als der letzte mit eingelassen zu werden. Sehen Sie, so spielt der Zufall in unserem Leben eine Rolle. Hätte der Cerberus an der Thür, der eben schon abschließen wollte, nicht in einer milden Anwandlung mich gerade noch mit hinein gelassen, so hätte meine Zukunft wahrscheinlich eine ganz andere Gestalt angenommen. Von der Laune eines Thürschließers hängen oft unsere ferneren Schicksale ab. Als ich dann nach einer Weile an die Kasse gelangte, stand dort ein schön gewachsenes Mädchen, das sehr einfach, aber sauber und zierlich gekleidet war. Sie hatte zehn Groschen in Silber, die übrigen fünf Groschen aber in lauter Dreiern auf den Kassentisch gelegt, und in dem Augenblick, als ich dies bemerkte, schob der Kassierer das stattliche Häufchen Kupfer unwirsch zurück und sagte: „Das nehmen wir hier nicht." Enttäuschung und ein wenig Scham malten sich in dem schönen, aber blassen Antlitz des Mädchens und eine Weile stand es ratlos da.

Ich schob schnell entschlossen ein Fünfgroschenstück hin und nahm die zwanzig verachteten Dreier an mich. „Erlauben Sie, daß ich wechsle," sagte ich. Im ersten Augenblick sah sie voll Schreck über die Schulter auf mich hin, dann wandelte sich die weiße Rose ihres Antlitzes in eine purpurne, sie nahm rasch die verächtlich hingeschleuderte Papptafel, verbeugte sich ein wenig, indem sie sagte: „Ich danke sehr, mein Herr!" und ging schnell davon. Als ich ihr sehr bald darauf folgte, hörte ich, wie ihre leichten eiligen Schritte auf den alten ausgetretenen Steinstufen vor mir her den olympischen Höhen zustrebten. Ich bekam, oben angelangt, einen Platz neben ihr, was sie offenbar anfangs bedrückte; sie faßte sich aber schnell und wiederholte ihren Dank. Dann fuhr sie fort: „Ich hätte wieder umkehren müssen, denn anderes Geld hatte ich nicht. Ob der Mann das wohl zurückweisen darf; es ist doch richtiges Geld. Mancher arme Mensch muß lange arbeiten, ehe er so viele Dreier zusammenbringt."

„Ich wollte nur, ich hätte ein paar Scheffel davon," sagte ich.

Sie lächelte: „Was wollten Sie wohl mit so viel Dreiern machen?"

„Nun, zunächst würde ich sie in schöne blanke Thaler umwechseln und die sollten schon springen lernen."

„Da könnten Sie alle Wochen ins Theater gehen, meinte sie mit einem kleinen Seufzer.

„Sie gehen wohl gern ins Theater?" fragte ich.

„Es ist mein Schönstes," war die Antwort.

„Da besuchen Sie es wohl oft?"

„Ach nein," erwiderte sie, „es kommt nur sehr selten vor. Der Verdienst ist gering und wir müssen das Unsrige zusammenhalten. Das ist heut ein Festtag für mich."

Obwohl mich etwas in der Klangfärbung an Berlin erinnerte, so fiel mir doch die Reinheit ihrer Sprache auf, besonders wenn ich den wahrscheinlich geringen Stand dieses Mädchens in Betracht zog. Besonders ein Kennzeichen der meisten Eingeborenen fehlte ihr ganz. Ich fragte deshalb: „Sie stammen wohl nicht aus Berlin?"

„O doch," antwortete sie, „ich bin mit Spreewasser getauft, ebenso wie meine beiden Eltern."

„Das wundert mich," sagte ich, „denn Sie sprechen

ja das R aus. Ein richtiga eingeboana Bealina thut das doch nicht. Dea geht in die Opa und wenn ea dann die Zaubaflöta von Mozacht, oba Zaa und Zimmamann von Lochzing ghöat hat, soupiat ea entweda voanehm und wundavoll bei Hilla oba trinkt sein Nüanbega Bia beim schwean Wagna, oba seine Weiße mit Gewea üba, wo ea sonst Lust hat."

Sie lachte: „Wie Sie das gleich heraus haben. Sie sind wohl Geheimpolizist? Aber das haben wir, meine Schwester und ich, Vatern zu verdanken. Der hat es von Anfang an nicht gelitten, als wir noch Kinder waren, und jetzt, da wir beide erwachsen sind und selber was verdienen, da kostet es gleich einen Dreier in die Strafkasse, wenn wir: ick, det, wat, weeste, Dogen, glooben, Fleesch und Beene sagen, oder einmal das R nicht aussprechen." Sie stockte eine Weile, als scheue sie sich fortzufahren, dann spielte ein eigentümliches Lächeln um ihre Lippen, als sie sagte: „Nun können Sie sich auch die vielen Dreier erklären; sie stammen alle aus der Strafkasse. Denn für dieses Geld gehen wir Schwestern ins Theater, eine um die andere. Da müssen immer erst sechzig Fehler gemacht werden, ehe eine Oper dabei herauskommt."

Mit lieblich lustigem Ausdruck fuhr sie dann fort: „Aber manchmal helfen wir ein bißchen nach, besonders die, die gerade an der Reihe ist. Die Zauberflöte habe ich mir schon lange gewünscht, und als ich las, daß sie heute gegeben wurde, da fehlten gerade noch fünf Dreier in der Kasse. Da habe ich denn so ganz aus Versehen gesagt, als meine Schwester mich fragte, ob ich diesmal hingehen könne: ‚Weeste, det gloob ick nich!' und da waren mit dem einen kleinen Satz gleich die fehlenden fünf Dreier da."

Sie hatte offenbar Vertrauen zu mir gefaßt und war ins Plaudern gekommen, und so erfuhr ich denn in der Stunde, die wir auf den Beginn der Vorstellung warten mußten und während sich der große Raum langsam füllte, noch vieles von ihren und der Ihren kleinen Schicksalen.

„Vater," sagte sie, „hat sich von klein auf fürs Theater interessiert. Er wäre auch wohl sicher ein Schauspieler geworden, wenn er nicht den Schaden am Bein hätte, nämlich einen Klumpfuß. Sein Vater war bei der Theatermaschinerie angestellt und dadurch kam er oft mit hinein und konnte zusehen, meist auf der Bühne, manchmal aber auch von der Galerie aus. Er hat noch den großen Ludwig Devrient gesehen, und wenn er auf den kommt, kann er kein Ende finden, von ihm zu erzählen. Zuletzt sagt er dann immer: ‚Ja, so etwas gibt es heute nicht mehr, kommt auch wohl so leicht nicht wieder. Ludwig Devrient war der größte deutsche Schauspieler, ja manche sagen, überhaupt der größte Schauspieler, der je gelebt hat.'

„Mit dem Theater ist Vater auch immer in Verbindung geblieben. Die glücklichste Zeit seines Lebens war, als er bei einem großen Liebhabertheater als Souffleur angestellt war. Da hat er von seinem Kasten aus alles dirigiert, und die Leute haben gespielt, daß man sich verwundert hat. Da war auch

ein Kommis darunter Namens Hahnke, der ist nach=
her ein berühmter Heldenspieler geworden und tritt
in großen Stadttheatern auf. Wenn er von dem jetzt
liest in der Theaterzeitung, wie er wieder schön ge=
spielt hat: den Karl Moor, den Wilhelm Tell, den
Fiesko oder sonst eine gute Rolle, dann kommen ihm
die Thränen in die Augen und er nickt vor sich hin
und sagt: ‚Ja, ja, das war mein Schüler.‘

„Später aber hat sich diese Gesellschaft aufgelöst,
und da hat er sich ganz auf das Theaterbauen gelegt,
was er vorher schon angefangen hatte. Das Haus und
die Dekorationen macht er, und wir, meine Mutter,
meine Schwester und ich, ziehen die Figuren dazu an;
den kleinen niedlichen Gelenkpuppen schnitzt er die
Köpfe zurecht, ordentlich nach dem Charakter, und malt
sie schön an. Bei uns können Sie alles bekommen,
was Sie wollen, Kaiser und Könige mit Hermelin=
mänteln und Dienstmänner mit roten Mützen und
blauen Blusen, Naturburschen, Kommerzienräte und
den reichen Onkel aus Amerika. Wir machen feine
Damen mit seidenen Schleppkleidern und Kammerzofen
mit Latzschürzen, Gecken mit karrierten Hosen und
weißen Cylindern und den dummen Hans vom Lande.
Wir haben Bonvivants und erste und zweite Liebhaber
und Komiker von allen Arten auf Lager und alles,
was nur auf der Bühne vorkommt. Wir haben auch
Schachteln, in denen die Figuren für einzelne Stücke
sortiert sind, zum Beispiel ‚Monsieur Herkules‘ oder
‚Das Fest der Handwerker‘. Die Puppen zu den Räu=
bern, was Vaters Lieblingsstück ist, sind besonders

schön. Die Amalia geht in Atlas und Karl Moor hat wunderschöne Stulpenstiefel von Handschuhleder. Die Räuber tragen richtige kleine Säbel und niedliche Gewehre, und man kann sie alle auseinander kennen, den schuftigen Spiegelberg, den braven Schweizer und wie sie alle heißen. Und sind doch eben nur sechs Zoll lang. Der alte Moor geht ganz in Schwarz und hat einen weißen Bart aus ganz wenig Kaninchenfell. Manchmal Sonntag nachmittags, wenn schlechtes Wetter ist und wir nicht ausgehen können, spielt uns Vater die ganzen Räuber vor. Er weiß sie auswendig. Und alle Personen spricht er mit verschiedenen Stimmen und kriegt sie nie durcheinander. Sie glauben gar nicht, wie erbärmlich das klingt, wenn der alte Moor tief unten in seinem Turme sagt: „Bist du's, Hermann, mein Rabe?"

Vor meinen Augen stieg ein Bild auf, das ich auf dem Lustgarten zur Zeit des letzten Weihnachtsmarktes gesehen hatte. Eine ziemlich große Eckbude hatte dort gestanden, die mir durch ihre sonderbaren Waren aufgefallen war. Dort hingen an Drähten reihenweise die mannigfachsten kleinen Menschlein in allen möglichen Kostümen, dort standen unzählige Schachteln, die, wie die obersten geöffneten zeigten, ebenfalls mit derartigen Püppchen gefüllt waren, und im Hintergrunde sah man eine Menge von Theatern mit schön bunt gemalten Dekorationen, die alle möglichen Räume und Gegenden darstellten. Diese wunderliche Liliputanerwelt hatte mich interessiert und ich hatte mir eine ganze Weile diese ganz nett gemachten Figürchen angesehen, bis ich darauf aufmerksam wurde, daß ein ältlicher glattrasierter Mann und zwei hübsche blasse Mädchen im Innern der Bude mich mit erwartungsvollen Blicken betrachteten. Da es mir stets peinlich ist, vergebliche Hoffnungen zu erwecken, war ich weiter gegangen. Mir war nun schon immer so gewesen, als hätte ich meine Nachbarin irgendwo einmal gesehen, und darum begann ich: „Auf dem letzten Weihnachtsmarkt sah ich eine Bude..."

Sie unterbrach mich fast freudig: „Das war unsere. Wir haben zwar das ganze Jahr durch unsere Abnehmer, aber zu Weihnachten ist doch das beste Geschäft und wir finden dann oft neue Kunden, die uns später treu bleiben. Ach, darunter sind manchmal schnurrige Leute. Einen haben wir, der schreibt alle Jahre ein paar neue Stücke, die er an die Theater verschickt; sie werden aber nie aufgeführt. Dann kommt er zu uns, und wir müssen ihm Puppen und Dekorationen dazu machen, ganz nach seiner Vorschrift. Eins von unseren besten Theatern hat er schon lange. Da ladet er denn ein paar Kinder aus der Nachbarschaft ein, die er nachher mit Schokolade und Windbeuteln traktiert, und spielt ihnen seine Stücke vor. Zuerst hat er's mit Erwachsenen versucht, die sind ihm aber meist weggelaufen, oder wer es einmal ausgehalten hatte, kam nie wieder. Er sagt: ‚Die Kinder haben heutzutage mehr Sinn für die Kunst als die Erwachsenen.'"

Unterdes war die Zeit des Beginnes der Aufführung herangenaht, die Musiker fanden sich nach und nach im Orchester ein und es tönte von dort her jenes verworrene musikalische Getöse, das manche ganz aus dem Theater verbannt wissen wollen, das auf mich aber gerade einen ganz besonderen Reiz ausübt. Mich erinnern diese Flöten= und Klarinettenläufe, dieses Geigenklingen, diese sanften Horntöne und dies vor= sichtige Anschlagen der Kesselpauken an den Gesang der Vögel in einem reichbesetzten Park, wo auch jeder, unbekümmert um den anderen, seine Melodien flötet, pfeift, trillert, tireliert und kuckuckt. Und wie viel Erinnerung an meine Knabenzeit bringt es herauf, wo mir das Theater eine Wunder= und Zauberwelt war und dies verworrene Tönen zugleich mit dem An= blick des geheimnisvollen Vorhanges in mir die Vor= ahnung märchenhafter Genüsse erweckte.

Die Vorstellung nahm ihren gewohnten Verlauf. Die Besetzung der Rollen habe ich zum Teil vergessen, ich weiß nur noch, daß Krüger den Tamino und Fricke den Sarastro sang. Dieser große Bassist, groß in beiden Bedeutungen des Wortes, ist mir immer als der geborene Vertreter dieser Rolle erschienen. Die majestätische Ruhe und Würde seiner mächtigen Er= scheinung, die edle Hoheit, die er sich zu geben weiß, und seine den gewaltigsten Anforderungen scheinbar ohne Mühe gehorchende Stimme, mit der er das Hohe= lied der Humanität: „In diesen heiligen Hallen" vor= trägt, haben mich stets aufs tiefste gerührt und er= griffen. Nachdem er jetzt schon seit Jahren in seiner vollsten Kraft von der Bühne zurückgetreten ist und sich ganz seiner stets nebenher betriebenen geliebten

Landschaftsmalerei gewidmet hat, habe ich Gelegenheit gehabt, diese wunderbare Arie noch in neuester Zeit im Freundeskreise mehrfach von ihm zu hören, und immer ist der Eindruck derselbe geblieben. Auch damals war er mir in dieser Rolle nicht neu, denn im vorhergehenden Winter hatte ich sogar, so sonderbar es auch klingen mag, in der „Zauberflöte" mitgewirkt.

Ich sagte zu meiner Nachbarin, nachdem sich die Wogen der Begeisterung, die dem Schlusse der zweiten Abteilung folgten, etwas gelegt hatten: „Glauben Sie wohl, daß auch der große Sarastro hinter den Kulissen sich ängstigt, ehe er auftritt?"

„Nein, das denke ich nicht," sagte sie scheinbar etwas verwundert über meine Frage, „das kann gar nicht an ihn kommen."

„Ich weiß aber, daß er sich ängstigt, denn ich habe es im vorigen Jahre selber gesehen."

„Wo wollen Sie denn das gesehen haben?"

„Nun, auf der Bühne im vorigen Jahre, als ich in der Zauberflöte mitspielte."

Sie sah mich sehr verwundert an. „Sind Sie denn Sänger?" fragte sie.

„Durchaus nicht," war meine Antwort, „ich habe keinen Ton in der Kehle."

„Nun, als was denn?" fragte sie wieder.

„Als ägyptisches Volk," antwortete ich. „Ich hatte Tricots an und Sandalen, einen weißen, buntgesäumten Kittel und so eine Art Jockeymütze mit zwei Schirmen, einen hinten und einen vorn, und half in passenden Momenten den Hintergrund füllen."

Sie sah etwas enttäuscht aus. Sie hatte offenbar mehr hinter mir vermutet, als einen bloßen Statisten. „Ach," sagte sie bloß.

„Ich will es Ihnen erklären," fuhr ich fort. „Der Mann, der für die nötigen Statisten zu sorgen hat, nimmt gern Studenten oder ähnliches junges Volk, weil diese doch eine gewisse Anstelligkeit besitzen und weil sie, was die Hauptsache ist, über die ihnen als Spielhonorar zustehenden fünf Silbergroschen quittieren, ohne sie empfangen zu haben, und somit zu einer Quelle des Wohlstandes für ihn werden. Da ich mir nun gerne das Treiben hinter der Bühne ansehen wollte, so habe ich mich auch einmal dazu anwerben lassen. Da habe ich denn gesehen, daß der große Sarastro, wie die meisten bedeutenden Sänger und Schauspieler, auch das Kulissenfieber hat, bevor er auftritt. Er stand seitwärts hinter der Scene auf seinem Löwenwagen, der hier allerdings nur mit Pferden bespannt ist, etwas vorgebeugt und wartete auf sein Stichwort; alle seine Würde und Höhe war von ihm gewichen, er atmete ängstlich und tief und glich mehr einem, der seine Hinrichtung erwartet, als dem edelsten und weisesten der Männer. Doch plötzlich kam seine Zeit und wie mit einem Zauberschlage war der ganze Mann verändert. Hoheit kam in seine Züge und edler Stolz in seine Haltung, und hinaus fuhr, jeder Zoll ein König, der große Sarastro."

„Es ist nur gut, daß man das alles hier nicht mitsieht," meinte sie, und dann wurde unsere Aufmerksamkeit wieder von der beginnenden dritten Ab=

teilung in Anspruch genommen. Sie verfolgte das Stück mit außerordentlicher Spannung und Teilnahme und sprach nicht während der Handlung, auch schien sie es nicht gern zu haben, wenn ich Bemerkungen machte. Nur als Tamino und Pamina ihren Schreckensgang beendigt hatten, flüsterte sie: „Durch Feuer und Wasser und alle Gefahren — das ist die wahre Liebe."

Im nächsten Zwischenakt meinte sie: „Ich muß sehr scharf und genau aufpassen und darf mir nichts entgehen lassen, denn die Zauberflöte muß nun auf lange Zeit vorhalten. Wenn ich mit meiner Schwester sitze und wir die kleinen Puppen anziehen, da muß ich alles haarklein beichten, wie es gewesen ist, das ganze Stück und alle die einzelnen Spieler, und natürlich auch, was sie angehabt haben."

Als dann am Schluß der vierten Abteilung der große Chor der Priester im Sonnentempel und damit die Oper zu Ende war, gingen wir selbander mit dem großen Strome die Treppen hinab und es erschien mir selbstverständlich, daß ich das junge Mädchen nach Hause begleitete. Im Flur war ein ziemliches Gedränge und als wir in die nebelige Winternacht hinaustraten, wurde gerade ein paar mutiger Equipagenpferde unruhig. Die Leute drängten zurück, wir wurden auseinander gewirbelt, und als ich endlich aus dem Menschenknäuel wieder frei kam, hatte ich meine Nachbarin verloren. Vergeblich strich ich dort noch eine Weile umher, doch sie war und blieb verschwunden. Ein wenig mißmutig wandte ich mich dann dem Siechenschen Bierlokale zu, das damals noch an der

Kurfürstenbrücke lag, und träumte dort noch eine Weile bei einem der berühmten billigen Beefsteaks und einigen Gläsern Bier von der Zauberflöte und meiner schönen Nachbarin.

III.

In jener Zeit plagte ich mich mit meinem ersten größeren Bilde, das auf die nächste Ausstellung kommen sollte. Als Stoff hatte ich gewählt: Penelope, von den Freiern bei der Auftrennung ihres Gewebes überrascht. Auf einem stattlichen Karton hatte ich in Kohlezeichnung die Komposition so ziemlich zusammen und alles ging gut ineinander, nur mit der Hauptfigur der Penelope quälte ich mich vergeblich. Stellung und Bewegung hatte ich schon wer weiß wie oft geändert und war an dieser widerspenstigen Dame schier verzweifelt. Als ich nun am Tage nach jener Aufführung der „Zauberflöte" vor mein Bild trat, da wußte ich mit einemmal, wie durch ein Wunder, wie es sein mußte. Die Gestalt der Penelope, die sich vorher nicht aus dem Nebel hatte lösen wollen, der ich durch alles Grübeln und alle Versuche nicht hatte näher kommen können, stand vor mir in Haltung und Bewegung scharf und klar umrissen, wie sie, die Hände noch an dem verräterischen Gewebe, erschrocken und doch hoheitsvoll über die Schulter nach den eindringenden Freiern blickt. So hatte ich es gestern gesehen, als sich das junge Mädchen an der Kasse des Opern-

hauses nach mir umsah; unvergeßlich hatte sich mir
dies eingeprägt. Mit einem wahren Feuereifer ging
ich an die Arbeit und war nach einigen Tagen so
weit im klaren, daß ich mit dem Malen beginnen
konnte. Was war natürlicher, als daß auch meine
Penelope die Züge der schönen Unbekannten annahm.
Die edle reine Linie ihres Profils, der ich, während
sie mit mir plauderte, wer weiß wie oft mit den
Augen gefolgt war, das ein wenig gewellte aschblonde
Haar, das sie nach antiker Art hinten in einem ein=
fachen Knoten trug, die feine, edelgeformte Muschel
ihres Ohres, die widerspenstigen Löckchen am Nacken
ihres schöngebauten weißen Halses, alles kam auf mein
Bild, und ich kann wohl sagen, es ward zuletzt fast
ein Porträt. Hätte ich sie nur bewegen können, zu
meinem Bilde zu sitzen, sie war das geborene Modell
dazu. Aber ich wußte ja nicht einmal ihren Namen
und hatte keine Ahnung davon, in welchem Stadtteil
sie wohnte; ich sah sie in dieser menschenwimmelnden
Stadt vielleicht nie wieder. Doch hatte ich noch immer
die stille Hoffnung, ihr einmal wieder zu begegnen,
und dehnte meine abendlichen Dämmerungsspaziergänge
immer weiter und in immer andere Gegenden aus.
Meine gute Kenntnis dieser Stadt und der entlegenen
Straßenzüge danke ich dieser Zeit. Wie oft glaubte
ich in dem ungewissen Dämmerlichte die schöne Gestalt
vor mir herschweben oder mir entgegen kommen zu
sehen, aber immer führte es zu neuer Enttäuschung.
Es war alles vergebens, ich fand meine Penelope nicht
wieder.

Aber wenigstens besaß ich eine Erinnerung an sie, das waren die zwanzig Dreier. Ich hatte sie in ein schön gesticktes kleines persisches Täschchen gethan, das ich einmal bei einem Trödler aufgefunden hatte, und zuweilen nahm ich es hervor, um mit seinem Inhalt zu klimpern oder die braunen Münzen in Reihen auf den Tisch zu zählen und mit Blicken zu betrachten wie ein Geizhals seine Dukaten. Aber einmal, muß ich zu meiner Schande gestehen, war dieser kleine Schatz doch in großer Gefahr. Meine Mittel waren damals sehr beschränkt; ich bekam zwar einen Zuschuß von Hause, doch reichte der für meinen Lebensunterhalt bei weitem nicht aus und ich mußte mir das übrige durch schlecht bezahlte Arbeiten für Buchverleger und lithographische Buntdruckanstalten verdienen, wozu ich die langen Winterabendstunden verwendete, und bei fleißiger Arbeit auch immer das Nötige zusammenbrachte. Alles mögliche habe ich gemacht damals, sogar Heiligenbilder, die, wie nicht jedem bekannt ist, vorzugsweise und massenhaft gerade in dem ketzerischen Berlin hergestellt werden. Bei meiner letzten Reise nach Tirol habe ich mit verwunderter Rührung einige davon in dortigen Bauernhäusern wiedergefunden. In der letzten Zeit nun hatte ich mehr Ausgaben als gewöhnlich gehabt; die Modelle zu meinem Bilde, die ich Tag für Tag benutzen mußte, waren sehr kostspielig, und mein Geld ging reißend zu Ende. Zwar hatte ich von einem auswärtigen Verleger eine Geldsendung zu erwarten, doch diese traf nicht ein. Mahnen mochte ich nicht, denn die Herren Verleger pflegen gegen

Leute, die ganz von ihnen abhängig sind, merkwürdig empfindlich zu sein. Wenn der Geldbriefträger die Straße entlang kam, so verfolgte ich ihn mit jenem eigentümlich gespannten Blick, den die Raubtiere im zoologischen Garten annehmen, wenn der Wärter vorbeigeht, der ihnen für gewöhnlich das Futter bringt. Aber immer ging dieser gern gesehene Mann an dem Hause vorüber, oder wenn er eintrat, kam er nicht zu mir. Schließlich war es so weit, daß ich nicht mehr mein einfaches Mittagsessen bezahlen konnte. Ich hatte gar nichts mehr, hatte auch versäumt, mir durch Versetzen oder Verkaufen von augenblicklich entbehrlichen Sachen etwas zu verschaffen, weil ich an diesem Morgen den Geldbriefträger mit Sicherheit erwartet hatte. Ich besaß allezeit einen gesunden Appetit, es war bereits vier Uhr und mich hungerte. Mich hungerte sogar mächtig.

Da fiel mir beim Herumkramen in dem kleinen Schranke, wo ich meine Wertsachen und Papiere aufbewahrte, das persische Täschchen mit den Dreiern in die Hände; das feine Geklimper dieser Geldstücke drang wohlthätig an mein Ohr und erweckte allerlei Phantasiebilder. Eine reizende Guirlande von Knackwürstchen, für die ich damals eine kleine Schwärmerei hatte, schwebte plötzlich vor meinem geistigen Auge, wurde aber alsbald verdrängt durch das Bild einer stattlichen dicken Scheibe rosigen gekochten Schinkens, die ich deutlich auf einem Teller liegen sah. Leberwurst war auch nicht übel — für fünf Groschen gab es schon ein mächtiges Ende. Oder vom Bubiker unten im

Hause konnte ich mir vielleicht eine Portion Braten heraufholen, köstlichen Schweinebraten mit brauner knusperiger Kruste. Während diese Träume einer vom Hunger geschärften Phantasie mich umgaukelten, fiel mein Blick zufällig auf mein Bild, auf das schöne hoheitsvolle Antlitz meiner Penelope, und alle meine lüsternen Wünsche verflogen plötzlich wie Nebel vor der Sonne. Zugleich kam mir eine Idee, die mich lächeln machte, und die ich sogleich zur Ausführung brachte. Ich holte einen zierlichen Tisch mit eingelegter Arbeit herbei, den ich einmal billig von einem Tröbler erstanden hatte, und deckte ihn mit einem schön ge= stickten Tuche, stellte einige Majolikaschüsseln darauf und einen fein gemalten Teller von Berliner Porzellan aus dem vorigen Jahrhundert. Gelegentlich hatte ich mir in Zeiten des Ueberflusses auch einige schöne Gläser angeschafft und daraus wählte ich einen edel geformten Römer von grünem Glase und ein wundervoll zierliches venetianisches Spitzglas. Eine köstliche Flasche mit eingeschliffenen Ornamenten füllte ich aus der Wasser= leitung und stellte sie dazu. So, der Tisch war ge= deckt. Nun holte ich alles, was ich an Eßwaren noch besaß, ein halbes Brot und ein wenig Butter herbei und verfertigte mir eine stattliche Anzahl von Stullen, wie der Berliner sagt, wobei ich allerdings die Butter, um damit zu reichen, erheblich quälen mußte. Diese Butterbröte verteilte ich in die verschiedenen Schüsseln und sagte mir: dies ist frischer Rheinlachs, dies köst= licher Rehbraten und dies ein herrlicher Kabinetts= pudding. Durch diese Vorbereitungen zu meinem opu=

lenten Mahle war ich ganz fröhlich gestimmt worden
und sang trotz meines Hungers noch zuvor die schöne
Strophe:
»Ça, ça, geschmauset,
Laßt uns nicht rappelköpfisch sein!
Wer nicht mit hauset,
Der bleib' baheim.
Edite, bibite, collegiales!
Post multa saecula pocula nulla!«

Dann begann ich mit dem frischen Rheinlachs.
Dazu trinkt der verständige Mann, sagte ich mir, einen
guten Rauenthaler und ich schenkte mir ein in den
schönen grünlichen Römer, prüfte schlürfend den klaren
Trunk und schätzte ihn für Fünfundsechziger. Zum
folgenden Rehbraten hätte ich nun gern einen guten
Chateau la Rose gewählt, traute aber der Stärke
meiner Einbildungskraft nicht zu, daß sie den un=
geheuren Unterschied der Farbe zu bewältigen ver=
möchte und blieb deshalb bei derselben Sorte. Dann
ging ich zum Champagner über — Cliquot veuve war
meine Wahl. Hei, wie er perlte in dem feinen vene=
tianischen Spitzglase. Zwischendurch erfreute ich mich
an dem wohlhabenden Geklimper der „Friedrichsdors"
in meinem persischen Täschchen, und so wurde ich schön
satt und geriet in so fröhliche Stimmung, daß ich
zum Schluß zu singen begann:
„Freude, schöner Götterfunken..."
Als ich aber gerade dabei war, mit gewaltiger Stimme
herauszuschmettern:
„Seid umschlungen, Millionen!
Diesen Kuß der ganzen Welt!..."

da klingelte es bei mir. Als ich öffnete, stand der Geldbriefträger da und hielt mir das schiefe Kreuz fünf roter Siegel auf einem stattlichen Briefe mit einem Schmunzeln vor die Augen, als wollte er sagen: „In diesem Zeichen wirst du siegen!"

Ich aber vollendete im stillen die begonnene Strophe:

> „Brüder — überm Sternenzelt
> Muß ein lieber Vater wohnen."

Doch alsbald gerieten meine so glücklich geretteten zwanzig Dreier in neue Gefahr, denn ich konnte ohne sie, wie ich in der ersten Bestürzung dachte, das Bestellgeld nicht bezahlen. Doch auch diese Wolke verzog sich; der Briefträger wechselte mir einen der dem Schreiben entnommenen Fünfthalerscheine, wurde fürstlich belohnt und alle Not hatte nun für eine Weile ein Ende.

Zugleich mit dem Penelopebilde, das mir so sauer wurde, malte ich damals das Porträt eines jungen mir befreundeten Bildhauers, der unten im Garten des Hauses sein Atelier hatte. Das ging mir weit leichter von der Hand, und ich legte vielleicht gerade deshalb weit weniger Wert darauf. Es war mir hauptsächlich darum zu thun, noch ein zweites Ausstellungsobjekt zu haben. Der junge Bildhauer war, als ich beide Bilder fertig hatte, anderer Meinung und sagte in seiner berlinischen Weise: „Weeste, Fritz, mit den jroßen Schinken da wirste nich ville machen. Aber det Porträt hier — det kannste. Da is Mumm brin."

Ich lachte darüber, denn ich dachte ganz das

Gegenteil. Er sollte aber recht bekommen, denn als die Ausstellung, damals noch in den ungenügenden Räumen des alten Akademiegebäudes, eröffnet wurde, fand die Penelope kaum Beachtung, das Porträt aber ward von Ludwig Pietsch sofort entdeckt und entlockte diesem begeisterungsfähigen und wohlwollenden Kritiker so anerkennende Worte, daß auch die Berichterstatter der anderen Blätter aufmerksam wurden und ihm im Lobe nachfolgten. Man suchte das Bild auf, die Leute standen davor in vorschriftsmäßiger Bewunderung, ich bekam die silberne Medaille, erhielt Aufträge und war mit einemmal ein gemachter Mann. Das Glück kommt oft um eine ganz unvermutete Ecke.

Eines Tages im Spätsommer besuchte ich die Ausstellung und richtete meinen Schritt nach der Gegend, wo meine einsame Penelope hing. Einsam, sage ich, denn das Bild gehörte zu denen, die im Vorübergehen betrachtet werden; fast niemals hielt sich jemand davor auf. Um so mehr wunderte es mich, als ich schon von ferne eine Dame bemerkte, die scheinbar wie gebannt vor dem Bilde stand. Sie hatte offenbar im Vorübergehen den Kopf über die Schulter dorthin gewendet und war so stehen geblieben, starr mit großen Augen und etwas geöffnetem Munde, als schaue sie in ein Medusenantlitz. Dann sah sie sich scheu um, trat etwas zurück und warf noch einmal einen langen, fast feindseligen Blick auf das Bild, während sie sich auf die Unterlippe biß. Als ich mich näherte, ließ sie, ohne nach mir hinzublicken, den Schleier vor ihr Gesicht fallen und ging mit eiligen

Schritten davon. Diese Haltung, dieser Gang, diese Art sich zu bewegen — plötzlich erkannte ich sie. Es war meine Unbekannte aus der Zauberflöte. Endlich hatte ich sie wieder, und diesen Augenblick durfte ich nicht vorübergehen lassen, sonst verschwand sie mir vielleicht für immer oder doch wenigstens bis zum nächsten Weihnachtsmarkt. Ich folgte ihr also schnell. Sie ging, ohne sich weiter umzusehen, dem Uhrsaale zu und dann ins Treppenhaus. Wie damals vor mir hinauf hörte ich jetzt die leichten schnellen Schritte die alten Steinstufen vor mir hinabeilen. Vor der Thür des Akademiegebäudes angelangt, schien sie erleichtert aufzuatmen. Sie befestigte den Schleier wieder auf ihrem Hute, mäßigte ihre Schritte und ging auf das Brandenburger Thor zu. Ich hatte sie bald eingeholt und fragte, ob sie sich meiner noch erinnere. Nach dem ersten Stutzen bei meiner Anrede ging, wie es mir schien, ein freundliches Lächeln der Wiedererkennung über ihre Züge.

„Glauben Sie, ich werde meinen Retter so bald vergessen?" sagte sie.

„Auch bei mir," erwiderte ich, „ist kein Tag seitdem vergangen, daß ich nicht an Sie gedacht hätte. Und die Dreier habe ich auch noch, alle zwanzig."

Sie antwortete nicht, sah gerade vor sich hin und ein leichtes Rot stieg in ihre Wangen. Nun aber mußte ich wissen, was sie vorhin so bewegt hatte, und sprach: „Wie gefällt Ihnen mein Bild? Sie standen vorhin lange davor und sahen es an."

Sie sah mich ganz entsetzt an. „Das haben Sie

gemalt?" rief sie. "O das ist abscheulich! Sie haben mich gestohlen, während ich arglos nichts ahnte. Nur die Kleidung ist anders, sonst Haltung, Gesicht, Haar und alles ist von mir genommen. Ein jeder muß denken, daß . . . und das will ich nicht. Wie kann man so etwas thun, wie darf man es. Das Bild hat mich in Angst gejagt und ich dachte zuletzt nur: Wär' ich doch erst glücklich heraus. Ich glaubte, sie müßten alle mit Fingern auf mich zeigen: ‚Das ist sie, das ist sie!'"

Ich war erschrocken über diesen Ausbruch, denn er überraschte mich aufs höchste. Alles andere hatte ich erwartet, nur dieses nicht. Und doch stimmte es eigentlich genau zu der fein begrenzten Zurückhaltung, die dies Mädchen trotz aller Freiheit des Benehmens immer bewiesen hatte. Ich suchte, so gut es ging, ihre Bedenken zu zerstreuen. Ich sagte ihr, daß es gar nicht in meiner Absicht gelegen habe, ihr Porträt in diesem Bilde zu geben, es sei ganz von selbst gekommen aus einem inneren Zwange heraus. Seit jenem Abend habe mir Penelope so vorgeschwebt, und ich hätte sie gar nicht anders darstellen können. Für mein starkes Formengedächtnis könne ich doch nichts, es wäre vielmehr eine Gabe, wofür ich dem Schöpfer aufs innigste zu danken hätte. Und so redete ich noch vielerlei.

Wir waren unterdes in den Tiergarten gelangt, und als wir den Goldfischteich erreicht hatten, war bereits jede Spur des Unmuts aus ihrem Gesicht entschwunden. Bei der Rousseauinsel redeten wir schon

von ganz anderen Dingen und als wir nachher die
sogenannten „wilden Wege" entlang schlenderten, da
war alles vergeben und vergessen. —

Der Maler war während des letzten Teiles seiner
Erzählung mehrfach in seiner Werkstatt hin und her
gegangen, jetzt stand er an dem großen Fenster und
sah hinaus in den Garten. Er winkte mir und ich
trat hinzu. „Penelope," sagte er. Im Garten stand
eine schöne, stattliche Frau, etwa in dem Alter, das
Penelope gehabt haben muß, als ihr Gatte nach
zwanzigjähriger Abwesenheit wieder zu der Vielum=
worbenen zurückkehrte. Sie war beschäftigt gewesen,
einen Rosenstock anzubinden. Dabei war ihre Aufmerk=
samkeit nach der Seite hin abgezogen worden und sie
sah über die Schulter nun dorthin, daß die edle, reine
Linie ihres Profils sich schön von dem laubigen Hinter=
grunde abhob. Dann wendete sie sich wieder ihrer
Arbeit zu.

Wir gingen hinunter, sie zu begrüßen. „Zeige
mal dein Armband!" sagte Dankwart nachher. Sie
hob die schöne schlanke Hand und ich erblickte ein
Armband, zusammengesetzt aus zwanzig stark vergoldeten
Dreiern.

„Das war mein erstes Geschenk damals," sagte
der Maler. „Meine Frau läßt es nie von sich und
trägt es bei jeder Gelegenheit. Es ist aus Glücksgeld,
sagt sie."

„Du hast wohl wieder einmal Geschichten erzählt?"
meinte die schöne Frau.

„Ja, die beste, die ich weiß!" war die Antwort,

und der Maler drückte die schlanke Hand zwischen den beiden seinen und schüttelte sie, daß die goldenen Dreier lieblich klimperten.

Als ich in später Nachmittagsstunde diese glück= lichen Leute wieder verließ, wanderte ich denselben Weg zum Bahnhof Grunewald wieder zurück, den ich vorhin gegangen war. Ich schlenderte nachdenklich da= hin. Die sinkende Sonne sandte zuweilen einen Strom von Licht durch die Lücken der einförmigen Kiefern= stämme und ihr Schein lag rosig auf den regungs= losen Wipfeln. In der Fontanestraße blühten die Erd= beeren.

Das alte Haus.

※
—

I.

Mitten in einem behaglichen Sommeraufenthalt auf dem Lande traf mich plötzlich die Nachricht, daß meine Tante Dorothea gestorben sei und wider alles Erwarten nicht anderweitig über ihr sehr bedeutendes Vermögen verfügt habe.

Das Haus, das meiner Tante gehörte, liegt in Berlin „am Karlsbade". Wer diese Gegend kennt, dem wird längst zwischen den reizvollen und wohlgepflegten Gärten, den prächtigen Villen und palastartigen Häusern dieser Straße ein Gebäude aufgefallen sein, das morsch und verfallen in einem gänzlich verwilderten Garten daliegt, wie ein vergessenes Ueberbleibsel aus alter Zeit. Hier hatte die alte Tante ein einsames Sonderlingsleben geführt, dessen Kernpunkt ein unbesiegliches Mißtrauen gegen alle Menschen und insbesondere gegen alle Verwandten bildete; weshalb ich kaum in meinem Leben Gelegenheit hatte, sie zu sehen, und noch weniger, sie kennen zu lernen.

Ich langte am Nachmittag in Berlin an, und nachdem ich mein Gepäck in Frederichs kleines, freund=

liches Hotel in der Potsdamer Straße gebracht hatte, machte ich mich sofort auf, das Haus „am Karlsbade" aufzusuchen. Die mürrische, alte Haushälterin empfing mich und führte mich in das Zimmer, wo die Verstorbene in ihrem letzten Ruhebette lag. Die Vorhänge waren niedergelassen und auf einem schwarzbehangenen Postament zwischen brennenden Lichtern stand der offene Sarg. Die Alte schlürfte wieder hinaus und ließ mich allein. Ich sah die harten, scharfen Züge, in denen doch noch die Spuren früherer Schönheit bemerklich waren, nun zum letztenmal. Es war mir, als wäre ein Zug des Friedens und der Milde darin, den ich im Leben nie bemerkt hatte. Ueber den Sarg, auf die Totenkleider und auf das schwarze Postament waren Blumen gestreut und zwar von einer milden Hand, die Verständnis für dergleichen hatte. Ich mußte mit Gewißheit, daß die Haushälterin das nicht gethan haben konnte.

Die Bestattung fand nach letztwilliger Bestimmung am Abend statt und verzögerte sich so lange, daß schon die Dämmerung eintrat, als der schwarzbehangene Wagen mit dem Sarge fortfuhr. Es war ein ödes Begräbnis. Sie hatte keine Fäden ins Leben gesponnen und sich keine Herzen verknüpft, keine Teilnahme folgte ihr nach. Einsam rumpelte das schwarze Gefährt durch die Straßen, und nebenher wandelten sechs von den schwarzen Lohndienern des Todes, deren Beruf diese Beschäftigung mit sich bringt. Sie gingen zu beiden Seiten des Wagens und in ihren rötlichen Gesichtern trugen sie einen Ausdruck bezahlter Trauer, gemischt mit einem wehmütigen Zug ewig unstillbarer Sehnsucht nach geistigen Getränken. Hinterher folgte ich in einer schwarzen Trauerkutsche.

Es war ein dunkler, wolkenverhangener Sommerabend. Unterwegs fing es an leise zu regnen, und als wir am Kirchhofe anlangten, war die Dunkelheit ganz hereingebrochen. Der Totengräber kam mit einer Laterne, die in die Kronen der Bäume gar seltsame Lichter warf und sich in dem vor Nässe glänzenden eisernen Kirchhofsthor spiegelte, und knarrend thaten sich die Thorflügel auf. Der Totengräber ging mit der Laterne voran; die sechs Träger folgten mit dem Sarge. Ein langer Weg durch Gräber, Grabkreuze und Monumente, die vom Lichte der Laterne in nassem Glanze hervorleuchteten und wieder verschwanden. Endlich aus einer weißen Kapelle gähnte uns eine dunkle Thoröffnung entgegen. Der Totengräber stellte seine Laterne auf den Sarg des verstorbenen Gatten und ging fort. Die Träger setzten ihre Bürde ab und verschwanden ebenfalls, während ich die Kränze, die ich mitgebracht hatte, niederlegte und noch einen Augenblick verweilte. Es war ganz still ringsum, denn der Kirchhof lag ziemlich weit von der Stadt, nur das unablässige Rieseln des Regens war vernehmlich. Vor meinem Geiste sah ich es fließen und gleiten wie einen stillen dunklen Strom unablässig, und wir alle treiben mit ihm, weiter und weiter hinaus bis in das große unbekannte Meer, von dessen Ufern keine Wiederkehr ist.

Ich schickte den Wagen fort und wanderte zu Fuß langsam durch den rieselnden Regen in mein Hotel zurück.

II.

Geschäftliche Angelegenheiten, die Ordnung des Nachlasses betreffend, füllten die nächste Zeit aus. Dabei war es Sommer, glühender, regenloser, stauberfüllter Sommer, und wer solche Jahreszeit in Berlin kennen gelernt hat, der weiß, daß diese Stadt dann als ein klimatischer Kurort für Leute, die an zu großer Lebenslust leiden, von unschätzbarem Werte ist. Zuweilen rettete ich mich des Abends ins Freie und einmal sah ich das große Häuserwesen vom Kreuzberge aus vor mir liegen, eingehüllt in einen graublauen Dunst, aus dem nur die Türme wie luftschnappend hervorsahen. Das Rollen und Rauschen der Großstadt, das mir durch die Nachmittagsstille herüber drang, erschien mir wie das leise Brodeln und Schmoren eines Gerichtes, das man in seinem eigenen Dunste gar werden läßt. Der unablässig herniederbrennende Sonnenschein heizte Steinhäuser und Steinpflaster mit solcher Glut, daß keine Nacht mehr Abkühlung brachte; und als ich eines Morgens nach einer vor Hitze schlaflosen Nacht schon um drei Uhr ins Freie strebte, schlug mir noch immer die Wärme eines Backofens entgegen. Ich besah mir alle Tage zur Abkühlung auf der Karte die nördlichen Länder und schwelgte in der Vorstellung einer grönländischen Reise. Die Hochachtung, die ich sonst kühnen Polarfahrern entgegengetragen hatte, begann bedeutend zu sinken gegen den grenzenlosen Respekt, den mir die einzuflößen begannen, die, äquatoriale Hitze nicht scheuend, das Innerste von Afrika zu durchforschen trachteten.

In meinem Hotelzimmer hing die Darstellung einer Wassernymphe, die mit dem üblichen Kruge und dem gebräuchlichen Kleidermangel in der gewohnten Grotte am Wasser saß. Ich betrachtete sie Tag für Tag mit brennendem Neide darüber, daß ihre gesellschaftliche Sonderstellung, sowie ihr wässeriger Beruf es ihr gestatteten, so wenig anzuhaben. Die unzähligen Mengen von kühlenden Getränken, die ich in mich hineingoß und die in meinem Innern spurlos verzischten, spotten jeglicher Beschreibung. Dabei zogen sich meine Geschäfte so in die Länge, daß ich fürs erste ein Ende noch nicht abzusehen vermochte, und ich begrüßte deshalb mit Freuden den Vorschlag der alten Haushälterin, aus dem Hotel in das Haus „am Karlsbade" zu ziehen, denn in dem alten weitläufigen Gebäude und dem großen schattigen Garten hoffte ich ein kühleres Dasein zu finden. Bisher war es für mich nicht möglich gewesen, dort zu hausen, weil alle Zimmer, die meine Tante nicht direkt bewohnt hatte, sich in einem durchaus unbrauchbaren Zustande befanden und die anderen noch nicht zweckentsprechend hergerichtet waren.

An dem Nachmittage meines Umzuges war die Hitze auf den äußersten Grad gestiegen und hatte sich bereits der Innenräume des Hauses und des Schattens der Bäume bemächtigt. Ich verbrachte den Tag damit, mein neues Besitztum einer eingehenden Besichtigung zu unterwerfen. In den Räumen, die meine Tante bewohnt hatte, war alles in gutem Stande, und ein frischer Strauß Blumen aus dem verwilderten Garten zierte den Theetisch im Wohnzimmer. Wieder fiel mir die reizende und sinnvolle Anordnung der Blumen auf. Die übrigen Räume waren in dem Zustande des Verfalles geblieben, den meine Tante augenscheinlich begünstigt oder jedenfalls nicht gehindert hatte.

Ich durchwanderte die verstaubten und mit Spinnweben bedeckten Räume. Bis auf das Knirschen der fleißigen Holzwürmer in den alten verschnörkelten, krummbeinigen Möbeln war es totenstill dort; und alle die zahlreichen Uhren, für die meine Tante eine besondere Liebhaberei gezeigt hatte, waren abgelaufen, mit starrem Zeiger jede auf eine andre Stunde deutend. Ich öffnete die Fenster, um Luft und Licht einzulassen, allein es kam nur eine drückende Glut, und die Ströme des Sonnenlichtes erflimmerten von unzähligen Stäubchen. Ueberall lagerte jene dumpfe Schwüle unbewohnter Räume, überall war Moder und Staub. Alte künstliche Blumensträuße, die in chinesischen Vasen auf den Schränken standen, zerfielen bei der Berührung zu Pulver, und aus den Teppichen und Vorhängen erhoben sich in Scharen aufgescheuchte Motten, die dort bereits in unzähligen Generationen ungestört gehaust hatten. Ich schaute hinaus in den schweigenden, verwilderten Garten, der im Druck der Sonnenglut schmachtend dalag. Die Steige waren mit Gras be-

wachsen und auf früheren Blumenbeeten stand hohes
Unkraut. Wilder Wein und Epheu waren, von keiner
Menschenhand mehr gezügelt, ihre eigenen Wege ge=
gangen und hatten sonderbare Guirlanden und Bogen=
gänge gesponnen; die Obstbäume waren ohne Pflege
ins Holz geschossen und Hecken und Sträucher, die
früher unter der Schere des Gärtners gewesen waren,
hatten wilde Triebe und Aeste in die Höhe gesendet
und triumphierten in trotziger Ungebundenheit über
die einstige Sklaverei.

Die brütende unheimliche Stille des bröckelnden
Verfalls ward mir unbehaglich. Ich begann alle Uhren
im ganzen Hause aufzuziehen, um nur eine Art Leben
um mich zu haben.

Als ich hinaufging, um den Boden zu besichtigen,
fand ich die Thüre zur Bodentreppe verschlossen. Da
mir auch zugleich einleuchtete, daß unter dem Ziegel=
dach die Glut unerträglich sein müsse, beschloß ich,
einstweilen das Extrem zu thun und mich in den Keller
zu begeben. Hier ward mir eine fröhliche Ueber=
raschung zu teil. Aus den früheren Tagen meiner
Tante lagen hier noch sehr ansehnliche Weinvorräte,
und da dieser edle Stoff nicht zu den Schätzen gehört,
die Motten und Rost fressen, sondern im Gegenteil
Alter und behagliche Ruhe seine Güte bis zu einer
gewissen Grenze vermehren, so hatte hier unten die
Methode, die oben Zerstörung schuf, herrliche Voll=
endung gezeitigt. Ich nahm zwei Flaschen mit edlem
Rheinwein hinauf, schickte die Alte nach Eis und nahm
mir vor, den Akt meiner Besitzergreifung am Abend

einsam zu feiern. Es fing bereits an zu dämmern und ich beschloß, ehe es dunkel wurde, in den Garten hinab zu gehen. Dabei wurde mir in einer dämmerigen Ecke des Vorplatzes der seltsame Anblick eines gelben Gartenstrohhutes mit blauem Bande zu teil, der an einem Kleiderriegel hing. Es wäre Frevel gewesen, diese Kopfbedeckung, die einen, wenn auch nur leisen Anflug der neuesten Mode zeigte, der alten Haushälterin zuschreiben zu wollen.

In dem verwilderten Garten brütete die Schwüle und der unbarmherzig klare und wolkenlose Himmel verhieß einen ungeminderten Fortbestand dieser erfreulichen Witterung. Am Ende des dürstenden und lechzenden Raumes schien es mir plötzlich wie eine grüne Oase entgegen. Ein kleiner Fleck in der Nähe eines Pumpbrunnnes zeigte Pflege und die Spuren einer liebenden Hand. Um eine wuchernde Geißblattlaube herum waren einige wohlgepflegte, von Blumen leuchtende Beete; die Steige waren von Unkraut befreit und sauber geharkt. Dieses kleine Schmuckplätzchen machte einen seltsamen Kontrast gegen die sonstige Verwilderung. Mir fielen sofort die Blumen auf meinem Schreibtische und der geheimnisvolle gelbe Gartenstrohhut wieder ein.

Dort im Sande des geharkten Steiges, was war das? Zierliche Spuren eines Mädchenschuhes, die in die Laube hineinführten, leider aber auch wieder heraus, wie ich zugleich bemerkte. Man sah es an der Spur, wie elastisch und sicher der Schritt war, der sie hervorgebracht hatte.

Hier standen die Füßchen stärker abgedrückt, neben dem Levkojenbeet: offenbar hatte man sich zu den Blumen hinabgebeugt, dort wieder bei den Verbenen und dort zwischen den Nelken war er tief in das weiche Gartenland geprägt; das hatte offenbar den Monats=rosen gegolten, die' die Mitte des Beetes zierten.

Es gibt nichts, was die Phantasie mehr anregt, als die Spuren eines zierlichen Mädchenfußes. Mich begann das Rätsel, das sich aus all diesen kleinen Anzeichen zusammensetzte, mit großer Teilnahme zu erfüllen. Ich horchte unwillkürlich in den Garten hinaus, mir war, als müsse ich ein feines silbernes Lachen oder das Rauschen eines Kleides in den Ge=büschen vernehmen, allein nur das unablässige Ge=schwätz der Sperlinge, die in den Pappeln zur Ruhe gingen, und das Schrillen der Turmschwalben aus der hohen Luft drang an mein Ohr. Unterdes war es dunkel geworden und ich kehrte in das Haus zurück.

Ich fand mein Zimmer bereits erleuchtet und einen gedeckten Tisch meiner wartend. Wieder berührte mich anmutig die freundliche Art der Anordnung, mir war, als schwebe noch ein Hauch dieses geheimnisvollen und anmutigen Wesens in dem Zimmer. Ich stellte die Flaschen in Eis und harrte des Weiteren. Mir war, als müsse sich nun das Rätsel lösen. Endlich ward draußen ein Schritt vernehmlich, leider nur der wohlbekannte schlürfende der Alten: sie trug das Abendessen auf. Da=bei keuchte sie so ausnehmend, daß ich ihr den freund=schaftlichen Rat gab, sich doch eine jüngere Stütze bei=zulegen, da sie in ihrem Alter der Ruhe bedürftig sei.

„Das ist nur mein Asthma," sagte sie, „es geht vorüber. Frau Geheimrätin hab' ich zwanzig Jahre bedient und keine Hilfe nötig gehabt, die Frau Geheimrätin litten auch an Asthma." Dabei sah sie mich lauernd seitwärts an: mein guter Rat schien ihr Verdacht zu erregen.

„Sie pflegen so hübsche Blumen hinten im Garten, Brigitte," sagte ich mit veränderter Taktik. Sie warf mir wieder einen lauernden Blick zu: „Ein paar Blumen fürs Haus und für die Vasen, das muß schon sein," brummte sie; damit schlürfte sie wieder hinaus.

Ich entkorkte eine Flasche und bemerkte dann, daß die Alte vergessen hatte, ein Glas hinzuzusetzen. Es stand ein Schrank im Zimmer mit hundert Dingen von Porzellan und dergleichen, und es glückte mir, darin einen alten grünen Römer mit mattgeschliffenem Weinlaubkranz und hohem Fuß zu entdecken. Dabei mußte ich lächeln über die Unmasse von Tassen und Gläsern, die ich besaß. Dies bewegliche Eigentum stand allerdings in einem hervorragenden Kontrast zu dem Bierseidel mit Zinndeckel und der gemalten Tasse ohne Henkel, die früher meine einzigen Besitztümer dieser Art ausmachten.

Als ich nach dem Essen behaglich auf dem Sofa lag und eine Zigarre rauchte, spannen sich diese Gedanken weiter aus. Mir fehlte jetzt eigentlich weiter nichts als eine Frau. Alle sonstigen Dinge waren vorhanden und wenn Motten und Holzwürmer im Laufe der Zeit etwas weniger im Gebiete des Stoffwechsels gearbeitet hätten, brauchte sie nicht einmal eine Aus=

steuer. Aber in der großen Eisenkiste lagen ja unzählige Papiere, die besten Pflaster auf alle diese Wunden. Ich sah das Haus neu entstehen und freundlich und glänzend in wohlgepflegtem Garten liegen, ich sah eine anmutige Gestalt sich darin umthun, ich sah sie mit einem gelben Strohhut in den Garten gehen, wo in den frischgeharkten Steigen kleine zierliche Spuren hinter ihr zurückblieben; ich sah sie zwischen den leuchtenden Blumen stehen, den Kopf voll Anmut mir zugewendet, ich spürte den Levkojenduft — ja ich spürte ihn wirklich — er kam aus dem Blumenstrauße, der in dem zierlichen venetianischen Glase auf dem Tische vor mir stand.

Unterdes war es spät geworden, ich sah nach der Uhr, es war bereits elf Uhr vorüber. In der unbelebten Straße war es längst still, zuweilen fuhr mit fernem leisen Donner ein Zug der Potsdamer Eisenbahn über die Kanalbrücke oder einsame Schritte tönten hallend auf dem Steinpflaster vorüber. Ich beschloß zu Bette zu gehen.

Ein seltsames und ehrwürdiges Gebäude sollte mich diese Nacht aufnehmen. Ich hatte noch nie in einer solchen Pagode geschlafen, es bedrückte mich förmlich. Ein pyramidales Gerüst mit einer großen goldenen Kugel an der Spitze. Vier Löwenklauen hielten dort eine Flut von Gardinen, die sich bis auf den Boden ergossen und mit einem bunten Arabeskenwerk geziert waren, das von einer jegliche Naturwahrheit selbstschöpferisch verachtenden Phantasie des Künstlers Zeugnis ablegte. Ich schlug die Gardine zurück und

erschaute über mir auf einem Gebirge von Kissen das
Hochplateau, das mir zum Nachtlager bienen sollte.
Nun ward mir auch die Bedeutung einer kleinen Tritt=
leiter klar, die in der Nähe des Bettes stand und deren
Stufen mit Teppichstreifen beschlagen waren. Ohne
hervorragende turnerische Befähigung wäre es sonst
nicht möglich gewesen, den Gipfel dieser Schlafein=
richtung zu erreichen.

Ich befahl meine Seele den himmlischen Mächten
und stieg zur Probe hinauf. Eine Flut von weichen
Kissen schlug über mir zusammen, als ich mich nieder=
legte. Sofort sah ich ein, daß ich bei der obwaltenden
Hitze in diesem Kissenmeer kein Auge zuthun würde.
Kurz entschlossen nahm ich die Decke und ein Kissen
mit, kehrte in das Wohnzimmer zurück und legte mich
dort halb ausgekleidet auf das Sofa.

War es nun der genossene Wein oder war es die
dumpfe Schwüle, die im Zimmer herrschte, meine so
glückliche Fähigkeit im Einschlafen hatte mich an diesem
Abend verlassen. In der Stille der Nacht wurden
alle die Töne hörbar, die das Geräusch des Tages
sonst übertönt, und es bemächtigte sich meiner bald
jene nervöse Spannung, die auf jeden Laut achtet,
der sich hervorthut. Wer da weiß, über welche Fülle
von knackenden und polternden, rieselnden und raschelnd=
den Tönen ein altes vernachlässigtes Haus gebietet, der
wird es begreiflich finden, daß ich bald vollauf zu
thun hatte. Ein Knacken und Dehnen ging zuweilen
durch die alten Möbel, als reckten sie die von langem
Stehen versteiften Glieder; und wenn ich in dem un=

gewiſſen Dämmerdunkel des Zimmers auf die Schränke und Lehnſtühle ſtarrte, ſo ſchienen ſie ſich zu regen und die alten vermorſchten Kugel= und Löwenbeine zu heben. Dann wieder kam ein Geraſchel die Tapeten herab und ein leiſes Gerieſel hinterher, dann kniſterte es in den Ecken mit Papier, dann tappte es im Schlafzimmer auf dem Fußboden, dann war wieder ein Gepolter in den Räumen über mir oder ein Ge= räuſch wie von leiſe ſchlürfenden Schritten. Ich ver= ſuchte zu ſchlafen; allein kaum hatte ſich ein leichter Nebel um meine Sinne gebreitet, ſo riß mich ein neues ſeltſames Geräuſch wieder zum Lauſchen empor. Manchmal war es mir, als höre ich draußen leiſe Schritte im Gartenkies und flüſternde Stimmen. Mir fiel meine große eiſerne Kiſte ein, mit den unzähligen Papieren, die vielen Wertgegenſtände, die in den Zim= mern zerſtreut waren, und zugleich die einſame Lage des Hauſes. Einmal ſtand ich auf und ſah in den Garten hinaus, der im dunſtigen Mondlichte dalag. Es war nichts zu ſehen als der einſame Mondſchein und die tiefſchwarzen Schatten der Bäume. — Wenn ich ſonſt nichts vernahm, ſo war immer das unab= läſſige Ticken der unzähligen Uhren da: ich bereute jetzt, daß ich ſie alle aufgezogen hatte. Von der Diele tönte der kräftige Pendelſchlag der Wanduhr und im Zimmer tickte es unentwirrbar durcheinander, wie ein Geſchwätz von vielen Stimmen. Es ſchien mir, als habe ich ſchon eine ewige Zeit ſchlaflos gelegen, und ich ließ meine Uhr repetieren. Sie ſchlug zwölf. Kaum waren die feinen Klänge verhallt, ſo fing eine alte

ehrwürdige Uhr mit Alabastersäulen, die auf dem
Sekretär stand, an zu knurren und zu murren, als
halte sie dies für einen Eingriff in ihre Rechte, der
Perpendikelschlag wurde ganz lautlos, als hielte sie
den Atem an, dann schnurrte etwas in ihr und sie
fing an, heiser und bedächtig ebenfalls zwölf zu
schlagen. Aber eine andere kleine cholerische Uhr fuhr
dazwischen mit hellem klingenden Schlage und ward
noch eher fertig, als das alte würdevolle Gestell. Nun
rief es dumpf wie aus weiter Ferne: kuckuck, kuckuck
— zwölfmal. Dann fingen im Schlafzimmer zwei
gleichzeitig an und liefen um die Wette, und als der
Kampf noch nicht entschieden war, holte die alte Dielen=
uhr brummend aus und übertönte sie. Nach einer kleinen
Pause kam noch eine hinterher mit scharfem, schnellem
Schlage, als habe sie Versäumtes einzuholen, und dann
blieb es still.

Su oft ich auch früher die Geister= und Gespenster=
furcht mancher Menschen belächelt hatte, in diesem
Augenblicke fing ich an einzusehen, daß es Momente
gibt, in denen der Mensch für das Uebernatürliche
besonders empfänglich ist. Mit einem gewissen Schauder
empfanden meine aufgeregten Sinne den Beginn der
Geisterstunde. Ich ruhte zur Nachtzeit in den Räumen,
die meine Tante täglich bewohnt hatte, und plötzlich
nahmen alle Geräusche und Töne, die ich hörte, eine
andere Deutung an. Im Schlafzimmer war es manch=
mal wie das leise Atmen eines Schlafenden; zuweilen
fuhr ich im plötzlichen Schreck zusammen, denn es
streifte mich ein Hauch wie von einer wandelnden Ge=

stalt. Mir kam wieder in die Erinnerung, was ich in diesen Tagen schon öfter empfunden hatte, nämlich die außerordentliche Gleichartigkeit meiner Lage mit der Alexanders in der vortrefflichen Erzählung des alten E. T. W. Hoffmann: „Ein Fragment aus dem Leben dreier Freunde." Wahrlich, es fehlte nichts, als daß die alte Tante des Nachts umginge und an ihrem Medizinschrank mit Gläsern klapperte, um die Aehnlichkeit vollständig zu machen. Endlich machte doch die Uebermüdung ihre Rechte geltend und ich verfiel in einen Halbschlaf aus Traum und Wachen gemischt, der vielleicht eben zum wirklichen Schlaf werden wollte, als das leise Knarren einer Thür und ein Lichtschein, der an die Wand fiel, mich jäh wieder weckte. Mein Herz, wie von einer eisigen Kralle gepackt, zog sich krampfhaft zusammen, als ich sah, wie die Thür nach der Diele leise und vorsichtig sich öffnete und der hereinfallende Lichtschein sich verstärkte. Dann kam eine helle weibliche Gestalt in einem Nachtgewande zum Vorschein, die eine Blendlaterne in der Hand trug. Sie lehnte vorsichtig die Thür wieder an und ging mit lautlosen Schritten quer durch das Zimmer zu einem kleinen Wandschrank, der unverschlossen war. Sie stellte die Laterne auf ein Pult, öffnete den Schrank und dann hörte ich ein leises Klingen und Klappern wie von Glas. Plötzlich rutschte der Stuhl, auf den ich meine Hand gestützt hatte, aus und gab ein lautes Geräusch, ich sah die Gestalt, ein junges schönes Mädchenantlitz, von der Laterne scharf beleuchtet, mir zuwenden, dann ein Schrei, ein dumpfer Fall, ein Gepolter der stürzenden Laterne, ein unterdrückter Seufzer hinterher und alles war dunkel und still.

Ich sprang eilend vom Sofa und machte Licht. Das junge Mädchen lag lautlos da und regte sich nicht. Ich beugte mich über sie und glaubte ein leises Atmen zu verspüren, es war also nur eine Ohnmacht. Anfangs war ich ganz ratlos und wußte nur, daß etwas geschehen mußte, aber die Verwirrung ließ mich zu nichts kommen. Endlich verfiel ich auf das Einfachste, nahm die junge Gestalt auf meine Arme und trug sie auf einen Lehnstuhl. Dann holte ich Wasser und spritzte es ihr ins Gesicht. In den Zwischenpausen riß ich so stark an der Klingel, daß der ganze Glockenzug mit Gepolter herabfiel. Die alte Haushälterin kam scheltend und hustend über die Diele; mit verzerrtem Angesicht sah sie, was vorging.

„Was ist das," keifte sie, „was haben Sie ihr gethan?"

„Sehen Sie denn nicht, daß das Fräulein ohnmächtig ist," rief ich, „hier heißt es helfen und nicht schwatzen!"

Die Alte ging zu dem Wandschrank und fingerte zwischen den Gläsern, dann brachte sie ein kleines Fläschchen herbei und rieb mit dem Inhalt die Stirn der Ohnmächtigen.

„Wie kommt das Mädchen hierher," fragte ich, „zur Nachtzeit?"

„Es ist meine Nichte," sagte die Haushälterin. „Heute nacht kam mein altes Asthma und die Frau Geheimrätin hatten ein Mittel dagegen in diesem

Schrank. Und als ich so in der Angst lag, da erbot sich das junge Ding, hinzugehen und das Mittel zu holen. Wenn ich's doch nicht gelitten hätte! Was haben Sie mit ihr gemacht, was haben Sie ihr gethan?"

„Sie muß geglaubt haben, einen Geist zu sehen," sagte ich, „sie schrie auf und fiel hin in einem Moment."

„Ja, ja," sagte die Alte, fortwährend reibend mit unheimlichem Ernste, „die Frau Geheimrätin gehen um, sie haben keine Ruhe in der alten Kapelle. Ich höre sie oft des Nachts leise einhergehen, wie früher, wenn sie nicht schlafen konnten. Ich habe sie auch schon oft gesehen, sie nickten mir zu mit dem blassen Gesicht, dort aus der Ecke vorgestern abend, aber ich fürchte mich nicht," kicherte sie, „habe die Frau Geheimrätin so lange gekannt. . . . Das arme Ding, wie sie sich er= schrocken hat. Margarete, mein Kind, wach auf, komm zu dir, es ist ja niemand mehr da."

Die Wangen des Mädchens röteten sich langsam, die Atemzüge verstärkten sich; und da ich fürchtete, daß mein Anblick ihr in dieser Lage peinlich sein würde, ging ich in das Schlafzimmer. Bald hörte ich die sanfte Stimme der Erwachenden, aber ohne zu ver= stehen, was sie sagte, dann zogen sich beide wieder in ihre Räume zurück.

Das Geheimnis des Hauses war auf eine selt= same Weise gelöst und zwar nicht zu Gunsten meiner Nachtruhe; — erst am frühen Morgen fiel ich aus einem unruhigen, oft unterbrochenen Traumschlaf in festen Schlummer.

※

III.

Als die Alte mir am Morgen den Kaffee brachte, hatte sie etwas Lauerndes; ich sah, daß sie mir etwas zu sagen hatte. Ich fragte sie nach dem Befinden ihrer Nichte.

"Sie ist schon fort, heute morgen abgereist," versetzte sie schnell, "es war schon vorher so bestimmt, und da ihr der Schreck nichts geschadet hat, so ließ ich sie reisen." Dabei spielte ein befriedigtes Lächeln um ihren alten welken Mund, und sie schielte mich von der Seite an, als wolle sie die Wirkung dieser Nachricht auf mich beobachten. Ich that ihr nicht den Gefallen, mich verwundert zu zeigen: "So?" sagte ich gleichgültig und vertiefte mich scheinbar eifrig in meine Zeitung.

Diese Nachricht berührte mich peinlich, denn ich muß gestehen, ich brachte das Bild dieses Mädchens nicht aus meiner Phantasie. Immer wieder fühlte ich die volle anmutige Gestalt in meinen Armen ruhen, immer wieder sah ich sie vor mir liegen, blaß, schön und hilflos, die eine schwere Flechte des dunklen Haares auf dem weißen Gewande ruhend. Alle die kleinen Anzeichen, die ihre Erscheinung eingeleitet hatten, und alle Phantasien, die ich daran geknüpft hatte, vereinigten sich mit der Wirklichkeit zu einem Bilde, das einen wunderbaren Zauber für mich hatte und nicht aus meinen Gedanken wich. Ich ging aus und streifte den ganzen Morgen im Tiergarten umher, allein das Bild und die Gedanken verließen mich nicht. Nachher stand ich zu Hause lange vor dem Lehnstuhl, ich rückte ihn mir zurecht, wie er in der Nacht gestanden hatte.

Dann ging ich in den Garten und suchte die verblaßten Spuren in den Steigen wieder auf; ich kehrte ins Haus zurück und vergrub mein Angesicht in den duftenden Strauß, der auf meinem Tische stand. Darauf versank ich wieder in eine nachdenkliche Betrachtung des Lehnstuhls, als wolle ich seine verschollenen Formen und die verblaßte Farbe seines Ueberzuges für die Ewigkeit in mein Gedächtnis prägen. Ich glaube, kein Archäologe hat den Kaiserstuhl zu Goslar oder sonst eine historische Sitzgelegenheit jemals mit solchem Interesse betrachtet, als ich diesen alten wackeligen Lehnstuhl. Einmal war ich im Begriff, mich darauf zu setzen, aber ich that es nicht. Ich klingelte, denn ich empfand ein brennendes Bedürfnis, mit Brigitte über ihre Nichte zu sprechen; meine Seele sehnte sich nach Details. Die Alte mit ihrem lauernden Gesicht und ihrem schleichenden Wesen benahm mir sofort alle Lust, und meine Absicht erschien mir wie eine Profanation. Ich geriet in Verlegenheit, da ich nun gar nicht wußte, was ich ihr sagen sollte. In meiner Verzweiflung beauftragte ich sie, mir bei der nächsten Gelegenheit Zigarren zu bestellen, obgleich ich wohl wußte, daß noch gegen neunhundert Stück vorrätig waren.

Gegen diesen Zustand mußte etwas geschehen. Ich erinnerte mich, daß der Boden bis jetzt meiner Generalinspektion entgangen war, und beschloß hinaufzugehen, indem ich bei meiner Vorliebe, in altem Gerümpel zu stöbern, hiervon eine Ableitung meiner Gedanken erhoffte. Als ich hinaufging, sah ich die Alte sich im Garten zu schaffen machen.

Wem aus seiner Kindheit noch ein Stück Boden=
poesie in Erinnerung geblieben ist, der wird verstehen,
welchen seltsamen Zauber alte Rumpelkammern, In=
validenanstalten für pensioniertes Hausgerät und aus=
gediente Mäntel auszuüben verstehen. Auf diesem
Boden, unter der Glut eines von flammender Sonne
bestrahlten Ziegeldaches, war das Ideal eines solchen
Gerümpelheiligtums zu finden. Ich bedauerte fast
schmerzlich, hier nicht meine Kindheit verlebt zu haben.
Weitläufig, winkelig, verbaut und verstellt von tausend
sonderbaren Gegenständen — mit dunklen, dämmerigen
Ecken und kleinen plötzlichen Glasscheiben im Dach,
die einen scharfen Lichtstrahl heraushoben, diese Ein=
richtung war märchenhaft. Meine Augen fielen auf
zwei alte verstaubte Kisten mit schnörkelhaftem Eisen=
beschlag, die meine Aufmerksamkeit erregten, und ich
beschloß, sie näher zu untersuchen. Sie waren nicht
verschlossen und der Inhalt bestand aus Büchern und
Papieren. Alte vergilbte Manuskripte von der Hand
meiner Tante, alte verschollene Gedichte, die sie ab=
geschrieben hatte, Gedichte mit kleinen niedlichen ro=
mantischen Gefühlen, die einst unsere Mütter begei=
sterten. Ich blätterte darin herum. Wie unersprießlich
und verschimmelt erscheint die Poesie der Tagesmode
nach fünfzig Jahren. Dann kamen unzählige Taschen=
bücher, die Vorläufer unserer illustrierten Journale,
mit süßlichen Kupferstichen und mit Altären, Kränzen
und Genien auf dem Titelblatt. Als ich so zwischen
den Iris, Iduna, Euphrosyne und wie die Titel dieser
Taschenbücher nun alle hießen, umherstöberte, hörte ich

plötzlich den Schritt der Alten auf der Bodentreppe. Ich
saß hinter einem Ofenschirm außer Dienst und zwischen
einigen quiescierten Lehnstühlen auf einem Kasten und
konnte ungesehen durch ein großes Mottenloch hinaus=
lugen. Sie kam die Treppe herauf und ging quer
über den Boden zu der Thür eines Mansardenzimmers,
die mir bis jetzt noch nicht aufgefallen war, da alte
Schränke, die daneben standen, ihren Schatten auf sie
warfen. Sie verschwand hinter dieser Thür und plötz=
lich zuckte ich zusammen, denn ich hörte eine Stimme,
deren Klang mir von der letzten Nacht her nur zu
wohl im Gedächtnis haftete. Das junge Mädchen war
noch hier, und die Alte hatte es verleugnet. Was
war für ein Grund vorhanden, dies Mädchen in so
geheimnisvoller Weise zu hüten und zu verbergen wie
einen Goldschatz?

„Der Zug geht morgen um sieben Uhr," hörte ich
Brigitte jetzt sagen, „den Wagen habe ich schon bestellt."

Die Thür war nicht ganz geschlossen und ich
konnte, wo ich saß, jedes Wort verstehen.

„Warum soll ich denn aber so plötzlich fort," sagte
das Mädchen, „und warum muß ich heute hier oben
eingesperrt sitzen und darf nicht hinunter? Ich bin jetzt
wieder ganz wohl und es ist so öde hier, ich mag nicht
immer den alten Giebel vom Nebengebäude ansehen."

„Kind, du verstehst das nicht — und dann habe
ich ihm gesagt, du seiest schon fort — wenn er nun
dich doch sieht, was soll er von mir denken?"

„Aber ich verstehe es gar nicht, ich verstehe es
durchaus nicht, weshalb er mich nie sehen sollte. Er

hat doch so ein gutes Gesicht und so freundliche Augen" (wirklich, das sagte sie), „was sollte er mir wohl anhaben, ich glaube, der kann keinem Kinde etwas zuleide thun. Und kennst du ihn denn — du denkst dir doch nur, daß er so schlecht ist."

„Du bist ein junges, unerfahrenes Ding," schalt die Alte, „und kennst die Männer nicht. Selbst den guten soll ein junges Mädchen nicht trauen, wenn es arm ist und er reich, und wenn es umgekehrt ist, erst recht nicht. Die Armen angeln nach Gold und die Reichen nach Schönheit und Unschuld. Ich habe es gestern wohl gesehen, wie er mit den Augen dich nicht losließ, als du auf dem Lehnstuhl lagst. Heute morgen that er so gleichgültig, als er nach dir fragte..."

„Hat er nach mir gefragt?"

„Natürlich hat er, — und that so gleichgültig; allein mir macht er nichts vor. Ich habe ihm gesagt, du wärest abgereist."

„Ich wäre so gern noch hier geblieben — es wird dir ja schon alles so schwer bei deinem Alter — und meine kleine liebe Ecke im Garten — laß mich doch bleiben, ich will mich auch nie sehen lassen, wenn er im Hause ist."

„Nun geht es doch nicht mehr, da ich ihm heute das gesagt habe. Und wenn es auch ginge, ich leide es doch nicht. Warum hat die Frau Geheimrätin so ein verlassenes Leben geführt und ist einsam gestorben? Die Männer sind daran schuld. Wenn du die gesehen hättest, die hier im Hause aus und ein gingen, als sie eine blutjunge Witwe war, du würdest nicht mehr zweifeln. Und dann kam einer, der war anders als die übrigen, und die Frau Geheimrätin meinte das auch. Ich dachte, der könnte der Rechte sein, er hatte so etwas Gerades und Ehrliches und paßte auch von Größe, es hätte ein schmuckes Paar gegeben. Der war aber gerade der Schlimmste, er verstand nur sein Handwerk besser als die anderen. Als es herauskam, hat die Frau Geheimrätin sich's zu Herzen genommen, und so ist es gekommen, daß sie von den Menschen nichts mehr wissen wollte. — Es kann ja mal einer gut sein, wie dein Vater zum Beispiel, aber sicherer ist, man traut gar keinem."

„Ich kann es nun einmal nicht verstehen und kann nicht denken, daß du recht hast," sagte Margarete, „es mag wohl solche Menschen geben, aber daß er so ist, das kann ich nicht glauben. Wie traurig wäre es auf der Welt, wenn es nicht anders wäre, als du sagst. Mein Leben lang habe ich nicht geglaubt, daß es so viel Schlechtigkeit geben könnte — und du weißt von ihm nicht ein Beispiel zu sagen."

„Ich habe lange genug in der Welt gelebt, um die Menschen zu kennen, und ich habe meine Augen offen gehabt. Er ist auch nicht anders als sie alle. Vor einigen Tagen stand er am Fenster, als er hier gerade im Hause war, und sah auf die Straße. Da kam da so ein leichtfüßiges Ding gegangen mit einer Musikmappe und mit langen, rotblonden Haaren, die so den Nacken herunterhingen, wie es jetzt die unordentliche Mode ist, so eine, die nach allen Männern sieht und die Augen vor und hinter sich hat. Die sah ihn am Fenster stehen und lachte ihn an, denn

ein schmucker Mensch ist er, das muß man ihm lassen."
(Danke, alter Drache!) „Und er nickte ihr zu und lachte
wieder, und sie sah sich fortwährend nach ihm um, und
so nickten und lachten die beiden, solange sie sich
sehen konnten. Ich sah alles recht gut, denn ich stand
hinter dem großen Fliederbusch im Garten. Und den
Tag darauf sah ich ihn mit dem hochbeinigen Ding gehen,
und sie waren so laut miteinander, daß die Leute auf
der Straße sich wunderten und ihnen nachsahen!"

Hiernach entstand eine kleine Pause, in der ich Zeit
hatte, nach passenden Ausdrücken der Verwünschung für
die alte Brigitte mich umzusehen, die eine unschuldige
Begebenheit mit meiner kleinen rotblonden Cousine
Hedwig, mit der ich auf dem harmlosesten Neckfuße
der Welt lebte, also zu meinen Ungunsten ausnutzte.

„Wann geht doch der Zug?" fragte endlich Mar=
garete mit gedrückter Stimme.

„Morgen früh um sieben Uhr," sagte die Alte,
„ich habe an deinen Vater telegraphiert, daß er dich
von Waldenburg abholen läßt, denn allein darfst du
mir nicht gehen."

Dann öffnete sich die Thür wieder, die Alte
schlurrte über den Boden und ging keuchend die Treppe
wieder hinab.

Meine erste Regung war, hineinzugehen zu dem
jungen Mädchen und mich zu verteidigen gegen die
Vorwürfe, die man mir gemacht hatte. Aber die
Scham über die Lauscherrolle, welche ich soeben gespielt
hatte, und die Furcht, Margarete zum zweitenmal
töblich zu erschrecken, hielt mich davon zurück. Ein

anderer Gedanke ging mir durch den Sinn. Ich stieg
eilig und leise hinab in mein Wohnzimmer, indem ich
unterwegs eine Thür im zweiten Stock mit Geräusch
öffnete und schloß, um der Alten die Meinung beizu=
bringen, ich habe mich dort aufgehalten. Dann holte
ich das Kursbuch hervor und suchte Waldenburg auf.
Ich muß zu meiner Schande gestehen, daß diese por=
zellan= und kohlenreiche Stadt Schlesiens mir damals
ganz unbekannt war, dank einem wunderbaren Geo=
graphieunterricht, der mir sämtliche größere Neben=
flüsse des Amazonenstroms und alle die buntscheckigen
Staaten Amerikas nebst ihren bedeutenderen Städten
unauslöschlich ins Gedächtnis geprägt hatte. Es war
eine Station der Niederschlesisch=Märkischen Eisenbahn:
der Personenzug ging um sieben Uhr morgens, und
ein Expreßzug, der diesen in Sommerfeld einholte,
um neun Uhr. Von Sommerfeld an Schnellzug, An=
kunft in Waldenburg abends sechs Uhr fünfzig Minuten.
Ich packte einige notwendige Gegenstände in einen
kleinen Handkoffer und brachte diesen abends nach
Dunkelwerden heimlich in einer Droschke nach dem
Bahnhof, worauf ich in meine Wohnung zurückkehrte.
Am anderen Morgen erwachte ich schon um fünf Uhr.
Ich stand auf und vertrieb mir die Zeit so gut als
möglich. Es war bereits lebendig im Hause. Ich hörte
Thüren schlagen und die Alte auf der Vortreppe husten.
Um sechs Uhr kam eine Droschke mit einem ver=
schlafenen Kutscher und einem morösen Pferd angerollt
und hielt vor dem Hause. Auf der Treppe ward ein
leichter Schritt vernehmlich, eine wohlbekannte, an=

mutige Stimme schlug an mein Ohr, und dann trat
die leichte Gestalt in einem grauen Sommermantel
vor die Thür. Während der Kutscher verdrossen vom
Bock kletterte und einen großen Reisekorb aus dem
Hause holte, stand sie in dem verwilderten Vorgarten
und ließ die Blicke wie Abschied nehmend über das
Haus und die alten, morschen, mit Epheu besponnenen
Mauern gleiten. Dann stieg sie ein, die Alte klappte
den Schlag zu, der Kutscher schwenkte aufmunternd
seine Peitsche und das alte würdige Pferd setzte sich
in jenen Heucheltrab, durch den die Berliner Droschken=
gäule in geschickter Weise einen mäßigen Schritt zu
maskieren wissen. Die Alte schaute dem Fuhrwerk
befriedigt unter sanftem Reiben ihrer knöchernen Hände
nach und kehrte in das Haus zurück. Um sieben Uhr
brachte sie mir wie gewöhnlich den Kaffee. Ich lag
auf dem Sofa, rauchte eine Zigarre und las eine Zei=
tung, scheinbar ohne mich weiter um sie zu bekümmern.
Die alte Brigitte hatte heute etwas Wohlwollendes in
ihrem Wesen, etwas übertrieben Freundliches, das
ihrem Gesicht einen Ausdruck gab, als wenn die Sonne
auf altes Gemäuer scheint. Sie erkundigte sich nach
meiner nächtlichen Ruhe, sie zeigte ein so unnatürliches
Interesse für mein Wohlbefinden und legte in ihre
Worte eine so unglaubwürdige Sanftmut, daß ich
wohl bemerken konnte, wie befriedigt ihre Seele von
dem Ereignis des heutigen Morgens war. Ich schmun=
zelte innerlich und schwieg. Als sie fort war, schrieb
ich eine Karte an sie des Inhalts, daß mich Verhält=
nisse zu einer plötzlichen Reise nach Mecklenburg be=

wogen hätten und ich wohl in den nächsten Tagen nicht zurückkehren würde. Dann gegen acht Uhr zündete ich mir eine Zigarre an und ging, harmlos ein Liedchen pfeifend, wie zu meinem gewohnten Morgenspaziergang aus dem Hause. Ich steckte die Karte in den nächsten Briefkasten an der Ecke der Potsdamer Straße, nahm eine Droschke und fuhr nach dem Niederschlesisch-Märkischen Bahnhof. Eine Stunde später saß ich in dem Expreßzuge auf dem Wege nach Schlesien.

IV.

Man mag Berlin verlassen, von welcher Seite man will, immer wird man die Entsagungskraft und die landschaftliche Bedürfnislosigkeit des Volkes bewundern müssen, das verstand, in einer solchen Gegend seine Hauptstadt zur Größe und machtvollen Blüte zu bringen. Aus Ursache dieses Mangels an anziehenden Außendingen ward ich um so weniger abgelenkt von den Gedanken, die mein Inneres erfüllten. Ich war allein in meinem Coupé, und konnte ihnen ungestört nachhängen. Was nun werden sollte, hatte ich mir noch wenig überlegt. Das Abenteuerliche der Sache, der Reiz, der in der Befolgung eines plötzlichen Entschlusses liegt, hatten mich bis jetzt gefangen gehalten; in der Unthätigkeit der Eisenbahnfahrt erwachten andere Gedanken. Was bewog mich, diesem Mädchen, das ich nur zweimal flüchtig gesehen, das ich weiter gar nicht kannte, nachzureisen in die weite Welt? Warum

war ihre ganze Gestalt für mich in einen so anmutigen
Schein gehüllt, daß es beseligend war, nur an sie zu
denken? Es war etwas wie eine sanfte Musik in der
Erinnerung an sie, und diese zauberischen Töne wichen
nicht von mir. Nichts von Leidenschaft, von feuriger
Glut fühlte ich, es war mehr eine sanfte, einbringliche
Wärme des Herzens, und wenn dies Liebe war, so
war sie gekommen wie der Mond in der stillen Sommer=
nacht. Mir fiel ein Lied ein, das ich früher oft hatte
singen hören, und unaufhaltsam summten mir die
Strophen durch den Kopf:

> Nimmer weiß ich, wie's gekommen,
> War es doch, als müßt' es sein,
> Daß mein Herz du hingenommen —
> Gar so heimlich schlich es ein.
>
> So wie Blumen still erblühen,
> Wie im Lenz ergrünt die Au,
> Wie nach heißen Tages Glühen
> Hold und labend sinkt der Tau.
>
> Nicht bestürmt mich wild Verlangen
> Glutenvoller Sehnsuchtsmacht! —
> Wie der Mond kam es gegangen
> In der stillen Sommernacht!

Immerfort zu dem Takte der Räder bis zur
Selbstqual wiederholte ich diese Verse. Ich habe dies
Gedicht nie für ein besonderes Kunstwerk gehalten,
allein heute war mein Geist in der Verfassung, eine
Fülle von poetischem Honig daraus zu saugen.

Trotz alledem mußte ich mich fragen, was nun
werden sollte. Ich konnte die Antwort nicht finden.
Jedenfalls wollte ich Margarete nicht aus den Augen

verlieren. Wußte ich nur ihren Wohnort, dann konnte ich alles der historischen Entwickelung überlassen.

Unter solchen Gedanken und Ueberlegungen verging die Zeit. Der Zug rannte unaufhörlich durch den glühenden Sommertag, eine Wolke von Rauch und heißem Staub hinter sich lassend. Zuweilen eine Station mit kurzem Aufenthalt und einigen gelangweilten Müßiggängern, die auf dem Perron der Ankunft des Zuges entgegenbrieten; endlich, nachdem mir die Zeit schon etwas lang geworden war, kamen wir in Sommerfeld an.

Ich vermied es auszusteigen und bekam deshalb meine schöne Verfolgte nicht zu Gesicht. Die Weiterreise nach Waldenburg verlief ohne besonderen Zwischenfall. Mir pochte das Herz und eine eigene Beklommenheit bemächtigte sich meiner, als ich in den Bahnhof von Waldenburg einfuhr. Ich übergab meine Sachen einem Bediensteten des „Schwarzen Rosses", der auf dem Perron dem Gästefang oblag, und mischte mich dann spähend unter den Strom der Aussteigenden und Empfangenden.

Es war ein auffallendes Gedränge auf dem Bahnhof, es mußte ein Sängerfest in Waldenburg stattfinden, denn buntbeschleifte Männer stiegen in Menge aus und wurden herzlich empfangen. Ich verwickelte mich in eine solche Empfangsgruppe, wurde irrtümlicherweise unter dem Ausruf: „Mein alter guter Schulze" von einem jovialen Sangesbruder, dessen Unterscheidungsvermögen in einer gehobenen Feststimmung bereits untergegangen war, umarmt, und ehe diese Verwechslung sich aufklärte und ich von dem Verdacht, der alte gute Schulze zu sein, gereinigt war,

hatte sich ein großer Teil des Publikums schon ver=
laufen. Da ich Margarete auf dem Perron nicht
fand, eilte ich nach dem Ort, wo die Wagen hielten,
und kam gerade früh genug, um sie auf einem leichten
kleinen Einspänner die Straße hinabfahren zu sehen.
Neben ihr saß ein alter Mann und führte die Zügel.
Ein Wagen war jetzt nicht zu haben, wegen der fest=
lichen Ueberfüllung; ein Müßiggänger, den ich fragte,
ob er nicht den Einspänner oder seinen Besitzer kenne,
belehrte mich mit großstädtischer Ueberlegenheit, daß
man in einer so bedeutenden Stadt wie Waldenburg
nicht jeden Menschen kennen könne. Zu Fuße nach=
rennen konnte ich dem Wagen auch nicht, und so blieb
mir nichts übrig, als mich in das festlich geschmückte
Waldenburg und in das überfüllte „Schwarze Roß"
zu begeben.

V.

Die nächsten Tage vergingen mit vergeblichen
Ausflügen in die Umgegend, insbesondere nach der
Richtung, wohin der Wagen damals wahrscheinlich
gefahren war. Es dauerte nicht lange und mein Be=
ginnen erregte Aufsehen und erzeugte allerlei Ver=
mutungen. Die einen hielten mich für einen Eng=
länder, der sich zur Ausübung einer jener Schrullen,
die als ein Privilegium seines Volkes angesehen werden,
hier aufhielte, und ein anderer, der in mir einen Be=
amten der Geheimpolizei vermutete, erzählte mir unter
vielem Lachen und in sichtlichem Triumphe über seine

bessere Einsicht, die Geschichte einer tollen Wette, die der Grund meines Aufenthaltes in Waldenburg und meines auffallenden Betragens sein sollte. Als er dann mit einer geschickten Wendung auf die vorzügliche Ein=
richtung der preußischen Geheimpolizei kam und ich mich dazu schweigend verhielt, weil der Mann anfing mich zu langweilen, lächelte er bedeutungsvoll und verständnisinnig, und brachte als ein Mann von Welt das Gespräch auf ein anderes Thema.

Ich hatte allmählich alle Dörfer in der näheren Umgegend von Waldenburg unter Hilfe einer jener vor=
züglichen Karten abgestreift, die dem preußischen General=
stabe ihren Ursprung verdanken, und nirgends hatte ich eine Spur gefunden. Des Suchens herzlich müde, dachte ich zuweilen schon daran, nach Berlin zurückzukehren und einfach meine Alte zu fragen. Da sie ihre Nichte in Sicherheit vor mir dachte, hätte sie gewiß kein Hehl aus ihrem Wohnort gemacht. Aber ich scheute diesen Weg, setzte mir noch acht Tage fest und suchte weiter.

Eines Tages war ich in Friedland, einem kleinen Städtchen, zwei Meilen von Waldenburg. Ich war mit der Post hingefahren und dachte meinen Rückweg zu Fuße über den kleinen Kurort Görbersdorf zu neh=
men, den ich bis jetzt noch nicht besucht hatte. Nach diesem Dorfe führt ein näherer Weg durch die Felder von Friedland und über einen kleinen waldbedeckten Hügel, von dem man das in einem schmalen wind=
geschützten Seitenthale liegende Görbersdorf friedlich vor sich liegen sieht. Ich beschloß dort die Nacht zu bleiben. Nachdem ich mir in dem überfüllten Gasthof

mit Mühe ein Quartier gesichert hatte, machte ich mich
nach meiner Gewohnheit auf, die nähere Umgebung zu
durchstreifen. Treffe ich in einem kleinen Gebirgsdorfe
einen Bach, so habe ich die Methode bewährt gefunden,
seinem Laufe entgegen zu gehen. Fast immer führt
dieser Weg zu anmutigen oder anziehenden Punkten.
Eines der letzten Häuser im Dorf fiel mir auf, als ich
vorüber ging. Es gibt Dinge, die in Einfachheit und
Schönheit daliegen wie ein Gedicht. Man weiß kaum
den Grund anzugeben, allein ein wohlthuender Hauch
berührt das Herz, es ist die. Vollendung in der Be=
schränktheit, die uns so angenehm erscheint. Und außer=
dem war mir immer, als habe ich dieses kleine Schin=
delhaus schon einmal gesehen, als sei ich schon einmal
in den sauberen Steigen zwischen den duftenden Blumen
gewandelt. Selbst der alte Mann, der behaglich auf
einem kleinen Bänkchen vor der Thür saß und sein
Pfeifchen rauchte, erschien mir so bekannt, daß ich mich
noch einigemal nach ihm umsah.

Ich kam in die Felder und schritt den sanft an=
steigenden gewundenen Weg entlang. Der Lauf des
Baches war mir wie ein spielendes Hündchen zur Seite.
Zuerst ging er rieselnd und plätschernd zu meiner
Rechten über steinigen Grund neben dem Wege her,
dann schwang er sich in großem Bogen zur Seite und
nur an der gewundenen Erlenreihe im ferneren Wiesen-
grund konnte ich seinen Lauf verfolgen. Nun kam er
wieder in neckischen Windungen näher und näher, zu=
weilen einen funkelnden Sonnenblitz zu mir herüber=
werfend, dann in herzhaftem Lauf quer durch den

Weg, wo er zur Linken eine Zeit lang sittsam im Grunde weiter rieselte. Dann verlor er sich seitwärts an den Fuß der allmählich sich verengenden Thalwand, durch dunkleres Grün seinen heimlichen Lauf bezeichnend. Das Thal geht in zwei Spitzen aus, denn ein waldiger Berg schiebt sich mit schmaler Waldzunge zwischen die Thalwände und drängt es in zwei scharf ansteigende Rinnen zusammen. Grün und geheimnisvoll wölbte sich der Wald über den Eingang des Weges. Mein Freund, der Bach, hatte sich in die Tiefe verloren und blitzte kaum hervor und rieselte verstohlen unter feuchtbemoosten Steintrümmern und dichtem Farnkraut. Doch je höher ich stieg den steinigen Pfad hinauf, je mehr näherte sich mir der plätschernde Gesell, und endlich liefen Weg und Bach friedlich in der Thalrinne nebeneinander her. Auf den Feldern hatte zuweilen ein Mensch in der Ferne gearbeitet, hier war ich mit meinem rieselnden Gefährten allein. Eine angenehme Kühle herrschte in dem waldigen Grund, das Singen der Nadeln kam aus der Höhe und mischte sich mit dem Geräusch des Wassers zu anmutiger Waldmusik. Wo die schmale Thalrinne eine kleine Biegung um einen vorgeschobenen Felsen machte und vor mir ein sonniges Plätzchen war, ruhte ich eine Weile. Der Bach, des einförmigen Laufes müde, sprudelte hier über den Weg und blitzte zwischen den zerklüfteten Steinen in vielen rieselnden Fäden hervor. Ich stand an den Felsen gelehnt und lauschte in die Einsamkeit hinaus.

Nachmittagsstille war ringsum, die Farnkräuter hielten wie Hände ihre gefingerten Blätter dem Lichte

entgegen, auf den rötlichen Fichtenstämmen standen
goldklare Harztropfen und der kräftige Sonnenduft der
Tannen füllte die Luft. Ein Schillerfalter kam mit
hastigem Fluge und glättete seine atlasglänzenden
Flügel auf einem warmen Stein, wie im stolzen Be=
hagen über ihre schimmernde Pracht. Mein alter
Schmetterlingsjagdeifer erwachte plötzlich. Die Schiller=
falter waren in unserer Gegend selten und gehörten
zu den größten Schätzen einer Schmetterlingssamm=
lung. Als Knabe hatte ich nie einen erwischt. Ich
nahm meinen Sommerhut und schlich mich leise näher.
Aber der Schillerfalter gehört zu den scheuesten und
schnellsten Schmetterlingen. Kaum hatte ich mich ihm
genähert, so hob er sich auf und schwang sich mit
hastigem taumelnden Fluge vor mir her. Doch dort
saß er wieder auf einem sonnigen Stein mitten im
Bach, der hier in breiterer Fläche langsam einherzog.
Ich tappte über hervorragende Steine, allein wieder
vergebens. Ein zweiter Schillerfalter war plötzlich da,
und die beiden umwirbelten einander eine Weile in
der Luft und ließen sich weiterhin auf einem alten
Baumstamm nieder. Mir war, als hörte ich jetzt
leichte Schritte den Pfad herabkommen, allein in
meinem Jagdeifer achtete ich nicht darauf. Schon hatte
ich meinen Hut in der Schwebe über den beiden Tierchen
und wollte sie eben bedecken, da stäubten sie zu beiden
Seiten auseinander, und während ich ihrem aufsteigen=
den Fluge mit den Augen folgte und ihnen nacheilte,
rannte ich fast gegen ein junges Mädchen, das eben,
um eine Felsecke biegend, den Pfad herunter kam. Ich

prallte freudig erschrocken zurück, denn in demselben Augenblick sah ich, daß es Margarete war. Sie stand erstaunt und verwirrt vor mir, eine dunkle Röte stieg in ihr reines Antlitz und ihre Augen suchten den Weg, den ich ihr versperrte.

„Margarete," sagte ich, „endlich habe ich Sie gefunden, seit vierzehn Tagen suche ich Sie!"

Sie trat zurück und wurde nun plötzlich bleich, ihre Augen spähten ängstlich an mir vorüber.

„Ich habe Sie nun gefunden," fuhr ich fort, „und lasse Sie nicht eher, als bis ich weiß, ob ich vergebens gesucht und gefunden habe oder nicht. Tag für Tag habe ich diese Gegenden durchstreift mit dem Gedanken an den Augenblick, der nun vor mir liegt, nun entfliehen Sie mir nicht, ich habe nur wenig zu sagen!"

„Was wollen Sie von mir," sagte sie zitternd, „ach, lassen Sie mich gehen, ich muß nach Hause. Sie meinen es nicht gut mit mir. Warum sind Sie mir heimlich gefolgt ... Meine Tante schrieb mir, Sie seien nach Mecklenburg gereist!"

„Ich habe nur eine kurze Frage an Sie, Margarete. Sie wissen, ich habe in Berlin ein großes, altes, einsames Haus und ich bin ganz allein darin. Mäuse, Motten und Rost verzehren es, der Garten ist eine Wildnis und Anmut und Ordnung sind längst entschwunden. Margarete, ich möchte, daß es anders würde, daß Leben und Freude wieder einzöge, daß Ordnung und Frohsinn darin walte. Doch ich allein kann das nicht vollbringen, und könnte ich manches auch, so würde die Einsamkeit doch bleiben. Ich habe

Sie nun gesucht, liebe Margarete, um Sie zu fragen, ob Sie mir dabei helfen wollen, ob Sie es versuchen wollen, mit mir vereint dies zu erreichen!"

Ein Leuchten wie im Frühling, wenn Sonnenschein und Wolkenschatten wechselnd über das Feld ziehen, zeigte sich in ihrem Antlitz. "Wie soll denn das geschehen?" fragte sie zaghaft.

"Werde mein, Margarete, werde mein!" rief ich und ergriff ihre Hand und zog sie sanft an mich, "mit dir vereint soll es gelingen, und ein Leben soll es werden, schön wie die junge Morgenröte und heiter wie ein Frühlingstag!"

Ich hatte sie allmählich an meine Brust gezogen, und sie lag dort, und ein heftiges Weinen erschütterte den jungen Leib. Plötzlich schlang sie beide Arme um meinen Hals und sah mir unter Thränen lächelnd ins Gesicht: "Nicht wahr," rief sie, "du bist gut und edel — und deine Augen können nicht lügen. Sage es mir und ich will es glauben und will dein sein — dein — dein!" Ich beugte mich zu ihr nieder, meine Lippen fanden die ihren und gaben die Antwort.

* * *

Noch liegt das Haus am Karlsbade öde und verfallen in seinem verwilderten Garten. Aber nun kommt die Zeit, wo es erstehen soll zu neuem Glanz und neuer Schönheit. Und so Gott will, soll ein neues Geschlecht aus ihm hervorgehen, das den Fluch nehmen wird von dem alten Hause und ausbreiten wird von ihm neuen Segen und neues Leben!

Der Lindenbaum.

Vor längerer Zeit hielt ich mich einige Jahre hindurch in einer kleinen Stadt auf und war dort an einen alten Herrn empfohlen, der ein Studiengenosse meines Vaters gewesen war. In dem Hause dieses Mannes ging ich aus und ein und genoß dort viel Freundlichkeit. Herr Doktor Lindow war ein stattlicher und jovialer Sechziger und ein großer Natur- und Gartenfreund, der herrliche Blumen und köstliches Obst zog, und sein Garten, der sich in glücklicher südlicher Lage in Terrassen zu einem kleinen See hinabsenkte, war im Sommer und Herbst ein wahres Füllhorn köstlicher Dinge. Als ein Wunder erschien es mir immer, was durch kluge Ausnutzung des Raumes auf einem verhältnismäßig kleinen Fleck Erde alles erzeugt werden kann. Am Ende des Gartens befand sich auf einer kleinen Erhöhung eine mächtige Lindenlaube, die auf den stillen, von Schilf und Weiden umkränzten See sich öffnete, und dort saß ich eines schönen Abends im August in heiterem Gespräche mit dem alten Herrn, der an jenem Tage besonders aufgeräumt war. Vor uns auf dem Tische stand eine mächtige Schale mit köstlichen Pfirsichen, Reineclauden und Aprikosen, in den Gläsern schimmerte eine vorzügliche Sorte von Rheinwein, und ringsum ertönte in den stillen Abend hinein das fröhliche Getöse spielender Kinder, der Enkel und Enkelinnen meines Gastfreundes. Unter diesen war ein zwölfjähriger Junge, der sich durch große körperliche Gewandtheit auszeichnete. Plötzlich hörten wir dessen Stimme aus dem Wipfel eines Baumes, der seine Zweige wagerecht nach dem Ufer des Sees hinausstreckte. „Großvater!" rief der Junge, „nun passe mal auf, wie ich es jetzt schon gut kann!"

Damit war er auf einen der wagerechten Zweige hinausgerutscht und hing plötzlich an den Knieen daran, mit dem Kopfe nach unten. Zu meinem Schreck ließ er sich dann los, griff aber geschickt in das Laub des unteren Zweiges, daß sein Körper sich wendete und der Kopf wieder nach oben kam, und so von Ast zu Ast rutschend und stürzend, gelangte er, indem er rechtzeitig seinen Fall durch wiederholtes Eingreifen in die Zweige milderte, glücklich unten an.

„Gut, mein Sohn," rief Herr Lindow, „kannst mal herkommen!" Nachdem er den Knaben für seine Leistung reichlich mit Obst belohnt hatte, wandte er sich zu mir und sagte: „Eine alte Familienkunst, die ich schon von meinem Vater gelernt habe und die hoch in Ehren gehalten wird, seitdem sie mir einmal einen so großen Dienst geleistet hat."

„Welcher Art war dieser Dienst?" fragte ich etwas verwundert.

Der Doktor lehnte sich in seinen Gartenstuhl zurück

und sah sinnend vor sich hin, wie einer, der sich eine Geschichte im Geist zurechtlegt, und sagte dann: „Sie wissen doch, daß ich als Student zu zehnjähriger Festungshaft verurteilt worden bin?"

„Ja gewiß!" antwortete ich, „damals, als auch Fritz Reuter zu dieser Strafe verdammt wurde, und aus denselben Gründen."

„Gewiß," fuhr Lindow fort, „allein ich hatte es in einer Hinsicht besser als Reuter, da ich meine Zeit in der einzigen kleinen Festung meines engeren Vaterlandes absitzen durfte, wo ich es verhältnismäßig gut hatte. Diese war nun eigentlich gar keine Festung mehr, denn die Außenwerke hatte man längst geschleift, und nur ein auf einem steilen Felsen gelegenes Kastell war übrig geblieben, das zu Gefängniszwecken diente. Dort hatte ich ein ganz wohnliches Zimmer, allerdings mit schwerer, eisenbeschlagener Thür und einem tief in die dicke Mauer eingeschnittenen, stark vergitterten Fenster. Ich war der einzige Festungsgefangene dort, denn mehr dergleichen politische Verbrecher hatte das kleine Fürstentum nicht hervorgebracht, und man ließ mir am Tage ziemlich viel Freiheit, nachts allerdings wurde ich sorglich eingeschlossen. Wohin sollte ich auch entkommen, da dieser Felsen an drei Seiten wohl an die hundert Fuß steil abfiel, während er an der vierten, wo der gewundene Weg hinaufführte, durch Mauern und mächtige Thore mit Schildwachen davor genügend versperrt war. — Ueber Mangel an Aussicht konnte ich mich an diesem Orte nicht beklagen, denn der Felsen war ein letzter Ausläufer des am Horizonte däm=

mernden Gebirges und lag als einzige wesentliche Erhöhung in einer sanft gewellten Ebene. Aber nichts ist wohl geeigneter, die Sehnsucht nach der Freiheit zu verschärfen, als ihr steter ungehinderter Anblick. Zum körperlichen Schmerze fast wurde diese Sehnsucht, wenn an schönen Sommersonntagen die Menschen aus dem Städtchen wie aus einem Ameisenhaufen auf allen Wegen herauskribbelten in die freie Natur, wenn auf der Straße nach dem blau dämmernden Gebirge zu die Wagen rollten und leichtfüßige Wanderer munter dahinschritten, wenn auf den Gasthäusern vor dem Thore die Fahnen wehten, während farbige Mädchenkleider und helle Strohhüte aus dem Grün hervorschimmerten, und bald von hier, bald von dort ein dumpfes Paukenschlagen oder ein anderes musikalisches Getöse oder ein unabläſſiges Rollen von Kegelkugeln zu mir hinaufschallte. Dann kamen wohl auch leichtgeflügelte Schmetterlinge aus der Tiefe flatternd emporgetaucht, glätteten ihre Flügel ein wenig auf dem durchsonnten Rasen des Walles und taumelten dann sorglos weiter in die Freiheit. Die Schwalben, die sich um das alte Gemäuer des Kastells jagten, schoſſen dicht über mich hin und riefen wie zum Hohne: ‚Komm mit, komm mit,‘ und als dies alles wieder einmal an einem Sommersonntag geschah, ward es mir zu viel und ich begab mich auf die andere Seite, wo mir der Anblick auf die Stadt und das fröhliche Getümmel um sie her entzogen war. Hier wurde die eine Wand des Felsens vom Flusse bespült, und hinter diesem dehnte sich eine weite Heidefläche aus. Zu meinen Füßen aber in den

Winkel, den der herannahende Fluß mit dem Felsen
machte, lief ein großer Garten aus, der zu dem Land=
hause eines wohlhabenden Fabrikanten gehörte. Wie
eine Karte lag er mit seinen sauberen Steigen, Rasen=
flächen und Gebüschgruppen unter mir, aber auch so
öde wie eine Landkarte war er meist, denn außer einem
alten Gärtner, der sich dort zu thun machte, und seiner
ebenso alten Frau hatte ich dort noch niemals einen
Menschen gesehen. — Als ich dort nun saß, meine
Beine über den Rand des Felsens baumeln ließ und
abwechselnd in die saubere grüne Einsamkeit zu meinen
Füßen und dann über den Fluß hinweg auf die ein=
tönige Heide schaute, da überkam mich mit einemmal
ein Gedanke, der mein Gehirn mit einem solchen
Rausche erfüllte, daß ich mich zurücklehnte und meine
Hände in das Gras klammerte in der Furcht, von
einem Schwindel ergriffen, plötzlich hinabzustürzen.
In dem letzten Winkel des Gartens stand nämlich ein
uralter Lindenbaum, so nahe am Felsen, daß seine
Zweige ihn fast berührten. Seine ungeheure grüne
Kuppel war gerade unter mir, die Entfernung konnte
nicht mehr als etwa zwanzig Fuß betragen. Daß mir
das sonst noch nie so aufgefallen war! Wenn ich dort
hineinsprang, war ich ja so gut wie unten. Es hatte
auch gar keine Gefahr, denn die dichtbelaubten, ela=
stischen Zweige würden mich sanft aufnehmen und den
Sturz mildern, und dann: wie oft hatte ich mich nicht
als Knabe so von Zweig zu Zweig absichtlich aus
Bäumen fallen lassen. Das war eine Kunst, die ge=
fährlicher aussah, als sie war, und mir schon oftmals

den Beifall erstaunter Zuschauer eingebracht hatte. Wenn ich das hier ausführte, konnte ich ja in ein paar Sekunden unten sein. Und dann war ich frei. — Aber wie lange? Ich war ohne Mittel, denn genügendes Geld bekam ich als Gefangener natürlich nicht in die Hände, und obwohl die Grenze nicht allzuweit entfernt war, so wäre mir doch wohl nur in einem bereitstehenden Wagen mit schnellen Pferden die Flucht gelungen. Auch fehlten mir Legitimationspapiere, und diese waren höchst nötig, um sich an der Grenze auszuweisen. Woher dies alles nehmen? Doch diese Gedanken kamen mir alle erst später bei ruhiger Ueberlegung; zunächst berauschte mich der Gedanke, wie leicht ich entkommen konnte, wenn ich wollte, so, daß ich in ihm förmlich schwelgte. Im Falle ich dort hinabsprang und mich von Zweig zu Zweig stürzen ließ, war Gefahr nur dann vorhanden, wenn sich zu große Lücken zwischen den Aesten fanden oder diese in bedeutender Höhe vom Boden aufhörten. Ich suchte mir einen anderen Ort auf dem Felsen, legte mich dort auf den Bauch und betrachtete die Linde aus größerer Entfernung von der Seite. Sie war so normal gewachsen, wie dies für einen Musterbaum ihrer Art nur möglich ist, die grüne Kuppel zeigte keinerlei Unterbrechung und die untersten Zweige hingen bis auf den Boden hinab.

„Plötzlich ertönten stramme, taktmäßige Tritte und riefen mich aus meinen Gedanken zurück. Der Posten, der in dieser Gegend stand, ward abgelöst,

und es erschien mir klug, mich zu zeigen, da man sonst wohl nach mir geforscht hätte. Ich ging schnell hinter den Wällen herum und kam an einer anderen Stelle scheinbar gelangweilt wieder zum Vorschein, setzte mich auf eine alte Kanone und schaute wieder auf die Stadt und das fröhliche Treiben der Land=
straßen hin. Im Geiste aber war ich bei meinem alten Lindenbaum. Ich stand am Rande des Felsens und suchte mit dem Fuße nach einem sicheren Absprung. Nun war es so weit. Los! Mich schauderte zwar ein wenig, aber es mußte sein. Wie mir das grüne Laub=
werk um die Ohren sauste. Ich war gerade richtig ge=
sprungen, der Ast gab mächtig nach, aber er brach nicht. Ich ließ ihn nicht los, bis er sich tief auf den nächsten gebeugt hatte, und dann rauschte und rutschte ich durch die knickenden kleineren Zweige tiefer und tiefer, von einem Aste zum anderen und schnell war ich unten. Jetzt hinab an den Fluß und durch die seichten Sommergewässer an das andere Ufer. Hier das kleine Kieferngehölz verbarg mich einstweilen. Aber ich mußte weiter — weiter über freie Räume, wo ich fernhin sichtbar war. Nur immer vorwärts der Grenze zu. Vielleicht bemerkte mich doch niemand. Ein Flücht=
ling muß Glück haben. Da: ‚Bum!' Was war das? Ein Alarmschuß von der Festung. Nun ging die Hetzjagd an.

„Ich hatte mich so in diese Gedanken vertieft, daß es mich wie eine Erleichterung überkam, als ich mir plötzlich klar machte, daß ich noch kein ge=
hetztes Wild sei, sondern ganz gemächlich am Sonn=

tag nachmittag auf einer alten Kanone fäße und spintisierte.

„Von nun ab ließ mich der Fluchtgedanke nicht mehr los, und so oft ich es nur ohne Aufsehen zu thun vermochte, studierte ich meinen alten Lindenbaum, so daß ich ihn zuletzt fast auswendig konnte. Den verhängnisvollen Sprung habe ich im Geiste so oft gemacht, daß es nicht zu zählen ist. Dabei zermarterte ich mich mit Grübeleien, wie ich mir Geld und alles sonst zur Flucht Nötige verschaffen möchte, verwarf einen Plan nach dem anderen und kam zu keinem Ende damit. Denn alles hing davon ab, daß ich Briefe sicher aus der Festung beförderte, und ich fand niemand, dem ich mich hätte anvertrauen mögen.

„Indes war die Zeit der Sommerferien herbeigekommen, und als ich eines Tages wieder in den sonst so verlassenen Garten des Landhauses hinabschaute, bemerkte ich dort eine wundervolle Veränderung. Was mir an weiblichen Wesen auf der Festung zu Gesicht kam, war nicht dazu angethan, mich zu verwöhnen, denn es gehörte zu der Gattung der Regimentsmegären und Scheuerdrachen; deshalb erschien mir wohl das junge, etwa siebzehnjährige Mädchen dort unten wie ein Wunder von Schönheit und lieblicher Bildung, und es überkam mich etwas wie Dankbarkeit gegen den Schöpfer, der solche wohlgerundete Anmut mit leichter Meisterhand in die Welt gestellt hatte. Während das junge Mädchen, langsam alles betrachtend, durch den Garten ging, wurde sie umschwärmt von einem ungefähr vierzehnjährigen Knaben, der mit einem Bogen von Eschenholz leichte Rohrpfeile in die Luft schoß und sich an ihrem hohen Fluge vergnügte. Durch einen Zufall stieg der eine dieser Pfeile bis zu mir empor und fiel neben mir nieder. Dadurch wurde der Knabe meiner gewahr und machte seine Schwester auf mich aufmerksam. Ich nahm meinen Hut ab und warf, indem ich grüßte, den Pfeil wieder hinunter. Mein Schicksal und meine Anwesenheit auf der Festung waren in der ganzen Stadt bekannt, und so mochten diese jungen Leute auch wohl gleich wissen, wen sie vor sich hatten. Denn sie sprachen miteinander und sahen zu mir empor, der Knabe unverhohlen und voll Neugier, das Mädchen flüchtiger, aber, wie es mir schien, mit einem Ausdruck von Mitleid in den schönen Zügen.

„Da ich nun fortwährend mit Fluchtgedanken beschäftigt war und alles gleich mit diesen mich ganz beherrschenden Ideen in Verbindung brachte, so fiel es mir gleich auf die Seele, daß ich hier eine Verbindung mit der Außenwelt zu gewinnen vermöchte. Wenn das schöne Mädchen mir vielleicht auch nicht helfen konnte, so würde sie doch gewiß nicht einen armen Gefangenen verraten, der sich vertrauensvoll in ihre Hand gab. Aber ein Zweifel fing sofort an mich zu plagen, ob ich das Mädchen wiedersehen würde. Vielleicht war sie nur zu einem kurzen Besuch in diesem Landhause und kam nie wieder. Aber bennoch arbeitete ich im Geiste schon an einem ausführlichen Briefe, in dem ich meine Lage und alles, was zu meiner Befreiung

nötig war, gründlich auseinandersetzte. Als ich gegen
Abend wieder in meine Zelle eingeschlossen wurde,
schrieb ich alles sorgfältig auf und setzte die Mittags=
stunde von zwölf bis ein Uhr zu einer Antwort von
ihrer Seite fest. Dann befand sich alles auf der
Festung beim Essen und ich war am wenigsten
beobachtet, zumal auch die Schildwache in meiner
Nähe um diese Zeit sich einer stillen, innerlichen
Beschaulichkeit hinzugeben pflegte. Ihre Antwort
sollte das Mädchen auf ein Zettelchen schreiben, die=
sen mit ein wenig Wachs oder Pech an einen Rohr=
pfeil kleben und durch ihren Bruder zu mir hinauf=
schießen lassen.

„Mit fieberhafter Spannung wartete ich am
anderen Tage darauf, daß die Schöne wieder im
Garten erschiene, doch vergebens, alles blieb leer.
Nur der Knabe tollte eine Weile dort herum und übte
sich mit langen, schlanken Gerten, die er als Wurf=
spieße benutzte. Endlich am Nachmittage sah ich das
helle Kleid aus dem Grün leuchten. Das Mädchen
ging langsam durch den Garten und verschwand unter
dem alten Lindenbaume. Es dauerte eine Ewigkeit,
bis sie wieder zum Vorschein kam, nun aber wandelte
sie auf dem Steige unter mir hin. Jetzt galt es. Ich
räusperte mich, so laut ich konnte, und sobald sie auf=
blickte, zeigte ich meinen mit einem Steine beschwerten
Brief. Als sie verwundert und etwas verwirrt weg=
sah, warf ich ihn hinab. Er fiel ihr gerade vor die
Füße, und ich bemerkte, wie sie erschrak und im ersten
Augenblicke weiterging, ohne ihn aufzunehmen. Dann

besann sie sich, kehrte um, hob das Papier auf und ging damit unter den Lindenbaum zurück. Nach einer Weile kam sie wieder hervor und schritt, mir den Rücken wendend, langsam auf das Haus zu. Wie im Krampfe zog sich mein Herz zusammen, als sie so, ohne ein Zeichen zu geben, davonging. Doch da, plötzlich stand sie und ließ flüchtig den Blick zu mir herauf=
gleiten. Dann wendete sie sich wieder ab, nickte drei=
mal eindringlich mit dem Kopfe und lief eilig auf das Haus zu.

„Beinahe hätte ich laut aufgejauchzt, als ich dies bemerkte, und den ganzen Abend hatte ich die größte Not, die außerordentliche Heiterkeit zu unterdrücken, die mich erfüllte.

„Am anderen Tage ging alles gut. Der Knabe kam und schoß mit seinen Rohrpfeilen wie zur Uebung an dem Felsen in die Höhe. Dann nahm er einen anderen Pfeil, zielte sorgfältig und schoß ihn zu mir empor. Es war zu kurz; ich sah den leichten Boten bis dicht an meine Hand steigen und dann wieder zurücksinken. Das zweite Mal gelang es; ich löste schnell den kleinen, schmalen Zettel ab und warf den Pfeil wieder hinunter.

„Sie schrieb: ‚Ich will alles thun, was ich kann. Mein Onkel will mir dabei helfen. Sie dür=
fen ihm vertrauen, wie auch meinem Bruder Paul, der alles weiß und stolz auf dies Geheimnis ist. Haben Sie guten Mut; in vierzehn Tagen kann alles bereit sein.'

„Diesen kleinen Zettel drückte ich an meine Lippen,

las ihn wohl hundertmal und bewahrte ihn als meinen größten Schatz. Ueber die nächsten vierzehn Tage will ich kurz hinweggehen. Genug, die Stunde war da, wo alles bereit war, und zwar sollte die Flucht am hellen Mittage stattfinden. Das Glück begünstigte mich in jeder Hinsicht. Am Vormittage stieg ein Gewitter auf; über der Heide stand eine blauschwarze Wolkenwand, in der die Blitze zuckten, und der Donner lauter und lauter rollte. Einige Minuten nach Zwölf stand ich an dem Rande des Felsens und wartete auf den nächsten Donner, der das Geräusch meines Sturzes übertäuben sollte. Da zuckte ein greller Blitz auf: ‚Eins, zwei, drei, vier, fünf, sechs, sieben, acht...‘ zählte ich unwillkürlich, und dann knatterte und rollte es mächtig in den Wolken. ‚In Gottes Namen!‘ sagte ich innerlich, und sprang zu. Wie ich hinunter gekommen bin, weiß ich noch heute nicht. Es donnerte, rauschte und sauste mir um die Ohren, Zweige schlugen mir ins Gesicht, und mit einemmal hatte ich Boden unter den Füßen. Ich eilte schnell durch Laubengänge, die mich den Blicken verbargen, dem Ausgange zu. Wie oft hatte ich diesen Weg schon im Geiste gemacht! Da, in der Nähe des geöffneten Gartenthores stand, von Buschwerk gedeckt, eine helle Gestalt. Sie war es. In überschwellender Dankbarkeit reichte ich ihr beide Hände entgegen, und da Worte unsere Empfindungen nicht ausdrücken konnten, so küßten wir uns, als könne es gar nicht anders sein. Aber sie drängte mich bald von sich. ‚Schnell, schnell,‘ rief sie, ‚und reisen Sie glücklich!‘ O Wonne und Qual, in der

Nußschale eines kurzen Augenblickes vereinigt. Aber ich mußte weiter. Auf der Straße sah ich den Knaben Paul, dem ich in einiger Entfernung folgen sollte. Er führte mich zu einem kleinen Gehölz in der Nähe, wo eine Kutsche mit zwei schönen Pferden hielt. Ein ältlicher Mann, der dabei stand, schob mich hinein und rief mir zu: „Im Wagenkasten ist ein neuer Anzug und was Sie sonst noch brauchen, in der Seitentasche Geld und Papiere. Reisen Sie mit Gott!'

„Ich wollte ihm danken, allein die Pferde zogen an, und fort ging's in Sturm und Regen und rollendem Donner, was die Gäule laufen konnten. Nun, ich kam nach allerlei kleinen Abenteuern über die Grenze und weiter und war frei. Frei und doch wieder gefangen, denn den Kuß am Gartenzaun vergaß ich mein Leben lang nicht."

Frau Lindow, die sich schon eine Weile in der Nähe bei einigen Gemüsebeeten beschäftigt hatte, kam jetzt näher und fragte: „Nun, was erzählst du da wieder für eine lange Geschichte?"

„Es ist die Geschichte von dem berühmten Kusse am Gartenthor!" antwortete Herr Lindow.

„Ach du!" sagte Frau Lindow, „ja, das kommt davon, wenn man sich mit Verbrechern einläßt."

Mir ging plötzlich ein Licht auf, entzündet an dem schimmernden Glanze der Augen, mit dem die beiden alten Leute einander ansahen.

„Alte," rief der Doktor, „denkst du daran, daß es jetzt gerade vierzig Jahre sind seit jenem verhängnisvollen Küsse? Komm, laß uns anstoßen auf ein glückliches Alter!"

Wir erhoben uns, und die Gläser klangen aneinander. Dann küßten die beiden Alten sich, und ein Abglanz wie von ewiger Jugend verklärte ihre glücklichen Gesichter.

Inhalt.

	Seite
Daniel Siebenstern. (1877)	1
Das Atelier. (1877—1878)	17
Der Rosenkönig. (1869—1870)	77
Die Schleppe. (1880)	153
Hedwig. (1880)	209
Rotkehlchen. (1881)	241
Penelope. (1893)	267
Das alte Haus. (1875)	301
Der Lindenbaum. (1889)	339

www.ingramcontent.com/pod-product-compliance
Lightning Source LLC
Chambersburg PA
CBHW020231240426
43672CB00006B/489